浙江省普通高校"十二五"优秀教材　浙江省普通高校"十三五"新形态教材

21世纪财务管理系列教材

《财务管理》习题与解析

CAIWU GUANLI XITI YU JIEXI【第三版】

杨忠智　主　编

戴娟萍　副主编

厦门大学出版社 XIAMEN UNIVERSITY PRESS | 国家一级出版社 全国百佳图书出版单位

图书在版编目(CIP)数据

《财务管理》习题与解析/杨忠智主编.—3版.—厦门:厦门大学出版社,2019.3(2021.1重印)
ISBN 978-7-5615-7302-0

Ⅰ.①财…　Ⅱ.①杨…　Ⅲ.①财务管理—高等学校—题解　Ⅳ.①F275-44

中国版本图书馆CIP数据核字(2019)第019050号

出 版 人　郑文礼
责任编辑　许红兵
封面设计　李嘉彬
技术编辑　朱　楷

出版发行　厦门大学出版社
社　　址　厦门市软件园二期望海路39号
邮政编码　361008
总 编 办　0592-2182177　0592-2181406(传真)
营销中心　0592-2184458　0592-2181365
网　　址　http://www.xmupress.com
邮　　箱　xmupress@126.com
印　　刷　厦门兴立通印刷设计有限公司

开本　787 mm×1 092 mm　1/16
印张　16
字数　370千字
印数　6 001～9 000册
版次　2019年3月第3版
印次　2021年1月第3次印刷
定价　42.00元

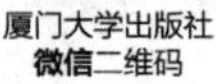
厦门大学出版社
微信二维码

厦门大学出版社
微博二维码

前 言

《〈财务管理〉习题与解析》(第三版)是《财务管理》(第三版)(杨忠智主编,厦门大学出版社2019年版)的配套教学用书。本书根据《财务管理》教材的内容体系,设置三个板块:同步练习、综合练习和模拟试题。其中同步练习部分是针对各章节配置相应内容的练习题,主要题型有:名词解释、单项选择题、多项选择题、判断题、简答题和计算题六部分,结合综合练习题和模拟试题,可以帮助学生全面、系统地掌握财务管理的理论知识和方法,提高综合分析问题和解决问题的能力。本书除名词解释和简答题的答案省略外,其他题目不仅给出答案,一般还给出解析,以帮助学生能对知识有较深入的理解和认识。

本书由杨忠智任主编,戴娟萍任副主编。具体分工如下:同步练习中,第一、二、十一章由杨忠智编写,第三、四章由杨健兰编写,第五、七、九章由余景选编写,第六、八、十章由戴娟萍编写,综合练习及模拟试题由杨忠智与戴娟萍编写。

限于编者的理论水平和业务能力,书中难免有不足和错误,恳请读者批评指正。

编 者

2019年1月

目 录

第一章 财务管理总论

一、名词解释

1.企业财务
2.企业财务管理
3.企业财务关系
4.理财环境
5.金融市场

二、单项选择题

1.以企业价值最大化作为财务管理的目标，它具有的优点不包括（　　）。
A.考虑了资金的时间价值
B.反映了投资的风险价值
C.有利于社会资源合理配置
D.即期上市公司股价可直接揭示企业获利能力

2.对于上市的股份公司，在股东投资资本不变的情况下，下列指标中能够较好地反映企业价值最大化目标实现程度的是（　　）。
A.税后利润　　B.净资产收益率　　C.每股市价　　D.剩余收益

3.某企业内部的主要管理权限集中于企业总部，各所属单位执行企业总部的各项指令，该企业采取的财务管理体制是（　　）。
A.集权型　　B.分权型
C.集权与分权相结合型　　D.集权与分权相制约型

4.作为企业财务管理的目标，每股收益最大化较之利润最大化的优点是（　　）。
A.考虑了资金时间价值的因素
B.反映了创造利润与投资资本之间的关系
C.考虑了风险因素
D.可以避免企业的短期行为

5.在下列经济活动中，能够体现企业与投资者之间财务关系的是（　　）

A.企业向职工支付工资

B.企业向其他企业支付货款

C.企业向国家税务机关缴纳税款

D.国有企业向国有资产投资公司支付股利

6.在下列各项中,从甲公司的角度看,能够形成“本企业与债务人之间财务关系”的业务是(　　)。

A.甲公司购买乙公司发行的债券　　B.甲公司归还所欠丙公司的货款

C.甲公司从丁公司赊购产品　　D.甲公司向戊公司支付利息

7.下列各项中,不能协调所有者与债权人之间矛盾的方式是(　　)。

A.市场对公司强行接收或吞并　　B.债权人通过合同实施限制性借款

C.债权人停止借款　　D.债权人收回借款

8.企业允许经营者在未来某个时期以约定的价格购买一定数量的本企业股票,股票的市场价格高于约定价格的部分就是经营者所得的报酬,这种措施属于协调所有者与经营者利益冲突的(　　)。

A.解聘　　B.接收　　C.股票期权　　D.绩效股

9.下列属于通过采取激励方式协调所有者与经营者利益冲突的方法是(　　)。

A.股票期权　　B.解聘　　C.接收　　D.限制性借债

三、多项选择题

1.金融市场按交易的性质可分为(　　)。

A.货币市场　　B.资本市场　　C.发行市场　　D.流通市场

2.财务管理与会计的主要区别有(　　)。

A.两者的对象不同　　B.两者的职能不同

C.两者的目标不同　　D.不具有价值共性

3.股份有限公司的主要财务优势有(　　)。

A.有更大的筹资能力和弹性

B.股份易于转让

C.股东对股份有限公司的债务承担有限责任

D.股东人数有限额

4.关于分权型财务管理体制,阐述正确的是(　　)。

A.有利于规范各成员企业的行动

B.缺乏对市场的应变力与灵活性

C.有助于调动下属单位各层次管理者的积极性

D.弱化企业总部财务调控功能

5.利润最大化理财目标的缺点包括(　　)。

A.片面追求利润最大化,可能导致企业短期行为

B.不利于不同资本规模的企业或同一企业的不同期间之间的比较

C.不能直接反映企业创造剩余产品和社会贡献的大小
D.没有考虑资金时间价值和风险因素
6.下列各项中,属于企业资金营运活动的有(　　)。
A.采购原材料　　B.销售商品　　C.购买国库券　　D.支付利息
7.由企业筹资活动引起的财务关系主要有(　　)。
A.企业与投资者之间的财务关系　　B.企业与债务人之间的财务关系
C.企业与债权人之间的财务关系　　D.企业与受资者之间的财务关系
8.下列属于股东和债权人利益冲突的解决方式有(　　)。
A.通过市场约束债权人　　B.收回借款或停止借款
C.限制性借债　　D.压缩投资
9.在不存在通货膨胀的情况下,利率的组成因素包括(　　)。
A.纯利率　　B.违约风险报酬率
C.流动性风险报酬率　　D.期限风险报酬率
10.在下列各项中,属于财务管理经济环境构成要素的有(　　)。
A.经济周期　　B.经济发展状况　　C.宏观经济政策　　D.金融市场

四、判断题

1.经营者和所有者的主要矛盾是所有者支付经营者的享受成本与经营者创造的企业价值之间的矛盾。(　　)

2.企业的资金运动既表现为钱和物的增减变动,又体现了人与人之间的经济利益关系。(　　)

3.企业价值最大化目标强调的是预期获利能力。(　　)

4.股东从公司取得股利,体现的是企业与受资者之间的财务关系;企业向税务部门上缴税金,体现了企业与债权人之间的财务关系。(　　)

5.在确定企业财务管理目标时,只需要考虑所有者或股东的利益,企业价值最大化实际上就是实现所有者或股东利益最大化。(　　)

6.财务管理环境是指对企业财务活动和财务管理产生影响作用的企业各种外部条件的统称。(　　)

7.民营企业与政府之间的财务关系体现为一种投资与受资关系(　　)。

8.合伙企业的合伙人对合伙企业债务承担无限责任。(　　)

9.我国企业的组织形式有独资企业、合伙企业和公司制企业。国有独资公司是独资企业。

10.企业的首要目标是获利。企业获利的条件有两个:一是以收抵支,二是到期偿债。

五、简答题

1.简述财务管理与会计的联系与区别。

2.建立企业财务管理体制的基本原则是什么？其基本意义有哪些？

3.企业不同组织形式的财务管理有何优势和劣势？

4.如何理解企业所有者与经营者的矛盾？你认为可以运用哪些方法来协调二者之间的矛盾？

答案与解析

一、名词解释

解释:略

二、单项选择题

1.答案:D

解析:对于股票上市企业,虽可通过股票价格的变动揭示企业价值,但是股价是受多种因素影响的结果,特别在即期市场上的股价不一定能够直接揭示企业的获利能力,只有长期趋势才能做到这一点。

2.答案:C

3.答案:A

4.答案:B

解析:每股收益最大化的优点是反映了创造利润与投资资本之间的关系,但没有考虑风险因素,也不能避免企业的短期行为。

5.答案:D

解析:企业与投资者之间的财务关系主要是指企业的投资者向企业投入资金,企业向其投资者支付投资报酬所形成的经济关系。

6.答案:A

解析:甲公司购买乙公司发行的债券,则乙公司是甲公司的债务人,所以A形成的是“本企业与债务人之间财务关系”;选项B、C、D形成的是企业与债权人之间的财务关系。

7.答案:A

8.答案:C

9.答案:A

解析:激励是将经营者的报酬与绩效直接挂钩,以使经营者自觉采取能提高所有者财富的措施。激励有两种基本方式:一是股票期权;二是绩效股。

三、多项选择题

1.答案:CD

2.答案:ABC

解析:财务管理与会计具有价值共性,所以D不对。

3.答案:ABC

解析:D选项是有限责任公司的特征。

4.答案:CD

解析:A是集权财务管理体制下的优点;B是集权财务管理体制下的缺点;C是分权财务管理体制下的优点;D是分权财务管理体制下的缺点。

5.答案:ABD

解析:利润最大化理财目标的缺点包括:(1)片面追求利润最大化,可能导致企业短期行为;(2)不利于不同资本规模的企业或同一企业的不同期间之间的比较;(3)没有考虑资金时间价值和风险因素。优点是:能够反映企业创造剩余产品和社会贡献的大小。

6.答案:AB

7.答案:AC

解析:投资者向企业提供权益资金,体现了企业与投资者之间的财务关系;企业通过举债获得资金,即债权人借款给企业,体现的是企业与债权人之间的财务关系。因此,A、C正确。企业向债务人提供资金或进行股权投资,属于投资活动,所以B、D不正确。

8.答案:BC

解析:解决股东与债权人利益冲突的方式:(1)限制性借债;(2)收回借款或不再借款。通过市场约束的是经营者,而不是债权人,选项A错误。选项D与利益冲突与协调无关。

9.答案:ABCD

10.答案:ABC

解析:影响财务管理的经济环境因素主要包括:经济周期、经济发展状况、宏观经济政策。金融市场属于金融环境范畴。

四、判断题

1.答案:对

解析:经营者和所有者的主要矛盾就是经营者希望在提高企业价值和股东财富的同时,能更多地增加享受成本;而所有者和股东则希望以较小的享受成本支出带来更高的企业价值或股东财富。

2.答案:对

解析:企业的资金运动从表面上看是钱和物的增减变动,但实际上其钱和物的增减变动都离不开人与人之间的经济利益关系。

3.答案:对。

4.答案:错

解析:股东从公司取得股利,体现的是企业与所有者之间的财务关系;企业向税务部门上缴税金,体现了企业与政府之间的财务关系。

5.答案:错。

解析:在确定企业财务管理目标时不能忽视相关利益群体的利益,企业价值最大化目标,是在权衡企业相关者利益的约束下实现所有者或股东权益的最大化。

6.答案:错。

解析:财务管理环境又称理财环境,是指对企业财务活动和财务管理产生影响作用的企业内外部各种条件的统称。

7.答案:错

解析:民营企业与政府之间的财务关系体现为一种强制无偿的分配关系。

8.答案:错

解析:有限合伙企业的有限合伙人以其认缴的出资额为限对合伙企业债务承担责任。

9.答案:错

解析:国有独资公司是有限责任公司的一种特殊形式。

10.答案:错

解析:企业的首要目标是生存。企业生存的条件是:第一,以收抵支;第二,到期偿债。

五、简答题

答案与解析:略

第二章　财务估价基础

一、名词解释

1.资金的时间价值

2.普通年金

3.预付年金

4.递延年金

5.年偿债基金

6.年资本回收额

7.系统风险

8.非系统风险

9.债券

10.股票

二、单项选择题

1.假设银行利率为 i，从现在开始每年年末存款 1 元，n 年后的本利和为 $\frac{(1+i)^n-1}{i}$ 元。如果改为每年年初存款，存款期数不变，n 年后的本利和应为（　　）元。

A.$\frac{(1+i)^{n+1}-1}{i}$　　B.$\frac{(1+i)^{n+1}-1}{i}-1$

C.$\frac{(1+i)^{n+1}-1}{i}+1$　　D.$\frac{(1+i)^{n-1}-1}{i}+1$

2.甲债券每半年付息一次，名义利率为 8%；乙债券每季度付息一次。如果想让乙债券与甲债券的实际利率相等，乙债券的名义利率应为（　　）。

A.8%　　B.7.92%　　C.8.16%　　D.6.78%

3.一项 500 万元的借款，借款期 5 年，年利率为 8%，若每半年复利一次，实际利率会高出名义利率（　　）。

A.0.16%　　B.8.16%　　C.0.08%　　D.8.08%

4.在复利计息下，当计息期短于1年时，实际利率同名义利率关系表现为(　　)。

A.实际利率小于名义利率　　B.实际利率大于名义利率

C.两者相等　　D.不能确定大小

5.已知(P/A,10%,4)=3.170,(F/A,10%,4)=4.641,则相应的偿债基金系数为(　　)。

A.0.315　　B.5.641　　C.0.215　　D.3.641

6.某企业年初借得50 000元贷款，10年期，年利率12%，每年末等额偿还。已知年金现值系数(P/A,12%,10)=5.6502,则每年应付金额为(　　)元。

A.8 849　　B.5 000　　C.6 000　　D.28 251

7.有一项年金，前3年无流入，后5年每年年初流入500万元，假设年利率为10%，其现值为(　　)万元。

A.1 994.59　　B.1 565.68　　C.1 813.48　　D.1 423.21

8.现有两个投资项目甲和乙，已知甲、乙方案的期望值分别为5%、10%，标准离差分别为10%、19%，那么(　　)。

A.甲项目的风险程度大于乙项目的风险程度

B.甲项目的风险程度小于乙项目的风险程度

C.甲项目的风险程度等于乙项目的风险程度

D.不能确定

9.投资者对某项资产合理要求的最低收益率，称为(　　)。

A.实际收益率　　B.必要收益率　　C.预期收益率　　D.无风险收益率

10.证券投资组合的非系统风险具有的特征是(　　)。

A.对各个投资者的影响程度相同　　B.可以用β系数衡量其大小

C.可以通过证券投资组合来削减　　D.只能回避而不能消除

11.下列阐述不正确的是(　　)。

A.对于单个方案，决策者可根据其标准离差(率)的大小，并将其与设定的可接受的此项指标最高限值对比做出取舍

B.对于多方案择优，应选择标准离差率最低、期望收益最高的方案

C.标准差能正确评价投资风险程度的大小，因而可将风险与收益结合起来进行分析

D.诱使投资者进行风险投资的因素是风险收益

12.已知甲方案投资收益率的期望值为15%，乙方案投资收益率的期望值为12%，两个方案都存在投资风险。比较甲、乙两方案风险大小应采用的指标是(　　)。

A.方差　　B.净现值　　C.标准差　　D.标准离差率

13.如果两个投资项目预期收益的标准差相同，而期望值不同，则这两个项目(　　)。

A.预期收益相同　　B.标准离差率相同

C.预期收益不同　　D.未来风险报酬相同

14.证券市场线反映了个别资产或投资组合(　　)与其所承担的系统风险β系数之间的线性关系。

A.风险收益率　　B.无风险收益率　　C.通货膨胀率　　D.必要收益率

15.已知某种证券收益率的标准差为 0.2,当前的市场组合收益率的标准差为 0.4,两者之间的相关系数为 0.5,则两者之间的协方差是(　　)。

A.0.04　　B.0.16　　C.0.25　　D.1.00

16.下列关于协方差和相关系数的说法中,不正确的是(　　)。

A.如果协方差大于 0,则相关系数一定大于 0

B.相关系数为 1 时,表示一种证券报酬率的增长总是等于另一种证券报酬率的增长

C.如果相关系数为 0,则表示不相关,但并不表示组合不能分散任何风险

D.证券与其自身的协方差就是其方差

17.假设资本资产定价模型成立,证券市场线可以用来描述单项资产或资产组合的期望收益与风险之间的关系。当投资者的风险厌恶感普遍减弱时,会导致证券市场线(　　)。

A.向上平行移动　　B.向下平行移动　　C.斜率上升　　D.斜率下降

18.当其他因素不变,下列各项因素上升会使债券的内在价值下降的是(　　)。

A.债券面值　　B.票面利率　　C.市场利率　　D.购买价格

19.估算股票价值时的折现率,不能使用(　　)。

A.股票市场的平均收益率　　B.债券收益率加适当的风险报酬率

C.国债的利息率　　D.投资人要求的必要报酬率

20.某上市公司预计未来 5 年股利高速增长,然后转为正常增长,则下列各项普通股估价模式中,最适宜于计算该公司股票价值的是(　　)。

A.固定增长模式　　B.零增长模式

C.阶段性增长模式　　D.以上三种都可以

三、多项选择题

1.某公司拟购置一处房产,付款条件是:从第 7 年开始,每年年初支付 10 万元,连续支付 10 次,共 100 万元,假设该公司的资金成本率为 10%,则相当于该公司现在一次付款的金额为(　　)万元。

A.$10\times[(P/A,10\%,15)-(P/A,10\%,5)]$

B.$10\times(P/A,10\%,10)(P/F,10\%,5)$

C.$10\times[(P/A,10\%,16)-(P/A,10\%,6)]$

D.$10\times[(P/A,10\%,15)-(P/A,10\%,6)]$

2.递延年金具有的特点有(　　)。

A.年金的第一次收付发生在若干期以后　　B.没有终值

C.年金的现值与递延期无关　　D.年金的终值与递延期无关

3.下列关于资金时间价值系数关系的表述中,正确的有(　　)。

A.普通年金现值系数×资本回收系数=1

B.普通年金终值系数×偿债基金系数=1

C.普通年金现值系数×(1+折现率)=预付年金现值系数

D.普通年金终值系数×(1+折现率)=预付年金终值系数

4.在下列各项中,可以直接或间接利用普通年金终值系数计算出确切结果的项目有(　　)。

A.偿债基金　　B.预付年金终值　　C.永续年金现值　　D.永续年金终值

5.如果$(F/P,12\%,5)=1.7623$,则下述系数正确的有(　　)。

A.$(P/F,12\%,5)=0.5674$　　B.$(F/A,12\%,5)=6.3525$

C.$(P/A,12\%,5)=3.6050$　　D.$(A/P,12\%,5)=0.2774$

6.在下列各种情况下,会给企业带来非系统风险的有(　　)。

A.企业举债过度　　B.原材料价格发生变动

C.企业产品更新换代周期过长　　D.通货膨胀引起的风险

7.P 是证券 A 和证券 B 组成的投资组合,(　　)将决定 P 的风险。

A.证券 A 和 B 的风险　　B.证券 A 和 B 之间的相关系数

C.证券 A 和 B 的收益　　D.投资于证券 A 和证券 B 的投资比例

8.下列关于资本资产定价模型的表述中,正确的有(　　)。

A.如果某项资产的$\beta=1$,则该资产的必要收益率等于市场平均收益率

B.如果市场风险溢价提高,则市场上所有资产的必要收益率均提高

C.市场上所有资产的β系数都应当是正数

D.如果市场对风险的平均容忍程度越高,则市场风险溢价越小

9.资产的β系数是衡量系统风险大小的重要指标,下列表述正确的有(　　)。

A.某资产的$\beta=0$,说明该资产的系统风险为 0

B.某资产的$\beta<0$,说明此资产无风险

C.某资产的$\beta=1$,说明该资产的系统风险等于整个市场组合的平均风险

D.某资产的$\beta>0$,说明该资产的市场风险大于整个市场组合的平均风险

10.下列对风险收益的理解正确的有(　　)。

A.风险反感导致投资者要求风险收益

B.风险收益是超过资金时间价值的额外收益

C.投资者要求的风险收益与风险程度成正比

D.风险收益率有可能等于期望的投资收益率

11.影响证券投资组合标准差的有(　　)。

A.单个证券的标准差

B.证券之间的协方差

C.证券投资组合各证券的投资比重

D.投资组合中各证券报酬率之间的预期相关系数

12.下列关于证券市场线的说法中,正确的有(　　)。

A.无风险报酬率越大,证券市场线在纵轴的截距越大

B.无风险证券的$\beta=0$,无风险收益率即为证券市场线在纵轴上的截距

C.预计通货膨胀率提高时,证券市场线将向上平移

D.投资者对风险的厌恶感越强,证券市场线的斜率越大

13.分期付息、到期还本的债券估价与(　　)有关。

A.债券面值　　B.票面利率　　C.期数　　D.市场利率

14.与准备长期持有、股利固定增长的股票的价值呈同方向变化的因素有(　　)。

A.股利增长率　　B.今年已分配股利

C.必要报酬率　　D.发行费用

15.下列表述中正确的有(　　)。

A.投资者购进被低估的资产,会使资产价格上升,回归到资产的内在价值

B.市场越有效,市场价值向内在价值的回归越迅速

C.如果市场不是完全有效的,一项资产的内在价值与市场价值会在一段时间里不相等

D.股票的价值是指其实际股利所得和资本利得所形成的现金流入量的现值

16.债券的价值会随着市场利率的变化而变化,下列表述中正确的有(　　)。

A.若到期时间不变,当市场利率上升时,债券价值下降

B.当债券票面利率大于市场利率时,债券发行时的价格低于债券的面值

C.若到期时间缩短,市场利率对债券价值的影响程度会降低

D.若到期时间延长,市场利率对债券价值的影响程度会降低

四、判断题

1.等量资金在不同时点上的价值不相等,根本的原因是通货膨胀的存在。(　　)

2.年金是指间隔期相等的系列等额收付款项,银行的零存整取中的整取额属于年金的收支形式。(　　)

3.年金是指每隔一年、金额相等的一系列现金流入或流出量。(　　)

4.对于多个投资方案而言,无论各方案的期望值是否相同,标准离差率最大的方案一定是风险最大的方案。(　　)

5.风险报酬就是投资者因冒风险进行投资而实际获得的超过资金时间价值的那部分额外报酬。(　　)

6.如果资金时间价值为10%,通货膨胀率为4%,某企业的风险收益率为6%,则该企业的无风险收益率为10%。(　　)

7.构成投资组合的证券A和证券B,其标准差分别为12%和8%。在等比例投资的情况下,如果两种证券的相关系数为1,该组合的标准差为10%;如果两种证券的相关系数为-1,则该组合的标准差为2%。(　　)

8.两种正相关的股票组成的证券组合,不能抵消任何风险。(　　)

9.不论投资组合中两项资产之间的相关系数如何,只要投资比例不变,各项资产的期望收益率不变,则该投资组合收益率的标准差就不变。(　　)

10.有效地进行证券的组合投资几乎可以完全消除证券投资的全部风险。(　　)

11.只要证券之间的收益变动不具有完全负相关关系,证券组合的风险就一定小于单个证券风险的加权平均值。(　　)

12.某一债券面值为100元，期限为5年，以贴现方式发行，期内不计利息，到期按面值偿还，发行时的市场利率为8%。若该债券发行价为70元，则不值得购买。(　　)

13.债券折价发行是因为债券票面利率低于市场利率，为了对投资者未来少获利息而给予的必要补偿，所以此时债券价值低于票面价值。(　　)

14.当投资者要求的必要收益率高于债券(分期付息债券，下同)票面利率时，债券的市场价值会低于债券面值；当投资者要求的必要收益率低于债券票面利率时，债券的市场价值会高于债券面值。(　　)

五、简答题

1.什么是资金时间价值？资金时间价值观念对于财务管理而言有何意义？

2.什么是复利现值和年金现值？它们有何区别？

3.什么是递延年金和永续年金？请列举出财务领域有关这两类年金的实例。

4.单项资产投资与组合资产投资的收益、风险有什么不同？

5.企业投资于A、B两种股票，两种股票收益率的正相关或负相关对于收益风险的防范具有什么样的影响？

6.资本资产定价模型的意义是什么？它具有哪些局限性？

7.债券有哪几种常见的估价模型？

8.简述几种常见的股票估价模型。

六、计算分析题

1.完成下列计算：

(1)将10 000元现金存入银行，若利率为12%，每年复利一次，5年后的复利终值是多少？

(2)将10 000元现金存入银行，若利率为12%，每3个月复利一次，5年后的复利终值是多少？

(3)年利率12%，每年复利一次，10年后的10 000元其复利现值是多少？

(4)年利率12%，每半年复利一次，10年后的10 000元其复利现值是多少？

(5)年利率12%，每半年复利一次，其实际利率是多少？

(6)年利率12%，若每季度复利一次，其实际利率是多少？

(7)现金10 000元存入银行，经过2年后其复利终值为12 000元，其年利率是多少？

(8)若要使复利终值经过4年后变为本金的3倍，每半年复利一次，则其年利率应为多少？

2.某公司拟租赁一间厂房，期限是10年，假设年利率是10%，出租方提出以下几种付款方案：

(1)立即付全部款项共计20万元；

(2)从第4年开始每年年初付款4万元，至第10年年初结束；

(3)第 1 到 8 年每年年末支付 3 万元,第 9 年年末支付 4 万元,第 10 年年末支付 5 万元。

要求:通过计算回答该公司应选择哪一种付款方案比较合算?

3.某公司拟进行股票投资,计划购买 A、B、C 三种股票,并分别设计了甲、乙两种投资组合。

已知三种股票的 β 系数分别为 1.5、1.0 和 0.5,它们在甲种投资组合下的投资比重为 50%、30%和 20%;乙种投资组合的风险收益率为 3.4%。同期市场上所有股票的平均收益率为 12%,无风险收益率为 8%。假设资本资产定价模型成立。

要求:

(1)根据 A、B、C 股票的 β 系数,分别评价这三种股票相对于市场投资组合而言的系统风险大小。

(2)计算 A 股票的必要收益率。

(3)计算甲种投资组合的 β 系数和风险收益率。

(4)计算乙种投资组合的 β 系数和必要收益率。

(5)比较甲、乙两种投资组合的 β 系数,评价它们的系统风险大小。

4.股票甲和股票乙组成的股票组合。已知股票市场组合的标准差为 0.1;股票甲的期望报酬率是 22%,β 系数是 1.3,与股票组合的相关系数是 0.65;股票乙的期望报酬率是 16%,β 系数是 0.9,标准差是 0.15。

要求:(1)根据资本资产定价模型,计算无风险报酬率和股票市场组合的报酬率;(2)计算股票甲的标准差;(3)计算乙股票与市场的相关系数。

5.甲公司准备投资 100 万元购入由 A、B、C 三种股票构成的投资组合,三种股票占用的资金分别为 20 万元、30 万元和 50 万元,即它们在证券组合中的比重分别为 20%、30%和 50%,三种股票的贝塔系数分别为 0.8、1.0 和 1.8。无风险收益率为 10%,平均风险股票的市场必要报酬率为 16%。

要求:(1)计算该股票组合的综合贝塔系数;(2)计算该股票组合的风险报酬率;(3)计算该股票组合的预期报酬率;(4)若甲公司目前要求预期报酬率为 19%,且对 B 股票的投资比例不变,如何进行投资组合。

6.已知:A、B 两种证券构成证券投资组合。A 证券的预期收益率 10%,方差是 0.0144,投资比重为 80%;B 证券的预期收益率为 18%,方差是 0.04,投资比重为 20%;A 证券收益率与 B 证券收益率的协方差是 0.0048。

要求:(1)计算下列指标:①该证券投资组合的预期收益率;②A 证券的标准差;③B 证券的标准差;④A 证券与 B 证券的相关系数;⑤该证券投资组合的标准差。

(2)当 A 证券与 B 证券的相关系数为 0.5 时,投资组合的标准差为 12.11%,结合(1)的计算结果回答以下问题:①相关系数的大小对投资组合收益率有没有影响?②相关系数的大小对投资组合风险有什么样的影响?

7.某公司于 2019 年 1 月 5 日以每张 102 元的价格购买 B 企业当日发行的到期一次还本付息且不计复利的公司债券。该债券的面值为 100 元,期限为 3 年,票面利率为 10%,不计复利。购买时市场利率为 8%。

要求:(1)评价 A 企业购买此债券是否合算;

(2)如果 A 企业于 2020 年 1 月 5 日将该债券以 113 元的市价出售,计算该债券的投资收益率。

8.A、B 两家公司同时于 2017 年 1 月 1 日发行面值为 100 元、票面利率为 10%的 5 年期债券。A 公司债券规定利随本清,不计复利;B 公司债券规定每年 12 月底付息,到期还本。

要求:(1)若 2019 年 1 月 1 日市场利率 12%,A 债券市价为 105 元,问 A 债券是否被市场高估?

(2)若 2019 年 1 月 1 日市场利率 12%,B 债券市价为 105 元,问该资本市场是否完全有效?

(3)若甲公司 2020 年 1 月 1 日能以 122 元购入 A 公司债券,计算到期收益率。

(4)若甲公司 2020 年 1 月 1 日能以 102 元购入 B 公司债券,计算到期收益率。

(5)若甲公司 2019 年 4 月 1 日购入 B 公司债券,必要收益率为 12%,则 B 公司债券价值为多少?

9.甲公司计划利用一笔长期资金投资购买股票。现有 A 公司股票和 B 公司股票可供选择,甲公司只准备投资一家公司股票。已知 A 公司上年税后利润 4 500 万元,上年现金股利发放率为 20%,普通股股数为 6 000 万股。A 股票现行市价为每股 7 元,预计以后股利每年以 6%的增长率增长。B 公司股票现行市价为每股 9 元,上年每股股利为 0.6 元,股利分配政策将一贯坚持固定股利政策。甲公司所要求的投资报酬率为 8%。

要求:(1)计算 A 股票上年每股股利;

(2)利用股票估价模型,分别计算 A、B 公司股票价值,并为甲企业做做出股票投资决策;

(3)若甲公司以每股 6.5 元的价格购买 A 公司股票 10 000 股,持有一年后以每股 7.3 元的价格卖出,在持有期间每股获得现金股利 0.2 元,则投资收益率为多少?

10.某公司 2019 年年初欲投资购买股票,现有 A、B 两家公司股票可供选择,从 A、B 公司 2018 年 12 月 31 日的有关会计报表及补充资料中获知,2018 年度 A 公司税后净利润8 000万元,每股股利 0.5 元,目前市价为 12 元,发行在外股数 12 000 万股,每股面值 1 元;B 公司税后净利润 6 000 万元,每股股利 0.40 元,目前市价为 8 元,发行在外股数 10 000万股,每股面值 1 元。预期 A 公司股票股利在未来 3 年内恒定,在此以后转为正常增长,年增长率 9%;预期 B 公司股票股利将以 6%的增长率持续增长。假定目前无风险收益率为 6%,平均风险股票的必要收益率为 10%,A 公司股票的 β 系数为 1.5,B 公司股票的 β 系数为 1。

要求:(1)计算 A、B 股票价值,判断是否应该购买;

(2)若按市价买入 B 股票,计算其预期收益率;

(3)若购买两种股票各 100 股,该投资组合的必要报酬率为多少?

11.乙公司拟购买某公司债券作为长期投资(打算持有至到期日),要求的必要收益率为 6%。现有三家公司同时发行 5 年期,面值均为 1 000 元的债券。其中:A 公司债券的票面利率为 8%,每年付息一次,到期还本,债券发行价格为 1041 元;B 公司债券的票面利率为 8%，单利计息，到期一次还本付息，债券发行价格为 1 050 元；C 公司债券的票面利率为零，债券发行价格为 750 元，到期按面值还本。

要求：(1)计算乙公司购入 A 公司债券的价值和收益率；

(2)计算乙公司购入 B 公司债券的价值和收益率；

(3)计算乙公司购入 C 公司债券的价值；

(4)根据上述计算结果，评价 A、B、C 三种公司债券是否具有投资价值，并为乙公司做出购买何种债券的决策。

12.甲公司持有 A、B、C 三种股票，在由上述股票组成的证券投资组合中，各股票所占的比重分别为 50%、30%和 20%，其 β 系数分别为 2.0、1.0 和 0.5。股票市场平均收益率为 15%，无风险收益率为 10%。

A 股票当前每股市价为 12 元，刚收到上一年度派发的每股 1.2 元的现金股利，预计股利以后每年将增长 8%。

要求：

(1)计算以下指标：

①甲公司证券组合的 β 系数。

②甲公司证券组合的风险收益率(R_p)。

③甲公司证券组合的必要投资收益率(R)。

④投资 A 股票的必要投资收益率。

(2)利用股票估价模型分析当前出售 A 股票是否对甲公司有利。

答案与解析

一、名词解释

解释：略

二、单项选择题

1.答案：B

解析：预付年金终值系数和普通年金终值系数相比，期数加 1，系数减 1。

2.答案：B

解析：因为甲债券每半年付息一次，所以，甲债券的实际利率＝$(1+4\%)^2-1=8.16\%$，设乙债券的名义利率为 r，则 $(1+r/4)^4-1=8.16\%$，解得：$r=7.92\%$。

3.答案：A

解析：

$$实际利率=(1+r/m)^m-1=(1+8\%/2)^2-1=8.16\%$$

实际利率高出名义利率＝8.16%－8%＝0.16%

4.答案:B

解析:当计息期短于1年时,表明其复利次数超过一次,所以其实际利率大于名义利率。

5.答案:C

解析:偿债基金系数和年金终值系数互为倒数。偿债基金系数＝1/4.641＝0.215。

6.答案:A

解析:每年年末等额偿还,相当于一个10年期普通年金,其现值为50 000元;根据普通年金现值公式:$P=A(P/A,12\%,10)$,可计算出A等于50 000/5.6502＝8 849元。

7.答案:B

解析:本题是递延年金现值计算的问题。本题总的期限为8年,由于后5年每年年初有流量,即在第4～8年的每年年初也就是第3～7年的每年年末有流量,与普通年金相比,少了第1年年末和第2年年末的两期A,所以递延期为2,因此现值＝500×(P/A,10%,5)×(P/F,10%,2)＝500×3.791×0.826＝1 565.68

8.答案:A

解析:在期望值不同的情况下,标准离差率越大,风险越大。

9.答案:B

解析:必要收益率也称最低报酬率或最低要求的收益率,表示投资者对某资产合理要求的收益率,必要收益率等于无风险收益率加风险收益率;实际收益率表示已经实现或者确定可以实现的资产收益率;预期收益率也称为期望收益率,是指在不确定条件下,预测的某种资产未来可能实现的收益率。

10.答案:C

解析:证券投资组合的非系统风险是公司特有风险,它是由影响个别公司的特有事件引起的,能够通过证券投资组合来分散。而选项ABD均属于系统风险。

11.答案:C

12.答案:D

解析:标准差仅适用于期望值相同的情况,在期望值相同的情况下,标准差越大,风险越大;标准离差率适用于期望值相同或不同的情况,在期望值不同的情况下,标准离差率越大,风险越大。

13.答案:C

解析:风险的一个衡量标准就是标准离差率,标准离差率＝标准差/期望值;如果两个投资项目预期收益的标准差相同,而期望值不同,则这两个项目标准离差率不同,即风险不同;由于预期收益率＝无风险收益率＋风险收益率,所以这两个项目的预期收益率不同。

14.答案:D

解析:证券市场线能够清晰地反映个别资产或投资组合的必要收益率与其所承担的系统风险β系数之间的线性关系。

15.答案:A

解析：

协方差＝相关系数×一项资产的标准差×另一项资产的标准差
　　＝0.5×0.2×0.4＝0.04

16.答案：B

解析：相关系数＝协方差/(一项资产的标准差×另一项资产的标准差)。由于标准差不可能是负数，因此，如果协方差大于0，则相关系数一定大于0，选项A的说法正确；相关系数为1时，表示一种证券报酬率的增长总是与另一种证券报酬率的增长成比例，因此，选项B的说法不正确；对于风险资产的投资组合而言，只要组合的标准差小于组合中各资产标准差的加权平均数，则就意味着分散了风险，相关系数为0时，组合的标准差小于组合中各资产标准差的加权平均数，所以，组合能够分散风险。或者说，相关系数越小，风险分散效应越强，只有当相关系数为1时，才不能分散风险，相关系数为0时，风险分散效应强于相关系数大于0的情况，但是小于相关系数小于0的情况。因此，选项C的说法正确；协方差＝相关系数×一项资产的标准差×另一项资产的标准差，证券与其自身的相关系数为1，因此，证券与其自身的协方差＝1×该项资产的标准差×该项资产的标准差＝该项资产的方差，选项D的说法正确。

17.答案：D

解析：证券市场线的斜率表示经济系统中风险厌恶感的程度，一般来说，投资者对风险的厌恶感越强.证券市场线的斜率越大；反之，则越小。故选择D。

18.答案：C

解析：债券面值、票面利率上升，债券价值会提高。购买价格不影响债券价值。

19.答案：C

解析：股票投资有风险，不能用国债的利息率作为估算股票价值时的折现率。

20.答案：C

解析：阶段性增长模式主要适用于公司的股利在某一阶段有一个超常的增长率，这段时间的增长率g可能大于企业要求的必要报酬率，而后阶段公司的股利固定不变或正常增长。选项A适用于股利逐年稳定增长的状态；选项B适用于长期持有、股利固定不变的状态。

三、多项选择题

1.答案：AB

解析：

①递延年金现值的计算：

递延年金现值$=A\times(P/A,i,n-s)\times(P/F,i,s)$
$=A\times[(P/A,i,n)-(P/A,i,s)]$

②现值的计算（如遇到期初问题一定转化为期末）

该题的年金从第7年年初开始，即第6年年末开始，所以，递延期为5期；另截止到第

16 年年初，即第 15 年年末，所以，总期数为 15 期。

2.答案：AD

解析：递延年金是指第一次收付发生在第二期或第二期以后的年金，递延年金终值是指最后一次收付时的本利和，其计算方法与普通年金终值相同，只不过只考虑等额收付的次数罢了。

3.答案：ABCD

解析：本题考点是资金时间价值系数之间的关系。

4.答案：AB

解析：偿债基金＝年金终值×偿债基金系数＝年金终值/年金终值系数，所以 A 正确；预付年金终值＝普通年金终值×$(1+i)$＝年金×普通年金终值系数×$(1+i)$，所以 B 正确。选项 C 的计算与普通年金终值系数无关，永续年金不存在终值。

5.答案：ABCD

解析：根据有关公式及其关系可计算得之，关键在于掌握各个系数的基本计算公式，尤其是$(F/P,i,n)=(1+i)^n$。

6.答案：ABC

解析：选项 D 通货膨胀引起的风险属于系统风险，是不可分散风险。

7.答案：ABD

解析：根据投资组合方差的计算公式得出答案。

8.答案：AD

解析：资产的必要收益率＝无风险收益率＋β×(市场平均收益率－无风险收益率)＝无风险收益率＋1×(市场平均收益率－无风险收益率)＝市场平均收益率，选项 A 正确。β 系数也可以是负数或者 0，不一定是正数，如果 β 系数为负数的话，市场风险溢价提高，资产的必要收益率是降低的，选项 B、C 不正确。市场风险溢价，它反映的是市场作为整体对风险的平均“容忍”程度，如果市场对风险的平均容忍程度越高，则市场风险溢价越小，选项 D 正确。

9.答案：AC

解析：资产的 β 系数小于 0，即 β 系数为负数时，表示该资产的收益率与市场平均收益率呈反向变化，当市场收益率增加时，该类资产的收益减少，选项 B 错误。某资产的 $\beta>1$，说明该资产的市场风险大于市场组合的平均风险。如果 $\beta>0$，表示该资产的收益率与市场平均收益率呈同向变化，选项 D 错误。

10.答案：AC

解析：风险收益是超过无风险收益的额外收益，而无风险收益率等于资金时间价值加上通货膨胀补贴率，所以 B 错；期望的投资报酬率由无风险报酬率和风险报酬率两部分组成，所以选项 D 是错误的。

11.答案：ABCD

解析：根据证券投资组合标准差(σ_p)计算公式：

$$\sigma_P=\sqrt{\sum_{i=1}^{n}\sum_{j=1}^{n}W_iW_j\rho_{i,j}\sigma_i\sigma_j}$$

以及协方差计算公式 $Cov(R_i, R_j)=\rho_{i,j}\sigma_i\sigma_j$ 可知，A、B、C、D 选项均正确。

12.答案：ABCD

解析：证券市场线在纵轴坐标上的截距为无风险利率，无风险报酬率越大，证券市场线在纵轴的截距越大，选项 A 正确；无风险证券的 $\beta=0$，R_f 即为证券市场线在纵轴上的截距，选项 B 正确；预计通货膨胀提高时，无风险报酬率会随之提高，进而导致证券市场线向上平移，选项 C 正确；风险厌恶感的加强，会提高市场风险收益率，从而提高证券市场线的斜率，选项 D 正确。

13.答案：ABCD

解析：债券估价模型的一般计算公式为：

$$\text{债券价值}=\text{每期利息}\times\text{年金现值系数}+\text{债券面值}\times\text{复利现值系数}$$

其中，每期利息依据债券面值和票面利率相乘得到，现值系数则由期数和市场利率决定。

14.答案：AB

解析：长期持有、股利固定增长的股票的估价模型为：

$$\text{股票价值}=\frac{\text{今年已分配股利}\times(1+\text{增长率})}{\text{必要报酬率}-\text{增长率}}$$

15.答案：ABC

解析：本题的考点是市场价值与内在价值的关系。内在价值与市场价值有密切关系。如果市场是有效的，即所有资产在任何时候的价格都反映了公开可得的信息，则内在价值与市场价值应当相等，所以选项 A、B、C 是正确的。资本利得是指买卖价差收益，而股票投资的现金流入是指未来股利所得和售价，因此股票的价值是指其未来股利所得和售价所形成的现金流入量的现值，选项 D 错误。

16.答案：AC

解析：债券价值的计算公式为：

$$\text{债券价值}=\frac{\text{票面金额}}{(1+\text{市场利率})^n}+\sum\frac{\text{票面金额}\times\text{票面利率}}{(1+\text{市场利率})^t}$$

从公式中可以看出，市场利率处于分母位置，票面利率处于分子上，所以票面利率与债券价值同向变动，市场利率与债券价值是反向变动，但折现率对债券价值的影响随着到期时间的缩短会变得越来越不敏感。

四、判断题

1.答案：错

解析：等量资金在不同时点上的价值不相等，根本的原因是资金时间价值的存在，即使不存在通货膨胀，由于资金时间价值的存在，也会使资金在不同的时点价值不相等。

2.答案：错

解析：银行的零存整取中的零存额属于年金的收支形式。

3.答案:错

解析:年金是指等额、定期的系列收支,只要间隔期相等,不一定间隔是一年。

4.答案:对

解析:标准离差率是相对数指标,无论各方案的期望值是否相同,标准离差率最大的方案一定是风险最大的方案。

5.答案:错

解析:风险报酬是投资者因冒风险进行投资而实际获得的超过无风险报酬率(包括资金时间价值和通货膨胀附加率)的那部分额外报酬。

6.答案:错

解析:

$$无风险收益率=资金时间价值+通货膨胀率=14\%$$

7.答案:对

8.答案:错

解析:风险包括两种,系统风险和非系统风险。系统风险是不可分散风险,非系统风险是可分散风险,但非系统风险的分散情况要视股票间相关程度而定;当两只股票相关系数小于1但大于0,此时可以分散一定的风险,只有当两只股票完全正相关时,即相关系数为1时,该组合不能抵消任何风险。

9.答案:错。

解析:不论投资组合中两项资产之间的相关系数如何,只要投资比例不变,各项资产的期望收益率不变,则该投资组合的期望收益率就不变,但在不同的相关系数条件下,投资组合收益率的标准差却随之发生变化。

10.答案:错。

解析:组合投资只能达到分散非系统性风险的目的,而系统性风险是不能通过风险的分散来消除的。

11.答案:错

解析:只有证券之间的收益变动不具有完全正相关关系时,证券投资才会降低风险。

12.答案:对

解析:

$$该债券的价值=100\times(P/F,8\%,5)=100\times0.6806=68.06(元)$$

因为其发行价格高于价值,所以不值得购买。

13.答案:对

解析:债券折价发行是为了对投资者未来少获利息而给予的必要补偿;平价发行是因为票面利率与市场利率相等,此时票面价值和债券价值是一致的,所以不存在补偿问题;溢价发行是为了对债券发行者未来多付利息而给予的必要补偿。

14.答案:对

解析:本题的考核点是债券价值与要求的必要投资收益率及票面利率的关系。市场利率即投资人要求的必要收益率大于票面利率,则市场价值低于面值;反之亦然。

五、简答题

答案与解析：略

六、计算分析题

1.答案与解析：

(1)

复利终值 $F=10\,000\times(F/P,12\%,5)=10\,000\times1.7623=17\,623$(元)

(2)

复利终值 $F=10\,000\times(F/P,3\%,20)=10\,000\times1.8061=18\,061$(元)

(3)

复利现值 $P=10\,000\times(P/F,12\%,10)=10\,000\times0.3220=3\,220$(元)

(4)

复利现值 $P=10\,000\times(P/F,6\%,20)=10\,000\times0.3118=3\,118$(元)

(5)

实际利率 $i=(1+\frac{12\%}{2})^2-1=12.36\%$

(6)

实际利率 $i=(1+\frac{12\%}{4})^4-1=12.55\%$

(7)

$10\,000\times(1+i)^2=12\,000$

$i=\sqrt{\frac{12\,000}{10\,000}}-1=9.54\%$

(8)设本金为 P，设半年利率为 i

$3P=P(F/P,i,8)$

$(F/P,i,8)=3$

因为：$(F/P,14\%,8)=2.8526$，$(F/P,15\%,8)=3.0590$

$\frac{i-14\%}{15\%-14\%}=\frac{3-2.8526}{3.0590-2.8526}$

$i=14.71\%$

则其年利率$=14.71\%\times2=29.42\%$。

2.答案与解析：

第一种方案下公司要付出的现值＝20万元

第二种方案下公司要付出的现值为(有3种计算方式)：

(1)

$$P=4\times[(P/A,10\%,9)-(P/A,10\%,2)]=16.09(\text{万元})$$

(2)

$$P=4\times(F/A,10\%,7)\times(P/F,10\%,9)=16.09(\text{万元})$$

(3)

$$P=4\times(P/A,10\%,7)\times(P/F,10\%,2)=16.09(\text{万元})$$

第三种方案下：

$$\begin{aligned}P&=3\times(P/A,10\%,8)+4\times(P/F,10\%,9)+5\times(P/F,10\%,10)\\&=3\times5.3349+4\times0.4241+5\times0.3855\approx19.63(\text{万元})\end{aligned}$$

三种方案相比,第二种方式下付出的现值最小,因此应选择第二种方案。

3.答案与解析：

(1)A股票的$\beta>1$,说明该股票所承担的系统风险大于市场投资组合的风险(A股票所承担的系统风险等于市场投资组合风险的1.5倍)。

B股票的$\beta=1$,说明该股票所承担的系统风险与市场投资组合的风险一致(B股票所承担的系统风险等于市场投资组合的风险)。

C股票的$\beta<1$,说明该股票所承担的系统风险小于市场投资组合的风险(C股票所承担的系统风险等于市场投资组合风险的0.5倍)。

(2)

$$\text{A股票的必要收益率}=8\%+1.5\times(12\%-8\%)=14\%$$

(3)

$$\text{甲种投资组合的}\beta\text{系数}=1.5\times50\%+1.0\times30\%+0.5\times20\%=1.15$$

$$\text{甲种投资组合的风险收益率}=1.15\times(12\%-8\%)=4.6\%$$

(4)

$$\text{乙种投资组合的}\beta\text{系数}=\frac{3.4\%}{12\%-8\%}=0.85$$

$$\text{乙种投资组合的必要收益率}=8\%+3.4\%=11.4\%$$

或者：

$$\text{乙种投资组合的必要收益率}=8\%+0.85\times(12\%-8\%)=11.4\%$$

(5)甲种投资组合的β系数(1.15)大于乙种投资组合的β系数(0.85),说明甲种投资组合的系统风险大于乙种投资组合的系统风险。

4.答案与解析：

(1)

22％＝无风险报酬率＋1.3×(股票组合报酬率－无风险报酬率)

16％＝无风险报酬率＋0.9×(股票组合报酬率－无风险报酬率)

解上述两个方程式,无风险报酬率＝2.5％

股票组合报酬率＝17.5％

(2)

$$\text{甲股票}\ \beta=\frac{\text{甲股票与市场组合的协方差}}{\text{市场组合的方差}}$$

则:

$$1.3=\frac{\text{甲股票与市场组合的协方差}}{\text{市场组合的方差}}$$

甲股票与市场组合的协方差＝1.3×0.01＝0.013

$$\text{相关系数}=\frac{\text{甲股票与市场组合的协方差}}{\text{甲股票的标准差}\times\text{市场组合的标准差}}$$

则:

$$0.65=\frac{0.013}{\text{甲股票的标准差}\times 0.1}$$

$$\text{甲股票的标准差}=\frac{0.013}{0.65\times 0.1}=0.2$$

(3)

乙股票与市场组合的协方差＝0.9×0.01＝0.009

$$\text{乙股票的相关系数}=\frac{0.009}{0.15\times 0.1}=0.6$$

5.答案与解析:

(1)

该股票组合的综合贝塔系数＝0.8×20％＋1.0×30％＋1.8×50％＝1.36

(2)

该股票组合的风险报酬率＝1.36×(16％－10％)＝8.16％

(3)

该股票组合的预期报酬率＝10％＋8.16％＝18.16％

(4)若预期报酬率19％,即由:

$19\%=10\%+\beta(16\%-10\%)$

得综合 β 系数＝1.5。

设投资于A股票的比例为 X,则:

$0.8X+1\times 30\%+1.8\times(1-30\%-X)=1.5$

$X=6\%$,即A投资6万元,B投资30万元,C投资64万元。

6.答案与解析：

(1)

证券投资组合的预期收益率＝10%×80%＋18%×20%＝11.6%

A证券的标准差＝$\sqrt{0.0144}$＝12%

B证券的标准差＝$\sqrt{0.04}$＝20%

A证券与B证券的相关系数＝$\frac{0.0048}{0.12\times0.2}$＝0.2

证券投资组合的标准差＝$\sqrt{0.12\times0.12\times80\%\times80\%+2\times80\%\times20\%\times0.0048+0.2\times0.2\times20\%\times20\%}$

＝11.11%

或

＝$\sqrt{0.12\times0.12\times80\%\times80\%+2\times80\%\times20\%\times0.2\times0.2\times0.12+0.2\times0.2\times20\%\times20\%}$

＝11.11%

(2)相关系数的大小对投资组合收益率没有影响，但对投资组合的风险有影响。相关系数越大，投资组合的风险越大。

7.答案与解析：

(1)

债券价值＝(100＋100×10%×3)×(P/F，8%，3)＝130×0.7938＝103.19(元)

因为债券价值大于购买价格，所以购买该债券是合算的。

(2)

债券投资收益率＝$\frac{113-102}{102}$×100%＝10.78%

8.答案与解析：

(1)

A债券的价值＝100×(1＋5×10%)×(P/F，12%，3)

＝150×0.7118＝106.77(元)

A债券的价值被市场低估。

(2)

B债券的价值＝100×10%×(P/A，12%，3)＋100×(P/F，12%，3)

＝10×2.4018＋100×0.7118＝95.20(元)

B债券的价值与市场价格相差较大，说明资本市场并不完全有效。

(3)设到期收益率为K

122＝100×(1＋5×10%)×(P/F，K，2)

(P/F，K，2)＝0.8133

到期收益率＝$\frac{0.8133-0.8264}{0.7972-0.8264}$×2%＋10%＝10.88%

(4)$102=100\times10\%\times(P/A,K,2)+100\times(P/F,K,2)$

$K=10\%$ 债券价值 $V=100$

$K=8\%$ 债券价值 $V=10\times1.7833+100\times0.8573=103.56$

到期收益率$=\dfrac{102-103.56}{100-103.56}\times2\%+8\%=8.88\%$

(5)

$$债券价值=\frac{10+10\times(P/A,12\%,2)+100\times(P/F,12\%,2)}{(1+12\%)^{\frac{3}{4}}}$$

$$=106.66\times\left(P/F,12\%,\frac{3}{4}\right)=106.66\times0.9197=98.06(元)$$

9.答案与解析:

(1)

$$A公司股票上年每股股利=\frac{4\ 500\times20\%}{6\ 000}=0.15(元/股)$$

(2)

$$A公司股票价值=\frac{0.15\times(1+6\%)}{8\%-6\%}=7.95(元)$$

A公司股票的价值大于市价7元,应该购买。

$$B公司股票价值=\frac{0.6}{8\%}=7.5(元)$$

B公司股票价值小于市价9元,不应该购买。

(3)

$$A公司股票的投资收益率=\frac{0.2+7.3-6.5}{6.5}=15.38\%$$

10.答案与解析:

(1)根据资本资产定价模型,A、B股票的资本成本分别为:

$K(\mathrm{A})=6\%+1.5\times(10\%-6\%)=12\%$

$K(\mathrm{B})=6\%+1\times(10\%-6\%)=10\%$

$$A公司股票的价值=0.5\times(P/A,12\%,3)+\frac{0.5\times(1+9\%)}{12\%-9\%}\times(P/F,12\%,3)$$

$$=0.5\times2.4018+18.1667\times0.7118=14.13(元/股)$$

$$B公司股票的价值=\frac{0.4\times(1+6\%)}{10\%-6\%}=10.60(元/股)$$

因为A、B公司的股票价值均高于其市价,所以应该购买。

(2)

$$\frac{0.4\times(1+6\%)}{K-6\%}=8$$

预期报酬率为 11.3%。

(3)

$$投资组合的\beta系数=\frac{100\times 12}{100\times 12+100\times 8}\times 1.5+\frac{100\times 8}{100\times 12+100\times 8}\times 1=1.3$$

该投资组合必要报酬率$=6\%+1.3\times(10\%-6\%)=11.2\%$

11.答案与解析:

(1)

$$\begin{aligned}A公司债券的价值&=1\,000\times(P/F,6\%,5)+1\,000\times 8\%\times(P/A,6\%,5)\\&=1\,000\times 0.7473+80\times 4.2124=1\,084.29(元)\end{aligned}$$

由发行价格小于债券价值可知 A 公司债券的收益率大于 6%,用 7%再测试其价值:

$$\begin{aligned}债券的价值&=1\,000\times 8\%\times(P/A,7\%,5)+1\,000\times(P/F,7\%,5)\\&=1\,000\times 8\%\times 4.1002+1\,000\times 0.7130=1\,041(元)\end{aligned}$$

计算结果表明:A 公司债券的收益率为 7%。

(2)

$$\begin{aligned}B公司债券的价值&=(1\,000+1\,000\times 8\%\times 5)\times(P/F,6\%,5)\\&=(1\,000+1\,000\times 8\%\times 5)\times 0.7473=1\,046.22(元)\end{aligned}$$

由发行价格大于债券价值可知 B 公司债券收益率小于 6%,用 5%再测试其价值:

$$\begin{aligned}债券价值&=(1\,000+1\,000\times 8\%\times 5)\times(P/F,5\%,5)\\&=(1\,000+1\,000\times 8\%\times 5)\times 0.7853=1\,096.90(元)\end{aligned}$$

$$B公司债券的收益率=5\%+\frac{1\,096.90-1\,050}{1\,096.90-1\,046.22}\times(6\%-5\%)=5.93\%$$

(3)

$$C公司债券的价值=1\,000\times(P/F,6\%,5)=1\,000\times 0.7473=747.3(元)$$

(4)因为 A 公司债券收益率高于乙公司的必要收益率、发行价格低于债券价值,所以 A 公司债券具有投资价值。

因为 B 公司债券收益率低于乙公司的必要收益率、发行价格高于债券价值,所以 B 公司债券不具有投资价值。

因为 C 公司债券的发行价格高于债券价值,所以 C 公司债券不具备投资价值。

决策结论:乙公司应当选择购买 A 公司债券的方案。

12.答案与解析:

(1)

①甲公司证券组合的β系数$=50\%\times 2+30\%\times 1+20\%\times 0.5=1.4$

②甲公司证券组合的风险收益率$(R_p)=1.4\times(15\%-10\%)=7\%$

③甲公司证券组合的必要投资收益率$(R)=10\%+7\%=17\%$

④投资 A 股票的必要投资收益率$=10\%+2\times(15\%-10\%)=20\%$

（2）

$$A股票的内在价值=\frac{1.2\times(1+8\%)}{20\%-8\%}=10.8(元)<A股票的当前市价12元$$

所以，甲公司当前出售A股票比较有利。

第三章 筹资管理

一、名词解释

1.权益资金
2.债务资金
3.直接筹资
4.间接筹资
5.内部筹资
6.普通股
7.优先股
8.融资租赁
9.商业信用
10.周转信贷协定
11.补偿性余额
12.短期融资券
13.可转换债券

二、单项选择题

1.下列处于各种阶段的企业中,内部筹资的可能性有限的是( )。

A.处于上市期的企业　　B.处于初创期的企业
C.处于成熟期的企业　　D.处于衰落期的企业

2.甲公司是一家上市公司,因扩大经营规模需要资金 1 000 万元,该公司目前债务比例过高,决定通过发行股票筹集资金,此行为产生的筹资动机是( )。

A.创立性筹资动机　　B.支付性筹资动机
C.扩张性筹资动机　　D.混合性筹资动机

3.下列各项中( )不属于吸收直接投资的特点。

A.容易进行信息沟通　　B.能尽快形成生产能力
C.有利于产权交易　　D.筹资费用较低

4.下列各种筹资方式中,属于间接筹资的是( )。

A.发行股票 B.向银行借款 C.发行债券 D.吸收直接投资

5.公司在创立时首先选择的筹资方式是( )。

A.融资租赁 B.向银行借款 C.吸收直接投资 D.发行企业债券

6.在不考虑筹款限制的前提下,下列筹资方式中个别资本成本最高的通常是( )。

A.发行普通股 B.留存收益筹资 C.长期借款筹资 D.发行公司债券

7.下列各项中,属于留存收益来源渠道的是( )。

A.只有盈余公积金 B.只有未分配利润

C.包括盈余公积金和未分配利润 D.只有分配的股利

8.下列各种筹资方式中,可以维持公司的控制权分布的是( )。

A.吸收直接投资 B.发行普通股 C.留存收益筹资 D.引入战略投资者

9.与发行公司债券相比,吸收直接投资的优点是( )。

A.资本成本较低 B.产权流动性较强

C.能够提升企业市场形象 D.易于尽快形成生产能力

10.在吸收直接投资中,最重要的出资方式是( )。

A.以实物资产出资 B.以货币资产出资

C.以土地使用权出资 D.以工业产权出资

11.企业在采用吸收直接投资方式筹集资金时,以下不能被投资者用于出资的是( )。

A.劳务 B.土地使用权 C.实物资产 D.无形资产

12.与股票筹资相比,下列各项中,属于债务筹资缺点的是( )。

A.财务风险较大 B.资本成本较高

C.稀释股东控制权 D.筹资灵活性较小

13.在下列各项中,能够引起企业所有者权益增加的筹资方式是( )

A.吸收直接投资 B.发行公司债券

C.利用商业信用 D.留存收益转增资本

14.相对股权筹资方式而言,长期借款筹资的缺点是( )。

A.信息披露成本较大 B.资本成本较高

C.限制条款较多 D.筹资速度较慢

15.下列各项中,不属于融资租赁筹资特点的是( )。

A.能迅速获得所需资产 B.财务风险小,财务优势明显

C.限制条件较少 D.资本成本较低

16.相对于银行借款来说,下列关于债券筹资特点的说法中,不正确的是( )。

A.募集资金使用的限制条件多 B.提高公司的社会声誉

C.资本成本较高 D.一次筹资数额大

17.某企业向银行借款100万元,期限1年,年利率为6%。按照贴现法付息,该项借款的实际利率是( )。

A.6.38% B.6% C.5.66% D.12%

18.下列各项中,(　　)不属于融资租赁租金的构成项目。

A.租赁设备的购置成本　　B.垫付设备价款的利息

C.租赁手续费　　D.租赁设备维修保养费

19.下列关于融资租赁的说法不正确的是(　　)。

A.租赁设备的维修、保养由出租公司负责

B.集融资融物于一身

C.在杠杆租赁中出租人既是债权人也是债务人

D.筹资的限制条件较少

20.关于杠杆租赁,下列说法中不正确的是(　　)。

A.涉及承租人、出租人和资金出借人三方

B.出租人既是债权人也是债务人

C.第三方通常是银行

D.如果出租人到期不能按期偿还借款,资产所有权则转移给承租人

21.下列选项中属于融资租赁主要形式的是(　　)。

A.售后租回　　B.直接租赁　　C.杠杆租赁　　D.间接租赁

22.某企业拟以“2/20,N/40”的信用条件购进原料一批,则企业放弃折扣的信用成本率为(　　)。

A.2%　　B.36.73%　　C.18%　　D.36%

23.在下列各项中,不属于商业信用融资的是(　　)。

A.赊购商品　　B.预收货款

C.办理应收票据贴现　　D.用商业汇票购货

24.某企业需要借入资金 60 万元,由于贷款银行要求将贷款金额的 20%作为补偿性余额,故企业需要向银行申请的贷款数额为(　　)万元。

A.75　　B.72　　C.60　　D.50

25.某企业于 201×年 1 月 1 日从租赁公司租入一套设备,价值 50 万元,租期 8 年,租赁期满时预计残值 6 万元,归承租人所有。年利率 6%,租赁手续费率 1%。租金每年年末支付,则每年的租金为(　　)元。

A.80 517.89　　B.77 361.06　　C.83 733.86　　D.89 244.76

26.甲企业于本年年初从租赁公司租入一套专用设备,该设备价值 100 万元,预计可以使用 6 年,与租期相等。租赁期满时预计残值 4 万元,归甲企业所有。租金于每年年末支付,假定租赁折现率为 10%,则每年的租金为(　　)万元。

A.22.44　　B.22.04　　C.22.96　　D.22.01

27.某公司从租赁公司融资租入一台设备,价格为 350 万元,租期为 8 年,租赁期满时预计净残值 10 万元归租赁公司所有,假设年利率 8%,租赁手续费率每年 2%,每年年末等额支付租金,则每年租金为(　　)万元。

A.$[350-10\times(P/A,8\%,8)]/(P/F,8\%,8)$

B.$[350-10\times(P/F,10\%,8)]/(P/A,10\%,8)$

C.$[350-10\times(P/F,8\%,8)]/(P/A,8\%,8)$

D.[350－10×(P/A,10%,8)]/(P/F,10%,8)

28.某企业于201×年1月1日从租赁公司租入一套价值10万元的设备,租赁期10年,期满时预计残值率10%,归租赁公司所有。年利率12%,租金每年年末支付,那么每年的租金为(　　)元。

A.17 128.6　　B.1 847.32　　C.1 945.68　　D.1 578.94

29.某企业与银行商定的周转信贷额为800万元,年利率2%,承诺费率为0.5%,年度内企业使用了500万元,平均使用10个月,则企业本年度应向银行支付的承诺费为(　　)万元。

A.6.83　　B.0.42　　C.1.92　　D.1.5

30.下列各项中,不属于普通股股东拥有的权利是(　　)。

A.优先认股权　　B.优先分配收益权

C.股份转让权　　D.剩余财产要求权

31.下列权利中,不属于优先股股东权利的是(　　)。

A.优先分配股息　　B.优先分配剩余财产

C.表决权限制　　D.优先认购权

32.下列可转换债券条款中,有利于保护债券持有人利益的是(　　)。

A.回售条款　　B.赎回条款

C.转换价格条款　　D.强制性转换条款

33.下列关于可转换债券的说法中不正确的是(　　)。

A.标的股票必须是发行公司自己的普通股票

B.票面利率一般会低于普通债券的票面利率

C.回售有利于降低投资者的持券风险

D.资本成本较低

34.下列关于可转换债券筹资特点的表述中不正确的是(　　)。

A.筹资效率低　　B.存在一定的财务压力

C.资本成本较低　　D.筹资灵活

35.公司引入战略投资者的作用不包括(　　)。

A.提升公司形象,提高资本市场认同度

B.提高财务杠杆,优化资本结构

C.提高公司资源整合能力,增强公司的核心竞争力

D.达到阶段性的融资目标,加快实现公司上市融资的进程

36.下列(　　)不是优先股筹资的优点。

A.不用还本　　B.股利可以税前列支

C.股利支付具有弹性　　D.不会影响公司的控制权

37.下列关于短期融资券筹资的表述中,不正确的是(　　)。

A.发行对象为公众投资者　　B.发行条件比短期银行借款苛刻

C.筹资成本比公司债券低　　D.一次性筹资数额比短期银行借款大

三、多项选择题

1.混合性筹资动机的一般目的包括(　　)。

A.降低资产负债率　　B.降低经营风险

C.企业规模扩张　　D.调整资本结构

2.某上市公司正计划兼并上游的供货商,为此准备筹集资金。考虑到债务比率过低,决定通过发行公司债券解决资金来源问题,以提高财务杠杆水平。则该上市公司的筹资动机包括(　　)。

A.创立性筹资动机　　B.扩张性筹资动机

C.调整性筹资动机　　D.支付性筹资动机

3.企业筹资活动按是否通过金融机构,可以划分为(　　)两类。

A.直接筹资　　B.债务资金　　C.间接筹资　　D.权益资金

4.下列有关债务筹资的表述中,不正确的有(　　)。

A.可以作为企业的永久性资本来源　　B.财务风险较大,从而资本成本较高

C.筹资数额有限　　D.可以稳定公司的控制权

5.与股权筹资相比,债务筹资的优点有(　　)。

A.筹资弹性大　　B.资本成本负担较轻

C.可以利用财务杠杆　　D.稳定公司的控制权

6.下列有关筹资分类的说法中,正确的有(　　)。

A.按企业取得资金的权益特性不同,分为权益筹资、债务筹资及混合筹资

B.按资金来源的空间范围不同,分为内部筹资和外部筹资

C.短期筹资经常利用商业信用、短期借款、融资租赁等方式

D.间接筹资的基本方式是银行借款和发行债券

7.关于银行借款的筹资特点,下列说法正确的有(　　)。

A.筹资弹性较大　　B.筹资成本较高　　C.限制条件多　　D.筹资速度快

8.下列各项中,属于认股权证筹资特点的有(　　)。

A.认股权证是一种融资促进工具　　B.认股权证是一种高风险融资工具

C.有助于改善上市公司的治理结构　　D.有利于推进上市公司的股权激励机制

9.下列各项中,属于"吸收直接投资"与"发行普通股"筹资方式所共有特点的是(　　)。

A.使用限制多　　B.财务风险大

C.所筹集的资金都是企业的权益资金　　D.资本成本比较高

10.以下关于吸收直接投资的说法,正确的有(　　)。

A.能够尽快形成生产能力　　B.容易进行信息沟通

C.资本成本较高　　D.不利于产权交易

11.利用留存收益的筹资特点包括(　　)。

A.信息沟通与披露成本较大　　B.不用发生筹资费用

C.维持公司的控制权分布　　D.筹资数额有限

12.下列说法正确的有(　　)。

A.借款企业希望采用收款法支付利息　　B.银行希望采用加息法收取利息

C.借款企业希望采用贴现法支付利息　　D.银行希望采用收款法收取利息

13.普通股筹资成本高于债务筹资的原因主要包括(　　)。

A.股东承担较大的投资风险,从而要求较高的投资报酬率

B.新股发行会稀释原有股权结构

C.发行成本相对较高

D.普通股股利在税后列支,没有抵税作用

14.关于权益筹资的缺点,下列有关说法中正确的有(　　)。

A.资本成本负担较重

B.控制权变更可能影响企业长期稳定发展

C.财务风险较大

D.信息沟通与披露成本较大

15.公司债券筹资与普通股筹资相比较,(　　)。

A.债券筹资资本成本相对较高

B.普通股筹资可以利用财务杠杆作用

C.债券筹资有利于保障股东对公司的控制权

D.债券利息允许税前列支,普通股股利则须税后列支

16.与长期借款相比,发行债券筹资的优点有(　　)。

A.筹资速度较快　　B.一次筹资数额较大

C.筹资费用较小　　D.募集资金的使用限制较少

17.股票的发行方式包括(　　)。

A.公开直接发行　　B.公开间接发行

C.非公开直接发行　　D.非公开间接发行

18.影响债券发行价格的因素有(　　)。

A.债券面值　　B.票面利率　　C.市场利率　　D.债券期限

19.一般而言,与发行普通股相比,发行优先股的特点有(　　)。

A.可以增加公司的财务杠杆效应　　B.可以降低公司的财务风险

C.可以保障普通股股东的控制权　　D.可以降低公司的资本成本

20.下列关于融资租赁的说法中,正确的有(　　)。

A.在资金缺乏情况下,能迅速获得所需资产

B.融资租赁解决了企业的资金需求,具有信用和贸易双重性质

C.租赁能延长资金融通的期限

D.实务中,承租企业与租赁公司商定的租金支付方式,大多为先付等额年金

21.下列各项中,属于留存收益筹资特点的有(　　)。

A.不用发生筹资费用　　B.维持公司的控制权分布

C.筹资数额有限　　D.资本成本高于普通股筹资

22.企业的担保贷款可分为(　　)。

A.保证贷款　　B.抵押贷款　　C.质押贷款　　D.信用贷款

四、判断题

1.直接筹资的手续比较复杂,而间接筹资手续相对比较简便。(　　)

2.处于初创期的企业,内部筹资可以基本满足资金需求;处于成长期的企业,内部筹资往往难以满足需要,需要广泛地开展外部筹资。(　　)

3.企业权益资金的筹集相对于债务资金的筹集,其财务风险小,但付出的资本成本相对较高。(　　)

4.一旦公司处于清算,剩余财产先分给优先股股东,再分给债权人,最后分给普通股股东。(　　)

5.企业通过合法有效地经营所实现的税后净利润,都属于企业的投资者。(　　)

6.权益资金是企业稳定的资本基础,企业利用权益筹资的财务风险较大。(　　)

7.相对于债务资金而言,权益资金的财务风险小,但付出的资本成本相对较高。(　　)

8.调整性筹资动机是指企业因调整公司业务而产生的筹资动机。(　　)

9.与股票筹资相比,吸收直接投资方式筹资速度相对较慢。(　　)

10.一旦企业与银行签订周转信贷协定,则在协定的有效期内,只要企业的借款总额不超过最高限额,银行必须满足企业任何时候任何用途的借款要求。(　　)

11.在按加息法支付利息的情况下,借款企业所负担的实际利率大约是名义利率的2倍。(　　)

12.不管是经营租赁还是融资租赁,只要经过双方同意都可以中途撤销合同。(　　)

13.长期借款的例行性保护条款、一般性保护条款、特殊性保护条款可结合使用,有利于全面保护债权人的权益。(　　)

14.相对于银行借款来说,融资租赁的资本成本要小一些。(　　)

15.杠杆租赁一般要涉及承租人、出租人和贷款人三方当事人,从出租人的角度来看,这种租赁与其他租赁形式并无区别。(　　)

16.与股票筹资相比,吸收直接投资使公司控制权集中,有利于公司治理。(　　)

17.相对于银行借款筹资而言,发行公司债券的筹资风险大。(　　)

18.因为公司债务必须付息,而普通股不一定支付股利,所以普通股资本成本小于债务资本成本。(　　)

19.公开发行公司债券的条件之一是公司累计债券余额不超过公司净资产的30%。(　　)

20.公司向发起人、国家授权投资机构、法人发行的股票,可以为记名股票,也可以为无记名股票。(　　)

21.上市公开发行股票,包括增发和配股两种方式。其中,增发是指上市公司向原有股东配售股票的再融资方式。(　　)

22.由于留存收益筹资不发生筹资费用,所以没有资本成本。(　　)

23.优先股股东在股东大会上没有任何表决权。（　　）

24.优先股的资本成本相对于债务较高，但是，同债务筹资一样，优先股筹资也会产生财务杠杆效应。（　　）

25.可转换债券实质上是一种未来的买入期权。（　　）

26.可转换债券是常用的员工激励工具，可以把管理者和员工的利益与企业价值成长紧密联系在一起。（　　）

27.信贷额度是银行从法律上承诺向企业提供不超过某一最高限额的贷款协定。（　　）

28.放弃现金折扣的机会成本与折扣率成同方向变化。（　　）

五、简答题

1.企业进行筹资的动机是什么？

2.企业有哪些主要的筹资渠道？

3.企业有哪些主要的筹资方式？

4.企业筹资需遵循什么原则？

5.权益筹资和债务筹资各有什么优缺点？

6.企业股票发行的价格如何确定？

7.借款利息的支付方法有哪些？

8.债券发行的价格如何确定？

9.我国租赁实务中一般如何确定融资租赁的每期租金？

10.优先股的种类有哪些？

11.优先股的特点有哪些？发行优先股筹资有什么优缺点？

12.可转换债券的基本要素包括哪些？发行可转换债券筹资有什么优缺点？

13.认股权证筹资有哪些特点？

六、计算分析题

1.某企业取得银行为期一年的周转信贷额 100 万元，借款企业年度内使用了 60 万元，平均使用期只有 6 个月，借款利率为 12%，年承诺费率为 0.5%。要求计算借款企业年终需要支付的利息和承诺费。

2.某公司向银行借入短期借款 10 000 元，支付银行贷款利息的方式同银行协商后的结果是：如采用收款法，则利率为 14%；如采用贴现法，利率为 12%；如采用补偿性余额，利率降为 10%，银行要求的补偿性余额比例为 20%。请问：如果你是该公司财务经理，你选择哪种支付方式，并说明理由。

3.某股份有限公司拟发行面值 100 元、年利率 12%、期限 2 年、每年年末付息的债券一批。要求分别测算该债券在下列市场利率下的发行价格：(1)市场利率为 10%；(2)市场利率为 12%；(3)市场利率为 15%。

4.某公司拟采购一批零件，总价款100万元，供应商规定的付款条件：10天之内付款付98万；20天之内付款付99万；30天之内付款付100万。

(1)假设银行短期贷款利率为15%，计算放弃现金折扣的信用成本率，并确定对该公司最有利的付款日期和价格。

(2)如果目前有一个短期投资的投资收益率是40%，确定对该公司最有利的付款日期和价格。

5.ABC公司于201×年1月1日从租赁公司租入一台大型设备(该设备市场价格18 000元，运输费、安装调试费、保险费等合计2 500元)，租期5年，租赁期满时预计残值1 500元，归ABC公司所有。年利率为12%，租金于每年末等额支付。经过认定，此次租赁属于融资租赁。

要求：

(1)计算ABC公司每年支付的租金(保留整数)；

(2)填写如下租金摊销计划表。

租金摊销计划表

单位：元

年份	期初本金	支付租金	应计租费	本金偿还额	本金余额
1					
2					
3					
4					
5					
合计					

答案与解析

一、名词解释

解释：略

二、单项选择题

1.答案：B

解析：处于初创期的企业，内部筹资的可能性是有限的；处于成长期的企业，内部筹资往往难以满足需要。

2.答案:D

解析:混合性筹资动机一般是基于企业规模扩张和调整资本结构两种目的,兼具扩张性筹资动机和调整性筹资动机的特性,同时增加了企业的资产总额和资本总额,也导致企业的资产结构和资本结构同时变化。甲公司因扩大经营规模需要资金 1 000 万,其资金来源通过发行股票解决,这种情况既扩张了企业规模,又使得企业的资本结构有较大的变化,此行为产生的筹资动机是混合性筹资动机。

3.答案:C

解析:吸收直接投资不以证券为媒介,不利于产权交易,难以进行产权转让。

4.答案:B

解析:间接筹资,是企业借助于银行和非银行金融机构筹集资金。间接筹资的基本方式是银行借款,此外还有融资租赁等方式。

5.答案:C

解析:一般来说,在企业初创阶段,产品市场占有率低,产销业务量小,经营杠杆系数大,此时企业筹资主要依靠权益资本,在较低程度上使用财务杠杆。

6.答案:A

解析:个别资本成本由高至低的顺序为:发行普通股、留存收益筹资、发行公司债券、长期借款筹资。

7.答案:C

解析:留存收益有两种筹资途径:提取盈余公积金和未分配利润。

8.答案:C

解析:利用留存收益筹资,不用对外发行新股或吸收新投资者,由此增加的权益资本不会改变公司的控制权。

9.答案:D

解析:吸收直接投资的筹资优点:(1)能够尽快形成生产能力;(2)容易进行信息沟通。

10.答案:B

解析:吸收直接投资的出资方式包括:以实物资产出资、以货币资产出资、以土地使用权出资、以工业产权出资,其中以货币资产出资是吸收直接投资中最重要的出资方式。

11.答案:A

解析:企业在采用吸收直接投资方式筹集资金时,投资者可以以货币资产、实物资产、土地使用权和工业产权出资。其中,以工业产权出资是指投资者以专有技术、商标权、专利权、非专利技术等无形资产所进行的投资。此外,国家相关法律法规对无形资产出资方式另有限制,股东或者发起人不得以劳务、信用、自然人姓名、商誉、特许经营权或者设定担保的财产等作价出资。

12.答案:A

解析:债务筹资的缺点:(1)债务资金不能形成企业稳定的资本基础;(2)财务风险较大;(3)筹资数额有限。

13.答案:A

解析:权益筹资方式包括吸收直接投资、发行股票和利用留存收益,但利用留存收益转增资本不会引起所有者权益的变化。

14.答案:C

解析:长期借款筹资的特点主要有:限制条款多、筹资数额有限、筹资弹性较大、资本成本较低、筹资速度较快。

15.答案:D

解析:融资租赁的租金通常比银行借款或发行债券所负担的利息高得多,租金总额通常要比设备价值高出30%,因此融资租赁的资本成本较高。

16.答案:A

解析:与银行借款相比,发行债券募集的资金在使用上具有相对灵活性和自主性。特别是发行债券所筹集的大额资金,能够用于流动性较差的公司长期资产上,所以选项A的说法不正确。

17.答案:A

解析:

$$\text{实际利率}=\frac{100\times 6\%}{100-100\times 6\%}=6.38\%$$

18.答案:D

解析:融资租赁的租赁期间,设备的维修和保养通常由承租人负责,因此,设备的维修保养费一般不构成出租人所收取租金的内容。

19.答案:A

解析:在融资租赁中,由承租企业负责设备的维修、保养。

20.答案:D

解析:杠杆租赁形式下,出租人既是债权人也是债务人,如果出租人到期不能按期偿还借款,资产所有权则转移给资金的出借者。

21.答案:B

解析:融资租赁的基本形式有:直接租赁、售后回租和杠杆租赁。其中直接租赁是融资租赁的主要形式。

22.答案:B

解析:

$$\text{放弃折扣的信用成本率}=\frac{2\%\times 360}{(1-2\%)\times(40-20)}=36.73\%$$

23.答案:C

解析:赊购商品、预收货款、用商业汇票购货均属于商业信用。

24.答案:A

解析:

$$\text{需要向银行申请的贷款数额}=\frac{60}{1-20\%}=75(\text{万元})$$

25.答案:C

解析:

$$每年租金=\frac{500\ 000}{(P/A,7\%,8)}=\frac{500\ 000}{5.9713}=83\ 733.86(元)$$

26.答案:C

解析:由于设备残值归承租企业所有,那么

$$每期租金=\frac{100}{(P/A,10\%,6)}=22.96(万元)$$

27.答案:B

解析:租赁折现率=8%+2%=10%,残值归租赁公司所有,残值需从设备价款中扣除。

28.答案:A

解析:由于设备残值归出租企业所有,那么

$$每期租金=\frac{100\ 000-10\ 000\times(P/F,12\%,10)}{(P/A,12\%,10)}=17\ 128.6(元)$$

29.答案:C

解析:

$$需支付的承诺费=(800-500)\times0.5\%+500\times0.5\%\times\frac{2}{12}=1.92(万元)$$

30.答案:B

解析:普通股股东的权利有:公司管理权、收益分享权、股份转让权、优先认股权、剩余财产要求权。优先分配收益权是优先股股东的权利。

31.答案:D

解析:优先股的特点包括:(1)优先分配股息且相对固定;(2)优先分配剩余财产;(3)表决权限制。优先认购权是普通股股东拥有的权利。

32.答案:A

解析:回售条款是债券持有人有权按照事前约定的价格将债券卖回给发债公司的条件规定,一般发生在公司股票价格在一段时期内连续低于转股价格达到某一幅度时,用于保护债券持有人利益。

33.答案:A

解析:可转换债券的标的股票一般是发行公司自己的普通股票,不过也可以是其他公司的股票,如该公司的上市子公司的股票。

34.答案:A

解析:可转换债券在发行时,规定的转换价格往往高于当时本公司的股票价格。如果这些债券将来都转换成了股权,这相当于在债券发行之际,就以高于当时股票市价的价格新发行了股票,以较少的股份代价筹集了更多的股份资金。所以,可转换债券的筹资效率高。

35.答案:B

解析:引入战略投资者的作用:(1)提升公司形象,提高资本市场认同度;(2)优化股权结构,健全公司法人治理;(3)提高公司资源整合能力,增强公司的核心竞争力;(4)达到阶段性的融资目标,加快实现公司上市融资的进程。战略投资者的投资属于股权投资,会降低财务杠杆。

36.答案:B

解析:优先股属于股权资本,其股利不能在税前列支。

37.答案:A

解析:短期融资券发行和交易的对象是银行间债券市场的机构投资者,不向社会公众发行和交易。

三、多项选择题

1.答案:CD

解析:混合性筹资动机一般是基于企业规模扩张和调整资本结构两种目的。

2.答案:BC

解析:实现企业规模的扩张属于扩张性筹资动机,债务比率过低,决定通过发行公司债券解决资金来源问题属于调整性筹资动机。

3.答案:AC

解析:企业筹资活动按是否通过金融机构,可以划分为直接筹资和间接筹资两类。企业筹集的资金,按资金性质的不同则可分为权益资金和债务资金两类。

4.答案:AB

解析:债务资本有固定的到期日,到期需要偿还,只能作为企业的补充性资本来源。债务筹资的财务风险较大,但其资本成本较低。

5.答案:ABCD

解析:与股权筹资相比,债务筹资的优点包括:筹资速度较快、筹资弹性大、资本成本负担较轻、可以利用财务杠杆、稳定公司的控制权。

6.答案:AB

解析:短期筹资经常利用商业信用、短期借款、短期债券等方式,融资租赁是长期筹资经常采用的方式。间接筹资的基本方式是银行借款,此外还有融资租赁等方式,发行债券是直接筹资。

7.答案:ACD

解析:银行借款的筹资特点包括:(1)筹资速度快;(2)资本成本较低;(3)筹资弹性较大;(4)限制条款多;(5)筹资数额有限。

8.答案:ACD

解析:认股权证筹资特点包括:(1)认股权证是一种融资促进工具;(2)有助于改善上市公司的治理结构;(3)有利于推进上市公司的股权激励机制。站在筹资人的角度来看,认股权证比债务筹资风险要低。

9.答案:CD

解析:吸收直接投资与发行普通股所筹集的资金为权益资金,不用还本付息,财务风险小，但资本成本比较高，所筹资金在使用上不受投资者的直接干预，没有使用约束。

10.答案：ABCD

解析：吸收直接投资的优点：能够尽快形成生产能力；容易进行信息沟通。吸收直接投资的缺点：资本成本较高；公司控制权集中，不利于公司治理；不易进行产权交易。

11.答案：BCD

解析：利用留存收益的筹资特点：(1)不用发生筹资费用；(2)维持公司的控制权分布；(3)筹资数额有限。

12.答案：AB

解析：加息法和贴现法的付息方法均会导致实际利率高于名义利率，而收款法不会。因此，借款企业希望采用收款法支付利息，而银行希望采用加息法或贴现法收取利息。

13.答案：ACD

解析：普通股筹资成本较高的原因主要包括：(1)股权投资者承担较高的投资风险，要求较高的报酬率；(2)股利税后列支，无法获得抵税效应；(3)普通股发行、上市费用较高。

14.答案：ABD

解析：权益筹资的缺点：(1)资本成本负担较重；(2)控制权变更可能影响企业长期稳定发展；(3)信息沟通与披露成本较大。权益资金没有到期日，没有固定的股息负担，因此财务风险较小。

15.答案：CD

解析：公司债券筹资与普通股筹资相比较，公司债券利息可以税前列支，普通股股利只能税后列支，故公司债券筹资的资本成本相对较低。债券持有者无权参与企业管理决策，因此债券筹资有利于保障股东对公司的控制权。无论发行公司的盈利多少，债券持有人一般只收取固定的利息，即债券筹资可利用财务杠杆作用。

16.答案：BD

解析：发行公司债券的筹资特点：一次筹资数额大、募集资金的使用限制条件少、资本成本负担较高、能提高公司的社会声誉。筹资速度较快、筹资费用较小属于银行借款筹资方式的特点。

17.答案：BC

解析：股票的发行方式包括公开间接发行和非公开直接发行。

18.答案：ABCD

解析：影响债券发行价格的因素有债券面值、票面利率、市场利率、债券期限等。

$$\text{债券发行价格}=\frac{\text{票面金额}}{(1+\text{市场利率})^{n}}+\sum_{t=1}^{n}\frac{\text{票面金额}\times\text{票面利率}}{(1+\text{市场利率})^{t}}$$

19.答案：ACD

解析：如果存在优先股，计算财务杠杆系数时要考虑优先股股利；相对于普通股，优先股股利是固定支付的，所以增加了财务风险；优先股东无表决权，所以保障了普通股股东的控制权；普通股的投资风险比优先股的大，所以普通股的资本成本高一些。

20.答案：ABC

解析:实务中,承租企业与租赁公司商定的租金支付方式,大多为后付等额年金。

21.答案:ABC

解析:与普通股筹资相比较,留存收益筹资不需要发生筹资费用,资本成本较低。

22.答案:ABC

解析:按机构对贷款有无担保要求来划分,分为信用贷款和担保贷款,担保贷款又可分为保证贷款、抵押贷款和质押贷款。

四、判断题

1.答案:对

解析:相对来说,直接筹资的筹资手续比较复杂,筹资费用较高;但筹资领域广阔,能够直接利用社会资金,有利于提高企业的知名度和资信度。间接筹资手续相对比较简便,筹资效率高,筹资费用较低,但容易受金融政策的制约和影响。

2.答案:错

解析:处于初创期的企业,内部筹资的可能性是有限的。

3.答案:对

解析:债务资金到期必须偿还,因而其偿债压力大,财务风险大。债务资金的利息可以税前列支,而权益资金的报酬则只能税后列支;权益投资风险比较大,投资者所期望的投资报酬相应较高,也导致权益资金成本加大。因此,权益资金的成本相对较高。

4.答案:错

解析:一旦公司处于清算,剩余财产先分给债权人,再分给优先股股东,最后分给普通股股东。

5.答案:错

解析:企业通过合法有效地经营所实现的税后净利润,都属于企业的所有者。企业的投资者包括债权人和所有者。

6.答案:错

解析:权益资金没有固定的到期日,无须偿还,是企业的永久性资本,是企业稳定的资本基础。权益资金不需支付固定的股利,没有还本付息的财务压力,所以财务风险较小。

7.答案:对

解析:权益资金一般不用偿还本金,形成了企业的永久性资本,因而财务风险小,但付出的资本成本相对较高。

8.答案:错

解析:调整性筹资动机是指企业因调整资本结构而产生的筹资动机。

9.答案:错

解析:与股票筹资相比,吸收直接投资方式所履行的法律程序相对简单,从而筹资速度相对较快。

10.答案:错

解析:银行不可能满足企业“任何用途”的借款要求。

11.答案:对

解析:加息法下贷款分期均衡偿还,借款企业实际上只平均使用了贷款本金的半数,却支付全额利息。这样,企业所负担的实际利率大约是名义利率的2倍。

12.答案:错

解析:融资租赁的合同是不可撤销合同。经营租赁合同经双方同意可以中途撤销。

13.答案:对

解析:长期借款的例行性保护条款、一般性保护条款、特殊性保护条款结合使用,将有利于全面保护银行等债权人的权益。

14.答案:错

解析:融资租赁的租金通常比银行借款或发行债券所负担的利息高,租金总额通常要比设备的价值高出30%,因此其资本成本是高于银行借款的。

15.答案:错

解析:从承租人的角度来看,这种租赁与其他租赁形式并无区别,同样是按合同的规定,在租赁期内获得资产的使用权,按期支付租金。但对出租人却不同,出租人只垫支购买资产所需资金的一部分作为自己的投资,其余部分则以该资产作为担保向贷款人借款。

16.答案:错

解析:采用吸收直接投资方式筹资,投资者一般都要求获得与投资数额相适应的经营管理权。如果某个投资者的投资额比例较大,则该投资者对企业的经营管理就会有相当大的控制权,容易损害其他投资者的利益,不利于公司治理。

17.答案:对

解析:相对于银行借款筹资而言,发行债券的利息负担和筹资费用都比较高。同时债券不能像银行借款一样进行债务展期,加上大额的本金和较高的利息,在固定的到期日,将会对公司的现金流产生巨大的财务压力,所以,筹资风险大。

18.答案:错

解析:债务利息可以抵税,而股利不能抵税,此外股票投资的风险较大,投资者要求的报酬率较高,所以普通股资本成本大于债务资本成本。

19.答案:错

解析:累计债券余额不超过公司净资产的40%是公开发行公司债券应当符合的条件之一。

20.答案:错

解析:我国《公司法》规定,公司向发起人、国家授权投资机构、法人发行的股票,为记名股票;向社会公众发行的股票,可以为记名股票,也可以为无记名股票。

21.答案:错

解析:增发是指上市公司向社会公众发售股票的再融资方式;配股是指上市公司向原有股东配售股票的再融资方式。

22.答案:错

解析:留存收益相当于原股东对企业追加了投资,企业使用这部分资金,同样需要对投资者支付股利，从而产生资本成本。

23.答案：错

解析：优先股股东在股东大会上无表决权，在参与公司经营管理上受到一定限制，仅对涉及优先股权利的问题有表决权。

24.答案：对

解析：优先股股息不能抵减所得税，而债务利息可以抵减所得税，因此，优先股资本成本相对于债务较高；优先股股息属于固定资本成本，会产生财务杠杆效应。

25.答案：对

解析：由于可转换债券持有人具有在未来按一定的价格购买股票的权利，因此可转换债券实质上是一种未来的买入期权。

26.答案：错

解析：认股权证是常用的员工激励工具，通过给予管理者和重要员工一定的认股权证，可以把管理者和员工的利益与企业价值成长紧密联系在一起，建立一个管理者与员工通过提升企业价值实现自身财富增值的利益驱动机制。

27.答案：错

解析：周转信贷协定是银行从法律上承诺向企业提供不超过某一最高限额的贷款协定。

28.答案：对

解析：

$$\text{放弃现金折扣的信用成本率}=\frac{CD}{1-CD}\times\frac{360}{N}=(\frac{1}{1-CD}-1)\times\frac{360}{N}$$

当CD增加时，放弃现金折扣成本亦增加，反之则减少。

五、简答题

答案与解析：略

六、计算分析题

1.答案及解析：

需支付的利息＝60×12％×6÷12 ＝3.6(万元)

需支付的承诺费＝(100－60)×0.5％＋60×0.5％×6/12＝0.35(万元)

2.答案及解析：

如采用收款法，

实际利率＝14％

如采用贴现法，

$$实际利率=\frac{10\ 000\times12\%}{10\ 000-10\ 000\times12\%}\times100\%=13.64\%$$

如采用补偿性余额，

$$实际利率=\frac{10\ 000\times10\%}{10\ 000-10\ 000\times20\%}\times100\%=12.5\%$$

因为采用补偿性余额的实际利率最低，所以应该采用补偿性余额的方式向银行借入短期借款。

3.答案及解析：

(1)市场利率为10%时：

$$\begin{aligned}债券发行价格&=100\times(P/F,10\%,2)+100\times12\%\times(P/A,10\%,2)\\&=100\times0.8264+12\times1.7355\\&=103.47\end{aligned}$$

(2)市场利率为12%时：

$$\begin{aligned}债券发行价格&=100\times(P/F,12\%,2)+100\times12\%\times(P/A,12\%,2)\\&=100\times0.7972+12\times1.6901\\&=100\end{aligned}$$

(3)市场利率为15%时：

$$\begin{aligned}债券发行价格&=100\times(P/F,15\%,2)+100\times12\%\times(P/A,15\%,2)\\&=100\times0.7561+12\times1.6257\\&=95.12\end{aligned}$$

4.答案及解析：

(1)

$$放弃第10天付款折扣的信用成本率=\frac{2\%}{1-2\%}\times\frac{360}{30-10}\times100\%=36.7\%$$

$$放弃第20天付款折扣的信用成本率=\frac{1\%}{1-1\%}\times\frac{360}{30-20}\times100\%=36.4\%$$

由于两种方案放弃折扣的信用成本率均高于借款利息率15%，因此初步结论是要取得现金折扣，借入银行借款以偿还货款。

10天付款方案，得折扣2万元，用资98万元，借款20天，利息0.82万元，净收益1.18万元；

20天付款方案，得折扣1万元，用资99万元，借款10天，利息0.41万元，净收益0.59元；

结论：最有利的付款日期是第10天付款，价格为98万元。

(2)因为放弃折扣的成本都小于40%，所以在信用期付款对企业最有利，即第30天付款，价格为100万元。

5.答案及解析：

(1)

$$每年租金=\frac{18\ 000+2\ 500}{(P/A,12\%,5)}=5\ 687(元)$$

（2）

租金摊销计划表

单位:元

年份	期初本金 ①	支付租金 ②	应计租费 ③=①×12%	本金偿还额 ④=②－③	本金余额 ⑤=①－④
1	20 500	5 687	2 460	3 227	17 273
2	17 273	5 687	2 073	3 614	13 659
3	13 659	5 687	1 639	4 048	9 611
4	9 611	5 687	1 153	4 534	5 077
5	5 077	5 687	610*	5 077*	0
合计		28 435	7 935	20 500	

* 最后一年的本金偿还额即为年初数 5 077 元，最后一年的应计租费倒挤。

第四章　资本成本与资本结构

一、名词解释

1.资本成本
2.市场价值权数
3.综合资本成本
4.边际资本成本
5.经营杠杆
6.财务杠杆
7.资本结构
8.最佳资本结构
9.每股收益无差别点法

二、单项选择题

1.下列各项中,通常不会导致企业资本成本增加的是(　　)。

A.通货膨胀加剧　　B.投资风险上升
C.经济持续过热　　D.证券市场流动性增强

2.某企业按年利率5%向银行借款500万元,借款手续费率为5%,企业所得税税率为25%,则该企业借款的资本成本为(　　)。

A.5%　　B.3%　　C.3.75%　　D.3.95%

3.某公司普通股目前的股价为10元/股,筹资费率为4%,股利固定增长率为3%,所得税税率为25%,预计下次支付的每股股利为2元,则该公司普通股资本成本为(　　)。

A.23%　　B.18%　　C.24.46%　　D.23.83%

4.如果采用股利增长模型法计算股票的资本成本,则下列因素单独变动会导致普通股资本成本降低的是(　　)。

A.预期第一年股利增加　　B.股利固定增长率提高
C.普通股的筹资费用增加　　D.股票市场价格上升

5.某公司普通股目前的股价为10元/股,筹资费率为6%,预计第一年每股股利为2

元，股利固定增长率为 2%，则该企业利用留存收益的资本成本率为(　　)。

A.22.40%　　B.22.00%　　C.23.70%　　D.23.28%

6.某公司发行债券，债券面值为 1 000 元，票面利率 6%，每年付息一次，到期还本，债券发行价 1 010 元，筹资费为发行价的 2%，企业所得税税率为 25%，则该债券的资本成本为(　　)。(不考虑时间价值)

A.4.06%　　B.4.25%　　C.4.55%　　D.4.12%

7.H 公司按照面值的 110%发行债券进行筹资，共发行了每张面值 100 元的债券 10 000份，利率为 8%，期限为 6 年，发行费用率为 5%，企业所得税税率为 20%，若考虑时间价值，该批债券的资本成本率为(　　)。

A.5.51%　　B.7.09%　　C.7.64%　　D.7.49%

8.东方公司普通股 β 系数为 2，此时一年期国债利率 5%，市场风险报酬率 12%，则该普通股的资本成本率为(　　)。

A.17%　　B.19%　　C.29%　　D.20%

9.某公司普通股目前的股价为 10 元/股，筹资费率为 5%，刚刚支付的每股股利为 0.8 元，股利固定增长率为 4%，则该企业利用普通股筹资的资本成本为(　　)。

A.12.76%　　B.12.32%　　C.12.42%　　D.13.76%

10.已知某企业目标资本结构中长期债务的比重为 20%，债务资本的增加额在 0—10 000元范围内，其利率维持 5%不变；超过 10 000 元时，其利率将上升至 7%。则该企业与此相关的筹资总额分界点为(　　)元。

A.5 000　　B.20 000　　C.50 000　　D.200 000

11.某公司设定的目标资本结构为：银行借款 20%，公司债券 15%，股东权益 65%。现拟追加筹资 300 万元，按此资本结构来筹资。个别资本成本率预计分别为：银行借款 7%，公司债券 12%，股东权益 15%。追加筹资 300 万元的边际资本成本为(　　)。

A.12.95%　　B.13.5%　　C.8%　　D.13.2%

12.在不考虑筹资数额限制的前提下，下列筹资方式中个别资本成本最低的通常是(　　)。

A.发行普通股　　B.利用留存收益

C.筹措长期借款　　D.发行公司债券

13.某企业负债的市场价值为 4 000 万元，股东权益的市场价值为 6 000 万元。债务的平均利率为 10%，β 为 1.41，所得税税率为 25%，市场的平均风险收益率是 9.2%，国库券利率为 4%。则加权平均资本成本为(　　)。

A.13.18%　　B.9.8%　　C.18.34%　　D.18.67%

14.下列各项中，属于酌量性固定成本的是(　　)。

A.折旧费　　B.长期租赁费　　C.直接材料费　　D.广告费

15.某企业本年营业收入 1 200 万元，变动成本率为 60%，下年经营杠杆系数为 1.5，本年的经营杠杆系数为 2，则该企业的固定性经营成本为(　　)万元。

A.160　　B.320　　C.240　　D.无法计算

16.由于固定性经营成本和固定性资本成本的共同存在而导致的杠杆效应属于(　　)。

A.经营杠杆效应　　B.财务杠杆效应　　C.总杠杆效应　　D.资本杠杆效应

17.某公司的经营杠杆系数为 1.8,财务杠杆系数为 1.5,则该公司销售额每增长 1 倍,就会造成每股收益增加(　　)。

A.1.2 倍　　B.1.5 倍　　C.0.3 倍　　D.2.7 倍

18.某公司年营业收入为 500 万元,变动成本为 200 万元,经营杠杆系数为 1.5,财务杠杆系数为 2。如果固定成本增加 50 万元,那么,总杠杆系数将变为(　　)。

A.2.4　　B.3　　C.6　　D.8

19.甲公司(无优先股)只生产一种产品,产品单价为 6 元,单位变动成本为 4 元,产品销量为 10 万件/年,固定成本为 5 万元/年,利息支出为 3 万元/年。甲公司的财务杠杆系数为(　　)。

A.1.18　　B.1.25　　C.1.33　　D.1.66

20.某企业基期年销售额 5 000 万元,变动成本 1 800 万元,固定经营成本 1 400 万元,利息费用 50 万元,没有优先股,预测期年销售增长率为 20%,则预测期的每股收益增长率为(　　)。

A.32.5%　　B.41.4%　　C.39.2%　　D.36.6%

21.关于总杠杆系数,下列说法正确的是(　　)。

A.等于经营杠杆系数和财务杠杆系数之和

B.该系数等于普通股每股收益变动率与息税前利润变动率之间的比率

C.该系数反映产销量变动对普通股每股收益的影响

D.总杠杆系数越大,企业风险越小

22.某企业固定经营成本为 20 万元,全部资本中公司债券占 25%,则该企业(　　)。

A.只存在经营杠杆　　B.只存在财务杠杆

C.存在经营杠杆和财务杠杆　　D.经营杠杆和财务杠杆可以相互抵销

23.当财务杠杆系数为 1 时,下列表述正确的是(　　)。

A.息税前利润增长率为 0　　B.息税前利润为 0

C.债务利息与优先股股息为 0　　D.固定成本为 0

24.如果企业的资本来源全部为自有资本,且没有优先股,则企业财务杠杆系数(　　)。

A.等于 0　　B.等于 1　　C.大于 1　　D.小于 1

25.下列各项中,运用普通股每股收益无差别点确定最佳资本结构时,需计算的指标是(　　)。

A.息税前利润　　B.营业利润　　C.净利润　　D.利润总额

26.比较资本成本法根据(　　)来确定最佳资本结构。

A.加权平均资本成本的高低

B.占比重大的个别资本成本的高低

C.各个别资本成本代数和的高低

D.负债资本中各个别资本成本代数和的高低

27.采用每股收益无差别点法进行资本结构决策,所选择的方案是(　　)。

A.每股收益最大的方案　　B.风险最小的方案
C.每股收益最大、风险最小的方案　　D.每股收益适中、风险适中的方案

28.某公司息税前利润为700万元，债务资金为300万元，债务利率为8%，所得税税率为25%，权益资金为2 000万元，权益资本成本为15%，则公司此时股票的市场价值为(　　)万元。

A.3 000　　B.3 340　　C.3 380　　D.2 740

三、多项选择题

1.在个别资本成本的计算中，需要考虑筹资费用的有(　　)。

A.债券成本　　B.普通股成本　　C.银行借款成本　　D.留存收益成本

2.资本成本的作用包括(　　)。

A.资本成本是比较筹资方式、选择筹资方案的依据
B.资本成本是评价企业整体业绩的重要依据
C.平均资本成本是衡量资本结构是否合理的依据
D.资本成本是评价投资项目可行性的主要标准

3.下列各项中，会直接影响企业加权平均资本成本的有(　　)。

A.个别资本成本　　B.各种资本占全部资本的比重
C.筹资速度　　D.企业的经营杠杆

4.关于经营杠杆与经营风险，下列说法中正确的有(　　)。

A.经营风险是指企业生产经营上的原因而导致的资产报酬波动的风险
B.引起企业经营风险的主要原因是市场需求和生产成本等因素的不确定性
C.经营杠杆是资产报酬不确定的根源
D.经营杠杆系数越高，表明资产报酬波动程度越大，经营风险也就越大

5.下列各项因素中，影响经营杠杆系数计算结果的有(　　)。

A.销售单价　　B.销售数量　　C.资本成本　　D.所得税税率

6.影响财务杠杆系数的因素包括(　　)。

A.产品销售数量　　B.企业资本结构
C.借款的利息率水平　　D.固定经营成本的高低

7.下列各因素中，与总杠杆系数呈同向变动的有(　　)。

A.利息费用　　B.营业收入　　C.优先股股利　　D.固定经营成本

8.关于财务杠杆系数的计算，下列式子中正确的有(　　)。

A.财务杠杆系数＝净利润变动率/税前利润变动率
B.财务杠杆系数＝每股收益变动率/息税前利润变动率
C.财务杠杆系数＝报告期息税前利润/报告期税前利润
D.财务杠杆系数＝(基期边际贡献－基期固定成本)/(基期息税前利润－基期利息费用－基期税前优先股股利)

9.企业想要提高边际贡献总额，可采取的措施有(　　)。

A.降低固定成本　　B.提高销售单价

C.降低单位变动成本　　D.扩大销售量

10.下列措施中有利于降低企业总风险的有(　　)。

A.提高产品市场占有率　　B.增加广告费用

C.降低公司资产负债率　　D.降低单位产品材料成本

11.某公司经营杠杆系数为1.4,财务杠杆系数为2.5,则下列说法正确的有(　　)。

A.如果产销量增减变动1%,则息税前营业利润将增减变动1.4%

B.如果息税前营业利润增减变动1%,则每股收益将增减变动2.5%

C.如果产销量增减变动1%,每股收益将增减变动3.5%

D.如果产销量增减变动1%,每股收益将增减变动4.5%

12.下列项目中,同总杠杆系数成正比例变动的是(　　)。

A.每股收益变动率　B.产销量变动率　C.经营杠杆系数　D.财务杠杆系数

13.企业财务风险主要体现在(　　)。

A.增加了企业产销量大幅度变动的机会

B.增加了普通股利润大幅度变动的机会

C.增加了企业资本结构大幅度变动的机会

D.增加了企业的破产风险

14.下列关于资本结构理论的说法中,正确的有(　　)。

A.代理理论、权衡理论、有企业所得税条件下的MM理论,都认为企业价值与资本结构有关

B.按照优序融资理论的观点,考虑信息不对称和逆向选择的影响,管理者偏好首选留存收益筹资,然后是发行新股筹资,最后是债务筹资

C.权衡理论是对有企业所得税条件下的MM理论的扩展

D.代理理论是对权衡理论的扩展

15.下列各项中,影响资本结构的因素包括(　　)。

A.企业的资产结构　　B.企业经营状况的稳定性和成长率

C.企业信用等级　　D.税收政策和货币政策

16.最佳资本结构是指(　　)的资本结构。

A.企业价值最大　　B.加权平均资本成本最低

C.销售规模最大　　D.净资产值最大

17.企业资本结构优化决策的方法包括(　　)。

A.每股收益分析法　　B.比率分析法

C.比较资本成本法　　D.比较企业价值法

四、判断题

1.在各种资本来源中,凡是须支付固定性资本成本的资本都能产生财务杠杆作用。(　　)

2.在确定企业的资本结构时，应考虑资产结构的影响。一般地，拥有大量固定资产的企业主要是通过长期负债和发行股票筹集资本，而拥有较多流动资产的企业主要依赖流动负债筹集资本。(　　)

3.资本成本率的计算模式包括一般模式和贴现模式，对于金额大、时间超过1年的长期资本，适用一般模式。(　　)

4.边际资本成本是企业进行追加筹资的决策依据，边际资本成本计算时采用目标价值权数。(　　)

5.由于内部筹集一般不产生筹资费用，所以内部筹资的资本成本最低。(　　)

6.资本成本是评价投资项目可行性的唯一标准。(　　)

7.以目标价值为基础计算资本权重，能体现决策的相关性。(　　)

8.经营风险指企业未使用债务时经营的内在风险，它是企业投资活动的结果，表现在资产息税前利润率的变动上。(　　)

9.筹资总额分界点是指确保某种筹资方式资本成本不变的筹资总额的限额。(　　)

10.最优资本结构是使企业筹资能力最强、财务风险最小的资本结构。(　　)

11.经营杠杆可以用边际贡献除以税前利润来计算，它说明销售变动引起利润变动的幅度。(　　)

12.企业初创阶段，资金需求量大，在资本结构安排上应提高负债比例。(　　)

13.评价企业资本结构最佳状态的唯一标准是能够降低资本成本。(　　)

14.资本结构优化的方法中，每股收益无差别点法没有考虑风险因素。(　　)

15.在企业净利润大于0的前提下，只要有固定性资本成本存在，财务杠杆系数总是大于1。(　　)

16.甲公司正在进行筹资方案的选择，预期息税前利润或业务量水平大于每股收益无差别点，则应当选择财务杠杆效应较小的筹资方案。(　　)

17.当企业的经营杠杆系数等于1时，则企业的固定成本为零，此时企业没有经营风险。(　　)

18.超过筹资总额分界点筹集资本，只要维持现有的资本结构，其资本成本率就不会增加。(　　)

19.在计算加权平均资本成本时，可以按照债券、股票的市场价格确定其占全部资本的比重。(　　)

20.财务杠杆系数是由企业资本结构决定的，财务杠杆系数越大，财务风险越大。(　　)

21.企业的资本结构应同资产结构协调一致，比如固定资产比重大的企业应相应保持较高比重的长期资本。(　　)

五、简答题

1.简述资本成本的作用。

2.简述经营杠杆的基本原理。

3.简述财务杠杆的基本原理。

4.试比较确定综合资本成本三种权数的优缺点。

5.简述影响资本结构的因素。

6.简述 MM 资本结构理论的假设条件和基本内容。

7.简述权衡理论、代理理论、优序融资理论的内容。

8.确定企业最佳资本结构的方法有哪些？各自的基本原理和决策标准是什么？

六、计算分析题

1.某企业计划筹集资本 100 万元，所得税税率为 25%。有关资料如下：

(1)向银行借款 10 万元，借款年利率 7%，手续费率 1%。

(2)按溢价发行债券，债券面值总额 14 万元，溢价发行额为 15 万元，票面利率 10%，期限为 5 年，每年支付一次利息，筹资费率为 5%。

(3)发行普通股 40 万元，每股发行价 10 元，预计第一年每股股利 1.2 元，股利增长率为 4%，筹资费率为 7%。

(4)其余所需资金通过留存收益取得。

要求：

(1)计算各个筹资方式的个别资本成本；

(2)计算该企业加权平均资本成本。

2.某公司目前拥有资金 2 000 万元，其中：长期借款 800 万元，年利率 10%；普通股 1 200万元，每股面值 1 元，发行价格 20 元，目前价格也为 20 元，上年每股股利 2 元，预计股利增长率为 5%，所得税率 25%。

该公司计划筹资 100 万元，有两种筹资方案可供选择：(1)增加长期借款 100 万元，借款利率为 12%，同时股票价格将下降为 18 元；(2)增发普通股 4 万股，普通股每股市价增加到 25 元。假设筹资费用可忽略不计。

要求：

(1)计算该公司筹资前加权平均资本成本；

(2)采用比较资本成本法确定该公司最佳筹资方案。

3.某公司原有资本 700 万元，其中债券资本 200 万元，利率为 10%，普通股资本 500 万元(平价发行普通股 500 万股，面值 1 元/股)。公司变动成本率为 60%，固定成本为 180 万元，所得税率 25%。由于扩大业务，需追加筹资 300 万元，其筹资方式有两种：

(1)全部发行普通股，面值 1 元/股，发行价 2 元/股；

(2)全部筹借长期债券，债券利率为 12%。

要求：

(1)根据每股收益无差别点法判断当预测 EBIT 为 150 万元时，应选哪个方案；

(2)计算每股收益无差别点时的销售收入和每股收益。

4.某企业的负债与所有者权益共有 100 万元，其中长期借款 15 万元，长期债券 25 万元，普通股 60 万元。企业拟在保持现有资本结构的基础上筹集新资本，随着筹资额的增加，各种资本成本变化如下：

随筹资额的增加各种成本的变化

资本种类	新 筹 资 额	资本成本
长期借款	2.4 万元以下	5%
	2.4 万元以上	7%
长期债券	10 万元以下	10%
	10 万元以上	12%
普通股	15 万元以下	13%
	15 万元以上	14%

要求：计算边际资本成本。

5.某公司 2018 年销售产品 100 万件，单价 60 元，单位变动成本 40 元，固定成本总额 1 000 万元。公司负债 500 万元，年利息率为 10%，并须每年支付优先股股利 12 万元，假定适用所得税税率为 25%。按市场预测 2019 年产品的销售数量将增长 15%。

要求：

(1)计算 2018 年边际贡献、息税前利润；

(2)计算 2019 年经营杠杆系数，并预测 2019 年息税前利润增长率；

(3)计算 2019 年总杠杆系数。

6.某公司目前每年销售额为 70 万元，变动成本率为 60%，固定成本总额为 18 万元(不包括利息)，所得税税率为 25%，总资本为 50 万元，其中普通股资本为 30 万元(普通股 3 万股，面值 10 元/股)，债务资本为 20 万元(年均利率 10%)。该公司在目前总资本 50 万元的条件下，每年销售额最多可达 72 万元。为实现每股收益增加 70%的目标，公司考虑增资扩大经营，拟追加筹资 20 万元，公司增资后，预计销售额可达 100 万元。筹资方式有两种：

(1)全部发行普通股，增发 2 万股，面值 10 元/股；

(2)全部筹借长期债务，借款年利率 20%。

要求：

(1)计算公司目前的总杠杆系数；

(2)计算每股收益增加 70%时的销售额；

(3)计算增资后每股收益无差别点时销售收入；

(4)根据无差别点销售收入，判断公司应选择何种筹资方案。

7.A 公司是一个生产和销售通信器材的股份公司。目前每年预计销售 45 000 件，售价为 240 元/件，单位变动成本为 200 元，固定成本为 120 万元。公司的资本结构为，400 万元负债(利息率 5%)，普通股 20 万股。公司适用的企业所得税税率为 25%。对于明年的预算，公司管理层提出了两种意见：

第一方案：更新设备并用负债筹资。预计更新设备需投资 600 万元，产销量不会变化，但单位变动成本将降低至 180 元，固定成本将增加至 150 万元。借款筹资 600 万元，预计新增借款的利率为6.25%。

第二方案：更新设备并用股权筹资。更新设备的情况与第一方案相同，但通过发行新的普通股筹资。预计新股发行价为每股30元，需要发行20万股。

要求：

(1)计算两个方案下的经营杠杆系数、财务杠杆系数和总杠杆系数；

(2)计算第一方案和第二方案每股收益相等时的息税前利润；

(3)如果公司销售量预计为45 000件，第一和第二方案哪一个更好些？请分别说明理由。

答案与解析

一、名词解释

解释：略

二、单项选择题

1.答案：D

解析：如果经济过热，通货膨胀持续居高不下，投资者投资风险大，预期报酬率高，筹资的资本成本就高。因此，选项A、B、C均会导致企业资本成本增加。通常情况下，证券市场流动性增强，投资者的投资风险会变小，要求的预期报酬率会降低，企业通过资本市场融通的资本其成本水平会降低。

2.答案：D

解析：

$$\text{企业借款的资本成本}=5\%\times\frac{1-25\%}{1-5\%}=3.95\%$$

3.答案：D

解析：

$$\text{普通股资本成本}=\frac{2}{10\times(1-4\%)}\times100\%+3\%=23.83\%$$

注意：本题中的2元是预计下次支付的每股股利(是D_1，而不是D_0)。

4.答案：D

解析：因为普通股资本成本＝第一年预期股利/(股票市场价格－普通股筹资费用)×100%＋股利固定增长率，所以当股票市场价格上升时，普通股资本成本会下降。

5.答案：B

解析：留存收益资本成本的计算除不考虑筹资费用外，与普通股相同，

$$留存收益资本成本率=\frac{2}{10}\times100\%+2\%=22.00\%$$

6.答案：C

解析：

$$债券筹资的资本成本=\frac{1\ 000\times6\%\times(1-25\%)}{1\ 010\times(1-2\%)}=4.55\%$$

7.答案：A

解析：考虑时间价值的情况下，假设资本成本率为 Kb，则应该有 $100\times110\%\times(1-5\%)=100\times8\%\times(1-20\%)\times(P/A,Kb,6)+100\times(P/F,Kb,6)$，利用内插法计算，结果是 5.51%。

8.答案：C

解析：$Ks=5\%+2\times12\%=29\%$。注意此题给出的是市场风险报酬率 12%，而不是市场平均报酬率 12%。

9.答案：A

解析：

$$股票筹资的资本成本=\frac{0.8\times(1+4\%)}{10\times(1-5\%)}+4\%=12.76\%$$

10.答案：C

解析：

$$筹资总额分界点=\frac{第\ i\ 种筹资方式的成本分界点}{目标资本结构中第\ i\ 种筹资方式所占的比例}=\frac{10\ 000}{20\%}=50\ 000$$

11.答案：A

解析：

$$边际资本成本=20\%\times7\%+15\%\times12\%+65\%\times15\%=12.95\%$$

12.答案：C

解析：整体来说，权益资金的资本成本大于债务资金的资本成本。对于权益资金来说，由于普通股筹资方式在计算资本成本时还需要考虑筹资费用，所以其资本成本高于留存收益的资本成本，即发行普通股的资本成本应是最高的；对于债务资金来说，银行借款成本低于债券成本。

13.答案：A

解析：

$$股东权益资本成本=4\%+1.41\times9.2\%=16.97\%$$

$$负债的资本成本=10\%\times(1-25\%)=7.5\%$$

$$加权平均资本成本=\frac{4\ 000}{6\ 000+4\ 000}\times7.5\%+\frac{6\ 000}{6\ 000+4\ 000}\times16.97\%=13.18\%$$

14.答案:D

解析:酌量性固定成本是企业根据经营方针由管理当局确定的一定时期的成本。广告费、研究与开发费、职工培训费等都属于这类成本。

15.答案:A

解析:

$$下年经营杠杆系数=\frac{本年边际贡献}{本年边际贡献-固定性经营成本}$$

$$=\frac{1\ 200\times(1-60\%)}{1\ 200\times(1-60\%)-固定性经营成本}=1.5$$

解得:固定性经营成本为160万元。

16.答案:C

解析:固定性经营成本导致的是经营杠杆效应,固定性资本成本导致的是财务杠杆效应,两者都存在导致的是总杠杆效应。

17.答案:D

解析:总杠杆的作用程度,可用总杠杆系数表示,它是经营杠杆系数和财务杠杆系数的乘积,因为DTL=DOL×DFL=1.8×1.5=2.7,ΔX/X=1,所以ΔEPS/EPS=2.7

18.答案:C

解析:因为$DOL=\frac{500-200}{500-200-F}=1.5$,所以$F=100$(万元)

又因为$DFL=\frac{500-200-F}{(500-200-F)-I}=2$,将$F=100$万元代入,所以$I=100$万元

当固定成本增加50万元时:

$$DOL=\frac{500-200}{500-200-150}=2$$

$$DFL=\frac{500-200-150}{(500-200-150)-100}=3$$

所以:DTL=DOL×DFL=6

19.答案:B

解析:

$$甲公司的财务杠杆系数=\frac{10\times(6-4)-5}{10\times(6-4)-5-3}=1.25$$

20.答案:D

解析:

$$经营杠杆系数=\frac{5\ 000-1\ 800}{5\ 000-1\ 800-1\ 400}=1.78$$

$$财务杠杆系数=\frac{5\ 000-1\ 800-1\ 400}{5\ 000-1\ 800-1\ 400-50}=1.03$$

则

总杠杆系数=经营杠杆系数×财务杠杆系数=1.78×1.03=1.83

又

$$\text{由于总杠杆系数}=\frac{\text{每股收益增长率}}{\text{销售增长率}}$$

所以

预测期每股收益增长率=总杠杆系数×销售增长率=1.83×20%=36.6%

21.答案:C

解析:总杠杆系数是经营杠杆系数和财务杠杆系数的乘积,其计算公式为:

DTL=DOL×DFL=普通股每股收益变动率/产销量变动率

22.答案:C

解析:有固定经营成本,说明存在经营杠杆;有公司债券,说明存在财务杠杆;所以存在经营杠杆和财务杠杆。

23.答案:C

解析:根据财务杠杆系数的简化计算公式可知,当没有负债和优先股筹资的情况下,财务杠杆系数为1。

24.答案:B

解析:只要在企业的筹资方式中有固定支出的债务或优先股,就存在财务杠杆的作用。所以,如果企业的资本来源全部为自有资本,且没有优先股,则企业财务杠杆系数就等于1。

25.答案:A

解析:每股收益无差别点法就是通过预计的息税前利润与每股收益无差别点的息税前利润的比较进行资本结构决策的方法。

26.答案:A

解析:比较资本成本法确定最佳资本结构是根据企业的加权平均资本成本的高低来确定的。

27.答案:A

解析:每股收益无差别点法认为每股收益最高的方案即为最优方案。

28.答案:C

解析:

$$\text{股票的市场价值}=\frac{(700-300\times 8\%)\times(1-25\%)}{15\%}=3\ 380$$

三、多项选择题

1.答案:ABC

解析：留存收益属于内部筹资，没有筹资费用。

2.答案：ABCD

解析：资本成本的作用包括：(1)资本成本是比较筹资方式、选择筹资方案的依据；(2)平均资本成本是衡量资本结构是否合理的依据；(3)资本成本是评价投资项目可行性的主要标准；(4)资本成本是评价企业整体业绩的重要依据。

3.答案：AB

解析：加权平均资本成本是以各种资本占全部资本的比重为权数，对个别资本成本进行加权平均确定的。

4.答案：ABD

解析：经营杠杆本身并不是资产报酬不确定的根源，只是资产报酬波动的表现。所以选项 C 不正确。

5.答案：AB

解析：

$$经营杠杆系数=\frac{基期边际贡献}{基期息税前利润}=\frac{基期息税前利润+基期固定成本}{基期息税前利润}=1+\frac{基期固定成本}{基期息税前利润}$$

其中：

$$息税前利润=(单价-单位变动成本)\times 销量-固定成本$$

6.答案：ABCD

解析：影响企业财务杠杆的因素包括企业资本结构中债务资本比重；普通股收益水平；所得税税率水平。其中普通股收益水平又受息税前利润、固定资本成本高低的影响；息税前利润又受产品销售数量、销售价格、成本水平高低的影响。企业借款的利息率水平影响固定资本成本的数额，企业固定经营成本的高低影响息税前利润。

7.答案：ACD

解析：

$$总杠杆系数=\frac{营业收入-变动成本}{营业收入-变动成本-固定经营成本-利息费用-税前优先股股利}$$

可见变动成本、固定成本、利息费用和优先股股利越大，总杠杆系数越大；营业收入越大，总杠杆系数越小。

8.答案：BD

解析：

$$财务杠杆系数=\frac{每股收益变动率}{息税前利润变动率}$$

该公式可以简化为：

$$财务杠杆系数=\frac{基期息税前利润}{基期息税前利润-基期利息费用-基期税前优先股股利}$$

$$基期息税前利润=基期边际贡献-基期固定成本$$

9.答案:BCD

解析:

边际贡献=(单价-单位变动成本)×销售量

10.答案:ACD

解析:由于:

总杠杆系数=经营杠杆系数×财务杠杆系数

所以,凡是引起经营杠杆系数和财务杠杆系数降低的措施均会有利于降低企业总风险。提高产品市场占有率和降低单位产品材料成本均会引起经营杠杆系数降低;而降低公司资产负债率会引起财务杠杆系数降低。增加广告费用,即增加固定经营成本,会引起经营杠杆系数的提高。

11.答案:ABC

解析:

总杠杆系数=经营杠杆系数×财务杠杆系数=3.5

根据三个杠杆系数的计算公式可知。

12.答案:ACD

解析:由总杠杆系数的计算公式以及它与经营杠杆系数、财务杠杆系数的关系可知。

13.答案:BD

解析:财务风险大,意味着普通股每股收益的变动幅度就大,不能偿还到期债务的风险就大,增加了企业的破产风险。只要有负债,即存在财务风险,所以即使负债率(资本结构)不变,也存在财务风险。因此不能说财务风险增加了资本结构大幅度变动的机会,财务风险并不意味着资本结构一定会变动。

14.答案 ACD

解析:按照有企业所得税条件下的 MM 理论,有负债企业的价值=无负债企业的价值+债务利息节税利益的现值,随着企业负债比例的提高,企业价值也随之提高,在理论上,全部融资来源于负债时,企业价值达到最大;按照权衡理论的观点,有负债企业的价值=无负债企业的价值+节税利益的现值-财务困境成本的现值;按照代理理论的观点,有负债企业的价值=无负债企业的价值+节税利益的现值-财务困境成本的现值-债务的代理成本现值+债务的代理收益现值。由此可知,权衡理论是有企业所得税条件下的 MM 理论的扩展,而代理理论又是权衡理论的扩展,所以,选项 A、C、D 的说法正确。优序融资理论的观点是,考虑信息不对称和逆向选择的影响,管理者偏好首选留存收益筹资,然后是债务筹资(先普通债券后可转换债券),而将发行新股作为最后的选择。故选项 B 的说法不正确。

15.答案:ABCD

解析:本题考核影响资本结构的因素。影响资本结构的因素主要有:(1)企业经营状况的稳定性和成长率;(2)企业的财务状况和信用等级;(3)企业的资产结构;(4)企业投资人和管理当局的态度;(5)行业特征和企业发展周期;(6)税收政策和货币政策。

16.答案:AB

解析:最佳资本结构,是指在一定条件下使企业加权平均资本成本率最低、企业价值最大的资本结构。

17.答案:ACD

解析:最佳资本结构的确定方法包括每股收益分析法、平均资本成本比较法和公司价值分析法。

四、判断题

1.答案:对

解析:在各种资本来源中,负债资本和优先股都有固定的用资费用,即固定的利息或股息负担,因而均会产生财务杠杆作用。

2.答案:对

解析:因为固定资产的变现能力较差,资本主要来源于长期负债和股票筹资;流动资产的变现能力一般较强,可选择流动负债与之相匹配。

3.答案:错

解析:对于金额大、时间超过1年的长期资本,使用贴现模式计算资本成本更为准确一些。

4.答案:对

解析:边际资本成本是企业追加筹资的成本,所以采用目标价值权数。

5.答案:错

解析:留存收益的资本成本率,表现为股东追加投资要求的报酬率,其计算与普通股成本基本相同,不同点在于不考虑筹资费用。留存收益资本成本通常大于债务资本成本。

6.答案:错

解析:资本成本是评价投资项目可行性的主要标准。任何投资项目,如果它预期的投资报酬率超过该项目使用资金的资本成本率,则该项目在经济上就是可行的。

7.答案:对

解析:计算平均资本成本,通常可供选择的价值形式有账面价值、市场价值、目标价值等。以目标价值为基础计算资本权重,能体现决策的相关性。

8.答案:对

解析:经营风险是指仅限于经营活动(广义的经营活动还包括企业内部对固定资产投资活动)本身,而不考虑筹资活动,即企业未使用债务时经营的内在风险,它是企业投资活动的结果(即息税前利润),表现在资产息税前利润率的变动(或息税前利润的变动)上。

9.答案:对

解析:依据筹资总额分界点的定义。

10.答案:错

解析:最优资本结构是指在一定条件下使企业加权平均资本成本最低、企业价值最大的资本结构。

11.答案:错

解析:经营杠杆的大小一般用经营杠杆系数表示,它是息前税前利润变动率与销售变动率之间的比率。其计算公式为:

$$DOL=\frac{\Delta EPS/EPS}{\Delta X/X}=\frac{\text{基期边际贡献}}{\text{基期息税前利润}}$$

12.答案:错

解析:企业初创阶段,经营风险高,企业筹资主要依靠权益资本,所以在资本结构安排上应控制负债比例。

13.答案:错

解析:评价企业资本结构最佳状态的标准应该是既能够提高股权收益或降低资本成本,又能控制财务风险,最终目的是提升企业价值。

14.答案:对

解析:每股收益无差别点法以每股收益的高低作为衡量标准对筹资方式进行选择,确定最优资本结构,这种方法的缺点在于没有考虑风险因素。

15.答案:对

解析:在净利润大于0的前提下,只要有固定性资本成本存在,财务杠杆系数总是大于1。

16.答案:错

解析:当预期息税前利润或业务量水平大于每股收益无差别点时,应当选择财务杠杆效应较大的筹资方案。

17.答案:错

解析:当企业的经营杠杆系数等于1时,则企业的固定成本为零,此时企业没有经营杠杆效应,但并不意味着企业没有经营风险。因为经营风险反映息税前利润的变动程度,即使没有固定成本,息税前利润受市场因素的影响,它的变动也是客观存在的。

18.答案:错

解析:筹资总额分界点是指在保持某资本成本率的条件下,可以筹集到的资本总限度。在筹资总额分界点范围内筹资,只要维持现有的资本结构,原来的资本成本率就不会改变;一旦筹资额超过筹资总额分界点,即使维持现有的资本结构,其资本成本率也会增加。

19.答案:对

解析:在计算加权平均资本成本时,可以账面价值、市场价值或目标价值为权数。

20.答案:对

解析:财务杠杆系数是由企业资本结构决定的,如果资本结构中存在负债,则必然存在财务杠杆效应,此时,财务杠杆系数越大,财务风险越大。

21.答案:对

解析:资产结构影响资本结构,长期资产比重大的企业应相应保持较高比重长期资本。

五、简答题

答案与解析：略

六、计算分析题

1.答案及解析：

(1)

$$银行借款资本成本=\frac{7\%\times(1-25\%)}{1-1\%}=5.30\%$$

$$债券资本成本=\frac{14\times10\%\times(1-25\%)}{15\times(1-5\%)}=7.37\%$$

$$普通股资本成本=\frac{1.2}{10\times(1-7\%)}+4\%=16.90\%$$

$$留存收益资本成本=\frac{1.2}{10}+4\%=16\%$$

(2)

$$企业加权平均资本成本=5.30\%\times\frac{10}{100}+7.37\%\times\frac{15}{100}+16.90\%\times\frac{40}{100}+16\%\times\frac{35}{100}=14.00\%$$

2.答案及解析：

(1)目前资本结构为：长期借款40%，普通股60%

$$借款成本=10\%\times(1-25\%)=7.5\%$$

$$普通股成本=\frac{2\times(1+5\%)}{20}+5\%=15.5\%$$

$$加权平均资本成本=7.5\%\times40\%+15.5\%\times60\%=12.30\%$$

(2)筹资方案1：

$$原有借款成本=7.5\%$$

$$新增借款成本=12\%\times(1-25\%)=9\%$$

$$普通股成本=\frac{2\times(1+5\%)}{18}+5\%=16.67\%$$

$$\text{增加借款筹资方案的加权平均资本成本}=7.5\%\times\frac{800}{2\ 100}+16.67\%\times\frac{1\ 200}{2\ 100}+9\%\times\frac{100}{2\ 100}=12.81\%$$

筹资方案2：

$$原借款成本=7.5\%$$

$$普通股成本=\frac{2\times(1+5\%)}{25}+5\%=13.4\%$$

$$\text{增加普通股筹资方案的加权平均资本成本}=7.5\%\times\frac{800}{2\ 100}+13.4\%\times\frac{1\ 200+100}{2\ 100}=11.15\%$$

由于方案 2 的加权平均资本成本较小，所以该公司应选择普通股筹资。

3.答案及解析：

(1)

$$\frac{(EBIT-200\times10\%)(1-25\%)}{500+150}=\frac{(EBIT-200\times10\%-300\times12\%)(1-25\%)}{500}$$

EBIT＝176(万元)

当预测 EBIT 为 150 万元时，应选择 A 方案。

(2)

$EBIT=S-0.6S-180=176$

$S=890$(万元)

此时，无差别点处的每股收益为：

$$EPS=\frac{(176-200\times10\%)(1-25\%)}{500+150}=0.18(\text{元})$$

$$EPS=\frac{(176-200\times10\%-300\times12\%)(1-25\%)}{500}=0.18(\text{元})$$

4.答案及解析：

(1)计算分界点

资本种类	新　筹　资　额	资本成本	分界点(万元)
长期借款 15%	2.4 万元以下	5%	$\frac{2.4}{15\%}=16$
	2.4 万元以上	7%	
长期债券 25%	10 万元以下	10%	$\frac{10}{25\%}=40$
	10 万元以上	12%	
普通股 60%	15 万元以下	13%	$\frac{15}{60\%}=25$
	15 万元以上	14%	

(2)计算边际资本成本

0～16 万

$K=15\%\times5\%+25\%\times10\%+60\%\times13\%=11.05\%$

16～25 万

$K=15\%\times7\%+25\%\times10\%+60\%\times13\%=11.35\%$

25～40 万

$K=15\%\times7\%+25\%\times10\%+60\%\times14\%=11.95\%$

40 万以上

$K=15\%\times7\%+25\%\times12\%+60\%\times14\%=12.45\%$

5.答案及解析：

(1)

2018 年边际贡献＝100×(60－40)＝2 000(万元)

2018 年息税前利润＝2 000－1 000＝1 000(万元)

(2)

2019 年经营杠杆系数 $DOL=\frac{2\ 000}{1\ 000}=2$

2019 年息税前利润增长率＝2×15%＝30%

(3)

2019 年财务杠杆系数 $DFL=\frac{1\ 000}{1\ 000-500\times10\%-\frac{12}{1-25\%}}=1.07$

2019 年总杠杆系数 DTL＝2×1.07＝2.14

6.答案及解析：

(1)

$$DTL=\frac{70\times(1-60\%)}{70\times(1-60\%)-18-20\times10\%}=3.5$$

(2)

每股收益增加 70%时的销售额$=70\times(1+\frac{70\%}{3.5})=84$(万元)

(3)每股收益无差别点：

$$\frac{(EBIT-2)\times(1-25\%)}{3+2}=\frac{(EBIT-2-4)\times(1-25\%)}{3}$$

EBIT＝12(万元)

无差别点时的销售收入 S 为：

$S(1-60\%)-18=12$

无差别点时销售收入 $S=75$(万元)

(4)预计销售额可达 100 万元，大于无差别点处销售收入 75 万元，因此，选择筹借长期债务方案。

7.答案及解析：

(1)方案一：

息税前利润＝4.5×(240－180)－150＝120(万元)

债务利息＝400×5%＋600×6.25%＝57.5(万元)

经营杠杆系数$=1+\frac{150}{120}=2.25$

$$财务杠杆系数=\frac{120}{120-57.5}=1.92$$

总杠杆系数=2.25×1.92=4.32

方案二：

息税前利润=4.5×(240−180)−150=120(万元)

债务利息=400×5%=20(万元)

$$经营杠杆系数=1+\frac{150}{120}=2.25$$

$$财务杠杆系数=\frac{120}{120-20}=1.2$$

总杠杆系数=2.25×1.2=2.7

(2)设第一方案和第二方案每股收益相等的息税前利润为 EBIT，依据资料，有：

$$\frac{(EBIT-57.5)\times(1-25\%)}{20}=\frac{(EBIT-20)\times(1-25\%)}{40}$$

解得：

$$EBIT=\frac{40\times57.5-20\times20}{40-20}=95(万元)$$

(3)如果公司销售量预计为 45 000 件，则：

息税前利润=4.5×(240−180)−150=120(万元)

高于每股收益无差别点的息税前利润，因此方案一(负债筹资)更好，可获得更高的每股收益。

第五章　收益分配管理

一、名词解释

1.股权登记日
2.现金股利
3.股票股利
4.现金股利分配政策
5.股票分割
6.股票回购

二、单项选择题

1.以下现金股利分配政策中,有利于稳定股票价格,从而树立公司良好的形象,但股利的支付与盈余相脱节的是(　　)。

A.剩余股利政策　　B.固定股利政策
C.固定股利支付率政策　　D.低正常股利加额外股利的政策

2.有关股份公司发放股票股利的表述,不正确的有(　　)。

A.可免付现金,有利于扩大经营
B.会使股东所持股票的市场价值总额增加
C.可能会使每股市价下跌
D.股票变现力强,易流通,股东乐于接受

3.上市公司按照剩余股利政策发放股利的好处是(　　)。

A.有利于公司合理安排资金结构　　B.有利于投资者安排收入与支出
C.有利于公司稳定股票的市场价格　　D.有利于公司树立良好的形象

4.在下列现金股利分配政策中,能保持股利与利润之间一定的比例关系,并体现风险投资与风险收益对等原则的是(　　)。

A.剩余股利政策　　B.固定股利政策
C.固定股利支付率政策　　D.正常股利加额外股利政策

5.一般而言,适用固定股利政策的公司是(　　)。

A.负债率较高的公司　B.盈利波动较大的公司
C.盈利稳定或正处于成长期的公司　D.盈利高且投资机会较多的公司

6.与现金股利十分相似的是(　　)。
A.股票股利　B.股票回购　C.股票分割　D.股票出售

7.企业采用剩余股利政策进行收益分配的主要优点是(　　)。
A.有利于稳定股价　B.获得财务杠杆利益
C.降低综合资本成本　D.增强公众投资信心

8.下列阐述正确的是(　　)。
A.剩余股利政策一般适用于经营比较稳定或正处于成长期、信誉一般的公司
B.固定股利政策一般适用于公司初创阶段
C.固定股利支付率政策只适用于处于稳定发展且财务状况也较稳定的公司
D.低正常股利加额外股利政策的依据是股利无关理论

9.按照剩余股利政策,假定某公司目标资金结构为自有资金与借入资金之比为5∶3,该公司下一年度计划投资600万元,本年末实现的净利润为1 000万元,则本年可用于股利分配的税后利润最多为(　　)万元。
A.625　B.250　C.375　D.360

10.法律对利润分配进行超额累积利润限制的主要原因是(　　)。
A.避免损害少数股东权益　B.避免资本结构失调
C.避免股东避税　D.避免经营者出现短期行为

11.下列各项中,不属于股票回购方式的是(　　)。
A.用本公司普通股股票换回优先股
B.与少数大股东协商购买本公司普通股股票
C.在市场上直接购买本公司普通股股票
D.向股东标购本公司普通股股票

12.在下列各项中,能够增加普通股股票发行在外股数,但不会改变公司资本结构的行为是(　　)。
A.支付现金股利　B.增发普通股　C.股票分割　D.股票回购

三、多项选择题

1.公司出于种种因素考虑制定现金股利分配政策,这些因素主要有(　　)。
A.稳定收入　B.未来投资机会　C.筹资成本　D.反收购

2.若上市公司采用了合理的现金股利分配政策,则可获得的效果有(　　)。
A.能为企业筹资创造良好条件　B.能处理好与投资者的关系
C.促进销售　D.能增强投资者的信心

3.上市公司发放股票股利可能导致的结果有(　　)。
A.公司股东权益内部结构发生变化　B.公司股东权益总额发生变化
C.公司每股利润下降　D.公司股份总数发生变化

4.下列关于固定股利政策的说法中,正确的有(　　)。

A.有利于稳定股票的价格　　B.能使股利与公司盈余紧密配合

C.有利于投资者安排收入与支出　　D.有利于增强投资者对公司的信心

5.关于现金股利分配政策,下列说法正确的是(　　)。

A.剩余股利政策能充分利用筹资成本最低的资金资源,保持理想的资本结构

B.固定股利支付率政策缺乏财务弹性

C.固定股利支付率政策体现了多盈多分、少盈少分、无盈不分的股利分配原则

D.剩余股利政策有利于股价的稳定和上涨

6.企业的长期债务合同往往有限制企业现金支付程度的条款,以此来保护债权人的利益。这些条款包括(　　)。

A.未来的股利只能以过去的留存收益来发放

B.利润的一部分应以偿债基金的形式留存下来

C.营运资金低于某一特定金额时不得发放股利

D.已获利息倍数低于一定水平时不得发放股利

7.发放股票股利的主要好处是(　　)。

A.可使股东获得纳税上的好处

B.可为公司留存现金

C.可以降低每股价格,吸引更多的投资者

D.改善资本结构,提高财务杠杆利益

8.股利无关论(MM 理论)认为(　　)。

A.投资者并不关心股利的分配

B.股利支付率不影响公司的价值

C.公司的价值就完全由其投资政策及其获利能力所决定

D.投资者对股利和资本利得无偏好

9.采用固定或持续增长的股利政策的理由有(　　)

A.有利于投资者安排股利收入和支出　　B.使股利与公司盈余紧密配合

C.使公司具有较大的灵活性　　D.向市场传递公司正常发展的信息

10.采用低正常股利加额外股利政策的理由有(　　)。

A.增强投资者的信心　　B.使公司有较大的灵活性

C.吸引住依靠股利度日的股东　　D.保持目标资本结构

11.下列股利支付方式中,目前在我国公司实务中很少使用,但并非法律所禁止的是(　　)。

A.现金股利　　B.财产股利　　C.负债股利　　D.股票股利

12.下列关于股票股利对公司的意义叙述正确的是(　　)。

A.股东可能获得填权好处　　B.使公司留存了大量现金

C.可以在一定程度上稳定股价　　D.降低每股市价,吸引更多的投资者

13.股票分割的主要作用有(　　)。

A.提高公司股票的流通性

B.传递远期良好信号

C.可能增加股东的现金股利,使股东感到满意

D.降低公司股票价格

四、判断题

1.股票分割会使普通股股数增加,引起每股面值降低,并由此引起每股收益和每股市价下降。它对公司的资本结构和股东权益也会产生影响。( )

2.企业筹集的资金按其来源渠道分为权益资金和负债资金,不管是权益资金还是负债资金,在分配报酬时,都是通过利润分配的形式进行的,属于税后分配。( )

3.在企业的净利润与现金流量不够稳定时,采用剩余股利政策对企业和股东都是有利的。( )

4.采用剩余股利政策的优点是有利于保持理想的资本结构,降低企业的综合资本成本。( )

5.在除息日之前,股利权从属于股票;从除息日开始,新购入股票的人不能分享本次已宣告发放的股利。( )

6.收益分配的资本保全原则是为了维护投资者的利益。( )

7.负债资金较多、资本结构欠佳的企业在选择筹资渠道时,往往将留存收益作为首选的筹资方式。( )

8.公司每股利润越高,则股东就可以从公司分得越高的股利。( )

五、简答题

1.企业股利支付的方式有哪几种? 企业应当如何进行选择?

2.股票股利与现金股利对企业财务状况有什么不同的影响?

3.股利支付程序中有哪些重要日期? 它们之间存在什么关系?

4.企业在制定现金股利政策时应该考虑哪些具体因素?

5.剩余股利政策的主要优缺点是什么? 其适用条件是什么?

6.什么是低正常股利加额外股利政策? 其主要优缺点是什么? 适用条件是什么?

7.股票股利与股票分割有何异同?

8.什么是股票回购? 我国有哪些相应法律法规要求?

六、计算题

1.某公司销路稳定,拟投资 1 000 万元引进一生产线以扩大生产能力。该公司将继续保持其现有资金结构,其中,权益资金占 60%,负债资金占 40%。公司将继续执行 100 万元的固定股利政策,本年末实现的税后净利为 500 万元。

要求:

(1)计算明年该公司引进生产线必须增加筹集的负债数额；

(2)假设企业增加负债均采用对外发行债券的方式予以筹集，若债券面值 1 000 元，票面利率 10%，按年付息，到期还本，期限为 10 年，发行时的市场利率为 5%，则企业应发行多少张债券(取整)？

(3)计算本年公司留存收益；

(4)计算明年该公司引进生产线必须从外部筹集权益资金的数额。

2.某公司成立于 2018 年 1 月 1 日，2018 年度实现的净利润为 1 000 万元，分配现金股利 550 万元，提取盈余公积 450 万元(所提盈余公积均已指定用途)。2019 年实现的净利润为 900 万元(不考虑计提法定盈余公积的因素)。2020 年计划增加投资，所需资金为 700 万元。假定公司目标资本结构为自有资金占 60%，借入资金占 40%。

要求：

(1)在保持目标资本结构的前提下，计算 2020 年投资方案所需的自有资金额和需要从外部借入的资金额；

(2)在保持目标资本结构的前提下，如果公司执行剩余股利政策，计算 2019 年度应分配的现金股利；

(3)在不考虑目标资本结构的前提下，如果公司执行固定股利政策，计算 2019 年度应分配的现金股利、可用于 2020 年投资的留存收益和需要额外筹集的资金额；

(4)不考虑目标资本结构的前提下，如果公司执行固定股利支付率政策，计算该公司的股利支付率和 2019 年度应分配的现金股利；

(5)假定公司 2020 年面临着从外部筹资的困难，只能从内部筹资，不考虑目标资本结构，计算在此情况下 2019 年度应分配的现金股利。

3.某股份有限公司发行在外的普通股为 40 万股，该企业目前的资金结构为最佳资本结构，资本总额为 1.2 亿元，其中，自有资本为 9 000 万元，负债资本为 3 000 万元。另已知该公司 2018 年的股利为每股 4.6 元，税后利润为 360 万元，2019 年的税后利润为 500 万元。该公司准备在 2020 年再投资 250 万元。

要求：

(1)如果该公司采用剩余股利支付政策，则其在 2019 年的每股股利为多少？

(2)如果该公司采用固定股利支付政策，则其在 2019 年的每股股利为多少？

(3)如果该公司采用固定股利支付率政策，则其在 2019 年的每股股利为多少？

4.某公司年终利润分配前的股东权益项目资料如下：

股本—普通股(每股面值 2 元，200 万股)	400 万元
资本公积	160 万元
未分配利润	840 万元
股东权益合计	1 400 万元

公司股票的每股现行市价为 35 元。

要求：计算回答下述 3 个互不关联的问题。

(1)计划按每 10 股送 1 股的方案发放股票股利并按发放股票股利后的股数派发每股现金股利 0.2 元，股票股利的金额按现行市价计算。计算完成这一方案后的股东权益各项目数额。

(2)如若按1股拆为2股的比例进行股票分割，计算股东权益各项目数额、普通股股数。

(3)假设利润分配不改变每股市价与每股净资产的比值，公司按每10股送1股的方案发放股票股利，股票股利按现行市价计算，并按新股数发放现金股利，且希望普通股市价达到每股30元，计算每股现金股利应是多少。

答案与解析

一、名词解释

解释：略

二、单项选择题

1.答案：B

2.答案：B

解析：发放股票股利后股东所持股份比例并未改变，每位股东所持股票的市场价值总额仍然保持不变。

3.答案：A

解析：剩余股利政策不利于投资者安排收入和支出，不利于公司树立良好的形象。

4.答案：C

解析：采用固定股利支付率政策，要求公司每年按固定比例从净利润中支付股利。由于公司的盈利能力在年度间是经常变动的，因此每年的股利也应随公司的收益的变动而变动，保持股利与利润间的一定比例关系，体现风险投资与风险收益的对等。

5.答案：C

解析：盈利稳定或正处于成长期的公司适用固定股利政策。

6.答案：B

解析：股票回购使股价上涨所得的资本利得可替代股利收入，类似给投资者的现金股利。

7.答案：C

解析：采用剩余股利政策首先保证目标资金结构的需要，如有剩余才发放股利，其根本理由在于优化资金结构，使综合资本成本最低。

8.答案：C

9.答案：A

解析：因为自有资金与借入资金之比为5∶3，则资产负债率＝3/8，满足下一年度计划投资 600 万元中所需自有资金为 600×(1－3/8)＝375 万元，按照剩余股利政策，当年可用于股利分配的税后净利最多为 625(1 000－375)万元。

10.答案：C

解析：对于股份公司而言，由于投资者接受股利缴纳的所得税要高于进行股票交易的资本利得所交纳的税金，因此许多公司可以通过积累利润使股价上涨的方式来帮助股东避税。

11.答案：A

12.答案：C

解析：支付现金股利不能增加发行在外的普通股股数；增发普通股能增加发行在外的普通股股数，但是也会改变公司资本结构；股票分割会增加发行在外的普通股股数，而且不会改变公司资本结构；股票回购会减少发行在外的普通股股数。

三、多项选择题

1.答案：BCD

解析：公司出于种种因素考虑制定现金股利分配政策，这些因素主要有：未来投资机会、筹资成本、反收购、举债能力、盈余稳定状况、资产流动状况等。

2.答案：ABD

解析：如果企业分配政策得当，则能直接增加企业积累能力，在利润一定的条件下，增加留存比例，实质上是增加企业筹资量，另外分配得当能增强投资者信心，能与投资者维持较好的关系。

3.答案：ACD

解析：上市公司发放股票股利，减少未分配利润项目金额的同时，增加公司股本额，它们之间是此消彼长，股东权益总额不发生变化。

4.答案：ACD

解析：固定股利政策使公司股利支付与公司盈利相脱节。

5.答案：ABC

解析：剩余股利政策的缺点是不利于投资者安排收入和支出，也不利于公司树立良好的形象，因而不利于股价的稳定和上涨。

6.答案：BCD

解析：确定收益分配政策应考虑的因素之一——债务合同限制。企业的债务合同，特别是长期债务合同，往往有限制企业现金支付程度的条款，其中未来的股利只能以签订合同之后的收益来发放。

7.答案：ABC

解析：因为资本利得所得税比股利所得税低，所以可使股东获得纳税上的好处；免予发放现金股利，可以留存现金；发放股票股利还可以降低每股价格，有利于投资者介入买卖。

8.答案：ABCD

9.答案:AD

解析:采用固定或持续增长的股利政策的理由是向市场传递公司正常发展的信息,有利于投资者安排股利收入和支出。

10.答案:BC

解析:剩余股利政策是要保持目标资本结构;固定或持续增长的股利政策是增强投资者的信心。低正常股利加额外股利政策的理由是使公司有较大的灵活性和吸引住依靠股利度日的股东。

11.答案:BC

解析:财产股利、负债股利目前在我国公司实务中很少使用,但并非法律所禁止。

12.答案:BCD

解析:A 是对股东的意义。

13.答案:ABCD

四、判断题

1.答案:错

解析:股票分割对公司的资本结构和股东权益不会产生任何影响,一般只会使发行在外的股票总数增加,每股面值降低,并由此引起每股收益和每股市价下跌。

2.答案:错

解析:负债资金的报酬以利息的形式支付,支付利息属于税前利润分配。

3.答案:错

解析:在企业的净利润与现金流量不够稳定时,应采用正常股利加额外股利政策,这样对企业和股东都是有利的。

4.答案:对

解析:剩余股利政策的优点就是能充分利用筹资成本最低的资金来源,保持理想的资金结构,使综合资本成本最低。

5.答案:对

解析:除息日又叫除权日,是股票的所有权和领取股息的权利分离的日期,在这一天及以后购入的股票不再享有本次分配股利的权利。

6.答案:错

解析:收益分配的资本保全原则是为了维护债权人的利益。

7.答案:对

解析:留存收益是企业内部筹资的一种重要方式,它同发行新股相比,不需要筹资费用,具有筹资成本较低的优势。因此,很多企业在确定收益分配政策时,往往将留存收益作为首选的筹资方式。

8.答案:错

解析:股利分配的多少既取决于利润的多少,还取决于股利分配政策。

五、简答题

答案与解析:略

六、计算题

1.答案与解析:

(1)

增加筹集负债数额=1 000×40%=400(万元)

(2)

债券发行价格=1 000×10%×(P/A,5%,10)+1 000×(P/F,5%,10)=1 386.08(元)

发行债券的张数=$\frac{4\ 000\ 000}{1\ 386.08}$=2 886(张)

(3)

本年公司留存收益=500-100=400(万元)

(4)

明年权益资金需求量=1 000×60%=600(万元)

明年对外筹集权益资金额=600-400=200(万元)

2.答案与解析:

(1)

2020 年投资方案所需的自有资金额=700×60%=420(万元)

2020 年投资方案所需从外部借入的资金额=700×40%=280(万元)

(2)

2019 年度应分配的现金股利=净利润-2020 年投资方案所需的自有资金额

=900-420=480(万元)

(3)

2019 年度应分配的现金股利=上年分配的现金股利=550(万元)

可用于 2020 年投资的留存收益=900-550=350(万元)

2020 年投资需要额外筹集的资金额=700-350=350(万元)

(4)

该公司的股利支付率=$\frac{550}{1\ 000}$×100%=55%

2019 年度应分配的现金股利=55%×900=495(万元)

(5)因为公司只能从内部筹资，所以 2020 年的投资需要从 2019 年的净利润中留存 700 万元，所以

2019 年度应分配的现金股利＝900－700＝200(万元)

3.答案与解析：

(1)①设定目标资本结构：

$$权益资本占总资本的比率=\frac{9\ 000}{12\ 000}=75\%$$

$$债务资本占总资本的比率=\frac{3\ 000}{12\ 000}=25\%$$

②

目标资本结构下投资所需的权益资金数额＝250×75%＝187.5(万元)

③

作为股利发放的税后利润为＝500－187.5＝312.5(万元)

所以，

$$2019\ 年每股发放的股利为=\frac{312.5}{40}=7.81(元)$$

(2)2019 年每股发放的股利应该和 2018 年每股发放的股利相等，即 2019 年发放的股利为每股 4.6 元。

(3)

$$2018\ 年每股收益=\frac{360}{40}=9(元)$$

$$2018\ 年每股股利占每股收益的比例=\frac{4.6}{9}=51.11\%$$

2019 年用于股利发放的税后利润＝500×51.11%＝255.55(万元)

$$2019\ 年每股发放的股利=\frac{255.55}{40}=6.39(元)$$

4.答案与解析：

(1)

发放股票股利后的普通股数＝200×(1＋10%)＝220(万股)

发放股票股利后的普通股股本＝2×220＝440(万元)

发放股票股利后的资本公积＝160＋(35－2)×20＝820(万元)

现金股利＝0.2×220＝44(万元)

利润分配后的未分配利润＝840－35×20－44＝96(万元)

(2)

股票分割后的普通股数＝200×2＝400(万股)

股票分割后的普通股股本＝1×400＝400(万元)

股票分割后的资本公积＝160(万元)

股票分割后的未分配利润＝840(万元)

(3)

分配前每股市价与每股净资产的比值$=\frac{35}{1\ 400/200}=5$

每股市价 30 元时的每股净资产$=\frac{30}{5}=6$(元)

每股市价 30 元时的全部净资产＝6×220＝1 320(万元)

每股市价 30 元时的每股现金股利$=\frac{1\ 400-1\ 320}{220}=0.36$(元)

第六章 项目投资管理

一、名词解释

1.项目投资
2.现金流量
3.营业现金流量
4.静态投资回收期
5.净现值
6.内含报酬率
7.固定资产年平均使用成本
8.风险调整折现率法

二、单项选择题

1.投资项目从完工投产到最终清理或出售整个过程的时间,称之为(　　)。

A.项目计算期　　B.生产经营期　　C.建设期　　D.试产期

2.下列各项中,属于项目投资决策静态评价指标的是(　　)。

A.获利指数　　B.净现值　　C.内含报酬率　　D.会计收益率

3.某投资项目的建设期为零,第 1 年流动资产需用额为 1 000 万元,流动负债可用额为 400 万元,则该年流动资金投资额为(　　)万元。

A.400　　B.600　　C.1 000　　D.1 400

4.某公司已投资 60 万元于一项设备研制,但它不能使用。如果决定继续研制,还需投资 40 万元,则该设备研制成功后能获取的现金净流入量现值至少应为(　　)。

A.40 万元　　B.100 万元　　C.50 万元　　D.60 万元

5.某企业拟进行一项固定资产投资项目,要求的最低投资报酬率为 12%。有四个方案可供选择,其中甲方案的项目计算期为 10 年,净现值为 1 000 万元;乙方案的获利指数为 0.85;丙方案的项目计算期为 11 年,年等额净回收额为 150 万元:丁方案的内含报酬率为 10%。最优的投资方案是(　　)。

A.甲方案　　B.乙方案　　C.丙方案　　D.丁方案

6.包括建设期的静态投资回收期是(　　)。

A.净现值为零的年限　　B.累计净现金流量为零的年限

C.净现金流量为零的年限　　D.累计净现值为零的年限

7.某投资项目,当折现率为10%时,净现值为50万元;折现率为12%时,净现值为-4万元,则该投资项目的内含报酬率是(　　)。

A.13.15%　　B.12.75%　　C.11.85%　　D.10.25%

8.在全部投资均于建设起点一次投入,建设期为零,投产后每年净现金流量相等的情况下,为计算内含报酬率所求得的年金现值系数应该等于该项目的(　　)。

A.资本回收系数　　B.获利指数指标的值

C.静态投资回收期指标的值　　D.会计收益率指标的值

9.某投资项目在建设起点一次投入原始投资400万元,获利指数为1.35,则该项目净现值为(　　)万元。

A.540　　B.140　　C.100　　D.200

10.假定有A、B两个投资方案,它们的投资额和项目计算期均相同,现金流量的总和也相同,但A方案的现金流量逐年递增,B方案的现金流量逐年递减。如果考虑资金时间价值,且两方案均可行的情况下,则下列表述正确的是(　　)。

A.A方案与B方案等价　　B.A方案优于B方案

C.B方案优于A方案　　D.不能确定

11.当贴现率为10%时,某项目的净现值为500元,则说明该项目的内含报酬率(　　)。

A.高于10%　　B.低于10%　　C.等于10%　　D.无法界定

12.净现值法的优点不包括(　　)。

A.考虑了资金时间价值　　B.考虑了项目计算期全部净现金流量

C.考虑了投资风险　　D.可直接反映项目实际收益率

13.下列说法不正确的是(　　)。

A.内含报酬率是能够使未来现金流入量现值等于未来现金流出量现值的贴现率

B.内含报酬率是方案本身的投资报酬率

C.内含报酬率是使方案净现值等于零的贴现率

D.内含报酬率是使方案获利指数等于零的贴现率

14.固定资产年平均使用成本是未来使用年限内现金流出总现值与(　　)的乘积。

A.年金终值系数　　B.年金现值系数

C.资本回收系数　　D.偿债基金系数

15.某公司拟投资一新产品,据预测新产品投产后可创造500万元的现金净流量,但公司原生产的老产品会因此受到影响,使其年收入由原来的1 500万元降低到1 200万元。假设所得税税率为25%,则与投资新产品项目相关的现金净流量为(　　)万元。

A.500　　B.300　　C.275　　D.200

16.下列关于项目投资决策的表述中,正确的是(　　)。

A.两个互斥项目的初始投资额不一样,在权衡时选择内含报酬率高的项目

B.使用净现值法评价项目优劣与使用内含报酬率法的评价结果是一致的

C.使用获利指数法进行投资决策可能会计算出多个获利指数

D.投资回收期主要测定投资方案的流动性而非盈利性

17.采用风险调整折现率法评价投资项目时,下列说法中错误的是(　　)。

A.项目风险与企业当前资产的平均风险相同,只是使用企业当前资本成本作为折现率的必要条件之一,而非全部条件

B.评价投资项目的风险调整折现率法会缩小远期现金流量的风险

C.采用实体现金流量法评价投资项目时应以加权平均资本成本作为折现率,采用股权现金流量法评价投资项目时应以股权资本成本作为折现率

D.如果财务杠杆大于零,股权现金流量风险比实体现金流量大,应使用更高的折现率

18.在进行投资项目评价时,投资者要求的风险报酬率取决于该项目的(　　)。

A.经营风险　　B.财务风险　　C.系统风险　　D.特有风险

19.下列关于调整现金流量法的表述正确是(　　)。

A.利用肯定当量系数可以把现金流量的系统风险和非系统风险均调整为0

B.调整现金流量法的计算思路为用一个系数把有风险抵押的折现率调整为无风险折现率

C.投资项目现金流量的风险越大,肯定当量系数越大

D.运用调整现金流量法进行投资风险分析,需要调整的项目是有风险的折现率

20.项目采用加速折旧法计提折旧,计算出来的方案净现值比采用直线法计提折旧所计算出的净现值(　　)。

A.大　　B.小　　C.一样　　D.难以确定

21.在资本限量的情况下,最佳投资方案必然是(　　)。

A.净现值合计最高的投资组合　　B.获利指数最大的投资组合

C.净利润合计最高的投资组合　　D.净现值之和大于零的投资组合

22.在内含报酬率法下,如果投资是在建设起点一次投入,且各年现金净流量相等,那么(　　)。

A.内含报酬率与原始投资额呈反向变动关系

B.内含报酬率与原始投资额呈正向变动关系

C.内含报酬率与原始投资额无关

D.内含报酬率等于原始投资额

23.某企业正在讨论更新现有的生产线,有两个备选方案:甲方案的净现值为400万元,内含报酬率为10%;乙方案的净现值为300万元,内含报酬率为15%,若两个方案的有效年限相同,据此可以认定(　　)。

A.甲方案较好　　B.乙方案较好

C.两方案一样好　　D.需用等额年金法才能做出判断

24.已知某设备原值60 000元,税法规定残值率为10%,最终报废残值5 000元,该公司所得税税率为25%,则该设备最终报废由于残值带来的现金流入量为(　　)元。

A.5 000　　B.5 250　　C.6 000　　D.4 750

25.某企业拟按15%的资本成本进行一项固定资产投资决策，所计算的净现值指标为100万元，若无风险收益率为8%，则下列表述中正确的是(　　)。

A.该项目的获利指数小于1　　B.该项目的内含报酬率小于8%

C.该项目的风险报酬率为7%　　D.该企业不应进行此项投资

26.在项目特有风险的衡量与处置中，假定其他变量不变的情况下，测定某一个变量发生特定变化时对净现值或内含报酬率影响的方法是(　　)。

A.蒙特卡洛模拟　　B.敏感性分析　　C.情景分析　　D.可比分析

27.在进行投资项目财务可行性评价时，下列说法正确的是(　　)。

A.只有当企业投资项目的收益率超过资本成本时，才能为股东创造财富

B.当新项目的风险与企业现有资产的风险相同时，就可以使用企业当前的资本成本作为项目的折现率

C.增加债务会降低加权平均资本成本

D.不能用股东要求的报酬率去折现股权现金流量

28.某方案的静态投资回收期是(　　)。

A.净现值为零时的年限　　B.净现金流量为零的年限

C.累计净现值为零时的年限　　D.累计净现金流量为零的年限

29.下列各项中，不属于投资项目现金流出量内容的是(　　)。

A.固定资产投资　　B.折旧与摊销　　C.无形资产投资　　D.新增经营成本

30.某投资项目的项目计算期为5年，净现值为10 000万元，投资人要求的报酬率为10%，5年期、折现率为10%的年金现值系数为3.7908，则该项目年等额净回收额为(　　)万元。

A.2 000　　B.2 638　　C.37 908　　D.50 000

三、多项选择题

1.下列项目投资决策评价指标中，其数值越大越好的指标有(　　)。

A.净现值　　B.静态投资回期　　C.内含报酬率　　D.获利指数

2.终结点的现金流量包括(　　)。

A.回收垫支的流动资金　　B.固定资产报废或出售的现金流入

C.原始投资　　D.经营期最后一年的营业现金流量

3.一个项目原始投资的投入方式将影响(　　)。

A.原始投资　　B.静态投资回收期

C.净现值　　D.内含报酬率

4.在单一方案决策过程中，与净现值评价结论可能发生矛盾的评价指标是(　　)。

A.获利指数　　B.会计收益率

C.静态投资回收期　　D.内含报酬率

5.下列估算投资项目营业现金流量的方法中，正确的是(　　)。

A.营业现金流量等于税后净利润加上非付现成本

B.营业现金流量等于营业收入减去付现成本再减去所得税费用

C.营业现金流量等于税后收入减去税后付现成本再加上非付现成本抵税

D.营业现金流量等于营业收入减去营业成本再减去所得税费用

6.如果其他因素不变,一旦贴现率提高,则下列指标中其数值将会变小的是(　　)。

A.获利指数　　B.静态投资回收期

C.净现值　　D.内含报酬率

7.若净现值为负数,则表明该投资项目(　　)

A.各年利润小于 0,不可行

B.它的内含报酬率小于 0,不可行

C.它的内含报酬率没有达到要求的投资报酬率,不可行

D.它的内含报酬率不一定小于 0

8.影响投资项目内含报酬率的因素包括(　　)。

A.投资项目的有效年限　　B.投资项目的现金流量

C.企业要求的最低投资报酬率　　D.银行贷款利率

9.某公司拟于 2019 年初新建一生产车间用于某新产品的开发,则与该投资项目有关的现金流量是(　　)。

A.需购置新的生产流水线价值 150 万元,同时垫付 20 万元流动资金

B.利用现有的库存材料,该材料目前的市价为 10 万元

C.车间建在距离总厂 10 公里外的于 2011 年购入的土地上,该块土地若不使用可以以 300 万元出售

D.2018 年公司曾支付 5 万元咨询费请专家论证过此事

10.使用企业当前的资本成本作为项目的贴现率应满足的条件为(　　)。

A.项目的预期收益与企业当前资产的平均收益相同

B.项目的风险与企业当前资产的平均风险相同

C.项目的资本结构与企业当前的资本结构相同

D.项目的融资方式与企业当前的融资方式相同

11.下列关于投资项目评价方法的表述中,正确的有(　　)。

A.获利指数法克服了净现值法不能直接比较投资额不同的项目的局限性,它在数值上等于投资项目净现值除以初始投资额

B.动态回收期法克服了静态回收期法不考虑资金时间价值的缺点,但它仍然不能衡量项目的盈利性

C.内含报酬率是项目本身的投资报酬率,不会随投资项目预期现金流量的变化而变化

D.内含报酬率法不能直接评价两个投资规模不同的互斥项目的优劣

12 若有两个投资方案,原始投资额不同,彼此相互排斥,方案项目寿命期不同,可以用来对此项目进行选优的方法有(　　)。

A.内含报酬率法　　B.净现值法

C.年等额净回收额法　　D.方案重复法

13.如果其他因素不变,一旦折现率提高,则下列指标中其数值将会变小的有(　　)。

A.动态投资回收期　　B.净现值

C.内含报酬率　　D.获利指数

14.如果把原始投资看成是按预定折现率借入的，那么在净现值法下，下列说法正确的有（　　）。

A.当净现值为正数时说明还本付息后该项目仍有剩余收益

B.当净现值为负数时该项目收益不足以偿还本息

C.当净现值为零时偿还本息后一无所获

D.当净现值为负数时该项目收入小于成本

15.评价投资方案的静态投资回收期指标的主要缺点有（　　）。

A.完全不能衡量企业的投资风险　　B.没有考虑资金时间价值

C.没有考虑回收期后的现金流量　　D.不能衡量投资方案投资收益率的高低

16.利用内含报酬率评价投资项目时，下列说法正确的有（　　）。

A.计算出的内含报酬率就是方案本身的投资报酬率

B.不需要再估计投资项目的资本成本或必要报酬率

C.可能计算出多个使净现值为0的折现率

D.在利用内含报酬率法排定两个独立方案的优先次序时，折现率的高低不会影响方案的优先次序

17.如果某投资项目净现值指标大于零，则可以确定该项目的相关评价指标同时满足以下关系（　　）。

A.获利指数大于或等于1　　B.不能判断出会计收益率大于零

C.内含报酬率大于资本成本　　D.静态投资回收期大于动态投资回收期

18.在以实体现金流量为基础计算项目评价指标时，下列各项中不属于项目投资需考虑的现金流出量的有（　　）。

A.利息　　B.垫支流动资金　　C.经营成本　　D.归还借款本金

19.某公司正在开会讨论是否投产一种新产品，对以下收支发生争论。你认为不应列入该投资项目财务可行性评价的现金流量有（　　）。

A.需要营运资金200万元，可以由企业现有的货币资金加以解决，不需要另外筹资

B.可以利用闲置的厂房和设备，如将其出租可以获得800万元收益

C.新产品销售会使本公司同类产品减少收益600万元；如果本公司不经营此产品，竞争对手也会推出此新产品

D.拟采用借债方式为本投资项目筹资，新债务每年的利息支出500万元

20.如果其他因素不变，一旦折现率提高，则下列指标中其数值将会变小的有（　　）。

A.动态投资回收期　　B.净现值

C.内含报酬率　　D.获利指数

四、判断题

1.在对同一个独立投资项目进行财务可行性评价时，用净现值、获利指数和内含报酬

率指标会得出完全相同的结论,而采用静态投资回收期有可能得出与前述指标相反的结论。( )

2.因为营业现金流量等于净利润加非付现成本,因此,固定资产折旧越多,营业现金流量越大,投资项目的净现值也就越大。( )

3.在不考虑资金时间价值的前提下,投资项目的回收期越短,投资项目的风险就越小。( )

4.如果某一投资项目所有正指标均小于或等于相应的基准指标,反指标大于或等于基准指标,则可以判定该投资项目完全具备财务可行性。( )

5.折旧对投资项目财务可行性评价产生影响是由于折旧计入成本,可以减少所得税流出。( )。

6.如果把原始投资看成是按预定贴现率借入的,那么在净现值法下,当投资项目的净现值为正数时说明该投资项目在还本付息后该项目仍有剩余收益。( )

7.投资回收期指标虽然没有考虑资金的时间价值,但考虑了回收期满后的现金流量状况。( )

8.利用内含报酬率指标评价投资项目时,计算出的内含报酬率就是方案本身的投资报酬率。因此,不需要再估计投资项目的资本成本或要求的最低报酬率。( )。

9.调整现金流量法克服了风险调整贴现率法夸大远期风险的缺点,可以根据各年不同的风险程度,分别采用不同的肯定当量系数。( )

10.若一个风险投资项目的内含报酬率大于风险报酬率,则该方案可行。( )

11.项目自身特有的风险不宜作为项目资本预算风险的度量。( )

12.某公司对一投资项目的分析与评价资料如下:该投资项目适用的所得税税率为25%,每年税后营业收入为750万元,税后付现成本为375万元,净利润为225万元,那么该项目年营业现金流量为425万元。( )

13.某企业正在讨论更新现有的生产线,有两个备选方案:A方案的净现值为400万元,内含报酬率为10%;B方案的净现值为300万元,内含报酬率为15%。据此可以认定A方案较好。( )

14.若ABC三个方案是独立的,那么用获利指数法可以做出优先次序的排列。( )

15.一般情况下,使某投资方案的净现值小于零的折现率,一定小于该投资方案的内含报酬率。( )

16.投资项目财务可行性评价中的内含报酬率和获利指数都是根据相对数来评价,因此都可用于独立方案获利能力的比较,两种方法的评价结论也是相同的。( )

17.如果某投资项目的经营风险与企业当前资产的平均风险相同,即可以使用企业当前的资本成本作为该项目的折现率。( )

18.某公司当初以100万元购入一块土地,目前市价为500万元,公司的所得税税率为25%,如拟在这块土地上兴建厂房,则应计入投资项目的现金流量为500万元。

五、简答题

1.什么是项目投资？独立项目与互斥项目之间有何区别？

2.项目投资的现金流入量和现金流出量分别包括哪些内容？

3.为什么在项目投资决策中使用现金流量，而不是会计利润？

4.确定投资方案相关现金流量时，应遵循的基本原则是什么？在具体的估算中应注意哪几个方面的问题？

5.比较分析净现值、获利指数和内含报酬率的优缺点。

6.对于独立项目而言，净现值、获利指数和内含报酬率之间有什么关系？

7.在互斥项目的投资决策中，若根据净现值法得出的结论和根据内含报酬率法得出的结论不符，应当按哪一种方法进行决策？为什么？

8.如何利用调整现金流量法和风险调整贴现率法处理风险条件下的项目投资决策问题？两者各有何优缺点？

9.常用的衡量和处置项目特有风险的方法有哪些？它们各有何特点？

10.简述用类比法处置投资项目系统风险的基本步骤。

六、计算分析题

1.甲公司拟于2019年初购置设备一台，需一次性投资10 000万元。经测算，该设备使用寿命为5年。设备投入运营后每年可新增利润2 000万元。假定该设备按直线法折旧，预计的净残值率为5%，不考虑建设安装期和公司所得税。

要求：

(1)估算项目计算期内各年净现金流量；

(2)计算该投资项目的静态投资回收期和会计收益率；

(3)假设该企业要求的最低投资报酬率为10%，计算该投资项目的净现值并评价其财务可行性。

2.乙公司拟投资一项目生产新产品，销售部门预计如果每台定价3万元，销售量每年可以达到1万台，销售量不会逐年上升，但价格可以每年提高2%。生产该产品需要营运资本随销售额而变化，预计为销售额的10%。这些营运资本在每年年初投入，项目结束时一并收回。假设该产品的适销期为5年。

要求：

(1)测算各年流动资金投资额；

(2)确定第5年年末回收的流动资金总额。

3.丙企业投资31 000万元购入一条生产线。该生产线预计最终无残值，可使用3年，税法规定折旧按直线法计算，折旧年限为4年，预计残值为1 000万元。设备投产后每年销售收入增加额分别为20 000万元、40 000万元、30 000万元，付现成本的增加额分别为8 000万元、24 000万元、10 000万元。企业适用的所得税税率为25%，要求的最低投资回报率为10%，目前年税后利润为40 000万元。

要求：

(1)假设企业经营无其他变化，预期未来3年每年的税后利润；

(2)计算该投资方案的净现值，并评价其财务可行性。

4.丁公司是一家制药企业。2018年，该公司在现有产品P的基础上成功研制出第二代产品P2。如果第二代产品投产，需要新购置成本为1 000万元的设备一台，税法规定该设备使用期为5年，采用直线法计提折旧，预计残值为5%。第5年年末，该设备预计市场价值为100万元(假定第5年年末P2停产)。财务部门估计每年固定成本为60万元(不含折旧费)，变动成本为200元/盒。另外，新设备投产初期需要投入营运资本300万元。营运资本于第5年年末全额收回。新产品P2投产后，预计年销售量为5万盒，销售价格为300元/盒。同时，由于产品P与新产品P2存在竞争关系，新产品P2投产后会使产品P每年营业现金流量减少54.50万元。公司要求的最低投资报酬率为9%。

要求：

(1)计算产品P2投资项目初始现金流量、营业现金流量和第5年年末现金净流量；

(2)测算产品P2投资项目的净现值，并就该项目是否具有财务可行性发表意见。

5.某投资项目累计的净现金流量资料如下：

单位：万元

年数	0	1	2	3	…	6	7	…	15
累计的净现金流量	−200	−400	−400	−300	…	−40	+40	…	+1 000

要求：

(1)计算该项目的静态投资回收期；

(2)说明该项目的建设期和生产经营期。

6.戊公司拟进行一项固定资产投资，该项目的现金流量表(部分)如下：

现金流量表(部分)

单位：万元

项目 \ 计算期	建设期		经营期					合计
	0	1	2	3	4	5	6	
净现金流量	−1 000.00	−1 000.00	100.00	1 000.00	(B)	1 000.00	1 000.00	2 900.00
累计净现金流量	−1 000.00	−2 000.00	−1 900.00	(A)	900.00	1 900.00	2 900.00	—
贴现净现金流量	−1 000.00	−943.40	89.00	839.60	1 425.80	747.30	705.00	1 863.30

要求：

(1)计算上表中用英文字母表示的项目的数值；

(2)计算或确定静态投资回收期、净现值、原始投资现值和获利指数；

(3)评价该项目的财务可行性。

7.艺华公司计划进行某项投资活动，有甲、乙两个投资方案，其资料如下：

(1)甲方案原始投资150万元，其中固定资产投资100万元，流动资金投资50万元，全部资金于建设起点一次投入，生产经营期5年，预计投产后年营业收入90万元，年总成本(包括折旧)60万元，预计残值收入5万元。

(2)乙方案原始投资200万元，其中固定资产投资120万元，流动资金投资80万元。建设期2年，生产经营期5年，流动资金于建设期结束时投入，预计投产后年营业收入170万元，年总付现成本80万元，固定资产残值收入8万元。

已知该公司所得税税率为25%，要求的最低投资报酬率为10%，固定资产按直线法折旧，全部流动资金于终结点收回。

要求：

(1)估算甲、乙方案各年的净现金流量；

(2)计算甲、乙方案的静态投资回收期、会计收益率、净现值、获利指数和内含报酬率；

(3)计算甲、乙方案的年等额净回收额，并据此做出投资决策。

8.新京公司拟投产一新产品，需要购置一套专用设备，预计价款900 000元，追加流动资金145 822元，建设期为零，所需资金全部为自有资金。设备按5年计提折旧，采用直线法计提，净残值率为零。该新产品预计销售单价20元/件，单位变动成本12元/件，每年固定付现成本500 000元。该公司所得税税率为25%；投资的最低报酬率为10%。

要求：

(1)计算净现值为零时的营业现金流量；

(2)计算净现值为零时的净利润、利润总额和销售量水平。

(计算结果取整数)

9.甲公司准备投资一个工业项目，假设该企业要求的最低投资报酬率为10%，现有A、B、C三个方案可供选择。

(1)A方案的有关资料如下

(单位：万元)

计算期	0	1	2	3	4	5	6	合计
净现金流量	−600.00	0	300.00	300.00	200.00	200.00	300.00	—
贴现的净现金流量	−600.00	0	247.92	225.39	136.60	124.18	169.35	303.44

已知A方案的投资于建设期起点一次投入，建设期为1年。

(2)B方案的项目计算期为8年，包括建设期的静态投资回收期为3.5年，净现值为500.00万元，年等额净回收额为93.72万元。

(3)C方案的项目计算期为12年，包括建设期的静态投资回收期为7年，净现值为700.00万元。

要求：

(1)计算或列示A方案包括建设期的静态投资回收期和净现值指标；

(2)评价A、B、C三个方案的财务可行性；

(3)计算 A 方案和 C 方案的年等额净回收额，并用年等额净回收额法做出投资决策。

10.甲公司有 A、B、C、D、E 五个投资项目，有关原始投资额、净现值和获利指数指标见下表：

投资项目相关数据表

单位：万元

项目	原始投资	净现值	获利指数
A	300.00	120.00	1.40
B	200.00	40.00	1.20
C	200.00	100.00	1.50
D	100.00	22.00	1.22
E	100.00	30.00	1.30

要求：

(1)如果以上各方案为互斥方案且资本无限量，企业准备投资其中某一方案，该如何选择投资方案？

(2)如果以上各方案为独立投资方案，在投资总额分别为 200、300、400、450、500、600、700、800 和 900 万元时，应如何安排投资？

11.甲公司拟投资一个新项目，通过调查研究提出以下方案：

(1)咨询费：为了解该项目的市场潜力，公司支付了前期的咨询费 6 万元；

(2)厂房：利用现有闲置厂房，原价 3 000 万元，已提折旧 1 500 万元，目前变现价值为 1 000 万元，但该公司规定为了不影响公司其他正常生产，不允许出售；

(3)设备投资：设备购价总计 2 000 万元，预计可使用 6 年，报废时无残值收入。按税法规定，该类设备折旧年限为 4 年，使用直线法折旧，残值率为 10%；计划在 2019 年 9 月购进，安装建设期 1 年；

(4)收入和成本预计：预计 2020 年 9 月 1 日开业，预计每年收入 3 000 万元，每年付现成本 2 000 万元(不含设备折旧)；

(5)营运资金：项目投资后预计流动资产需用额为 200 万元，流动负债可用数为 50 万元；

(6)X 公司的经营业务与该项目类似。已知 X 公司的 β 系数为 1.2，资产负债率为 50%，公司所得税税率为 20%。甲公司税前债务资本成本为 6.67%，预计继续增加借款不会明显变化，公司所得税税率为 25%，公司目标资本结构为权益资本 60%，债务资本 40%。当前无风险收益率为 5%，市场组合平均收益率为 10%。

要求：

(1)估算该投资项目的现金流量和必要报酬率；(必要报酬率计算结果取整)

(2)计算该投资方案的净现值和获利指数，并依据计算结果分析投资方案的财务可行性。

12.乙公司拟用新设备取代已使用3年的旧设备。旧设备原价14 950元,税法规定该类设备应采用直线法折旧,折旧年限6年,残值为原价的10%,当前估计尚可使用5年,每年付现成本2150元,预计最终残值1 750元,目前变现价值为8 500元;购置新设备需花费13 750元,预计可使用6年,每年操作成本850元,预计最终残值2 500元。该公司要求的报酬率12%,所得税税率30%。税法规定新设备应采用年数总和法计提折旧,折旧年限6年,残值为原价10%。

要求:

计算新旧设备年平均使用成本,并做出是否应该更新设备的决策。

答案与解析

一、名词解释

解释:略

二、单项选择题

1.答案:B

解析:投资项目从完成投产到最终清理或出售整个过程的时间,称之为生产经营期。

2.答案:D

解析:会计收益率是年平均净利润除以原始投资,为项目投资非贴现评价指标,计算获利指数、净现值和内含报酬率需考虑资金时间价值,为贴现评价指标。

3.答案:B

解析:某年流动资金投资额=本年流动资金需用数—上年流动资金需用数,本年流动资金需用数=该年流动资产需用数—该年流动负债可用数。本题中上年流动资金需用数为零,因此,该年的流动资金投资额=1 000－400=600万元。

4.答案:A

解析:已投入的资金60万元是沉没成本,与未来的决策无关。

5.答案:A

解析:乙方案的获利指数小于1,不具有财务可行性;丁方案的内含报酬率10%小于12%,也不具有财务可行性;甲方案与丙方案的项目计算期不同且为互斥方案,应采用年等额净回收额进行决策。甲方案的年等额净回收额为176.98万元[$\frac{1\ 000}{(P/A,12\%,10)}=\frac{1\ 000}{5.6502}$],大于丙方案的年等额净回收额,因此,甲方案最优。

6.答案:B

解析：静态投资回收期是指投资引起的现金流入累计到与投资额相等所需的时间，即累计净现金流量为零的年限。

7.答案：C

解析：

$$\frac{IRR-10\%}{12\%-10\%}=\frac{0-50}{-4-50}$$

$$IRR=11.85\%$$

8.答案：C

解析：在全部投资均于建设起点一次投入，建设期为零，投产后每年净现金流量相等的情况下，计算内含报酬率的年金现值系数$=\frac{\text{原始投资}}{\text{年净现金流量}}$，而$\frac{\text{原始投资}}{\text{年净现金流量}}$即为投资回收期。

9.答案：B

解析：

$$\frac{400+NPV}{400}=1.35$$

$$NPV=400\times(1.35-1)=140(\text{万元})$$

10.答案：C

解析：由于A方案的现金流量递增，而B方案的现金流量递减，考虑资金时间价值，B方案的净现值一定大于A方案的净现值，所以，B方案优于A方案。

11.答案：A

解析：贴现率与净现值呈反向变化。所以，当贴现率为10%时，某项目的净现值为500元(大于零)，要想使净现值向零趋近(此时的贴现率为内含报酬率)，即降低净现值，需进一步提高贴现率，故知该项目的内含报酬率高于10%。

12.答案：D

解析：净现值法的缺点在于不能直接反映项目实际收益率水平。

13.答案：D

解析：内含报酬率是使方案获利指数等于1的贴现率。

14.答案：C

解析：固定资产年平均使用成本，是未来使用年限内现金流出总现值除以年金现值系数，而资本回收系数是年金现值系数的倒数。

15.答案：C

解析：

$$\text{相关现金流量}=500-(1\,500-1\,200)\times(1-25\%)=275(\text{万元})$$

16.答案：D

解析：两个互斥项目的初始投资额不一样，但项目寿命期一致时，在权衡时选择净现值高的，选项A错误；在投资额或项目计算期不同时，利用净现值和内含报酬率在进行项目选优时会有冲突，选项 B 错误；使用获利指数法进行投资决策，在相关因素确定的情况下只会计算出一个获利指数，选项 C 错误；回收期没有考虑回收期满后的现金流量，主要测定投资方案流动性而非盈利性，选项 D 正确。

17.答案：B

解析：风险调整折现率法采用单一的折现率同时完成风险调整和时间调整，这种做法意味着风险随时间的推移而加大，可能与事实不符，夸大远期现金流量风险。

18.答案：C

解析：在投资项目评价时，影响股东预期收益率的是项目系统风险。

19.答案：A

解析：利用肯定当量系数，可以把不肯定的现金流量折算成肯定的现金流量，或者说去掉了现金流量中有风险的部分。去掉部分包含了全部风险，既有特别风险也有系统风险，既有经营风险也有财务风险，剩下的是无风险现金流量。

20.答案：A

解析：因为方案净现值的计算是以现金流量为依据，在项目现金流量测算中，折旧抵税被视为现金流入，采用加速折旧法计提折旧前几年多后几年少，因此，项目采用加速折旧法计提折旧，计算出来的方案净现值比采用直线法计提折旧计算出的净现值大。

21.答案：A

因为财务目标是企业价值最大化，在资本总额受限时，有限财务资源能够创造最大的净现值成为具有普通意义的原则，因此，选项 A 正确。

22.答案：A

解析：在原始投资额一次性投入，且各年现金流入量相等的情况下，下列等式成立的，即原始投资额＝每年净现金流量×年金现值系数。原始投资额越大，年金现值系数越大，折现率越小，二者成反向变动关系。

23.答案：A

解析：净现值法在理论上比其他方法更完善。对于互斥投资项目，当寿命期相同时可以直接根据净现值法做出评价。本题中，甲方案的净现值大于乙方案的净现值，所以甲方案较好。

24.答案：B

解析：设备最终报废由于残值带来的现金流入量＝最终残值＋残值净损失抵税＝5 000＋1 000×25％＝5 250

25.答案：C

解析：投资必要报酬率＝无风险报酬率＋风险报酬率，15％＝8％＋风险报酬率，风险报酬率为 7％。

26.答案：B

解析：项目特有风险的衡量和处置方法主要有敏感性分析、情景分析、临界点和模拟分析等。投资项目的敏感性分析，是假定其他变量不变的情况下，测定某一变量发生特定变化时对净现值或内含报酬率的影响。

27.答案：A

解析：选项B没有考虑到相同资本结构假设；选项C没有考虑增加债务会使股东要求的报酬率由于财务风险增加而提高；选项D说反了，应该是股东要求的报酬率去折现股权现金流量。

28.答案：D

解析：静态投资回收期是指投资项目净现金流量抵偿全部原始投资所需要的时间。

29.答案：B

解析：折旧与摊销属于非付现成本，并不会引起现金流出，所以不属于投资项目现金流出量的内容。

30.答案：B

解析：

$$项目年等额净回收额=\frac{项目的净现值}{年金现值系数}=\frac{10\ 000}{3.7908}=2638(万元)$$

三、多项选择题

1.答案：ACD

解析：静态投资回收期是一个反指标。在不考虑其他评价指标前提下，小于或等于基准投资回收期的方案，才具有财务可行性。

2.答案：ABD

解析：原始投资通常发生在建设期，不会发生在终结点。

3.答案：CD

解析：投资方式可分为一次投入和分次投入，它既不影响原始投资，也不影响静态投资回收期。

4.答案：BC

解析：若净现值大于0，则获利指数一定大于1，内含报酬率一定大于贴现率，所以利用净现值、获利指数或内含报酬率对同一个项目进行可行性评价时，会得出完全相同的结论。而静态投资回收期或会计收益率的评价结论与净现值的评价结论有可能会发生矛盾。

5.答案：ABC

解析：会计营业成本既包括付现成本，也包括非付现成本，而财务管理中现金流量是以收付实现制为基础确定的，所扣除的成本中不包括非付现成本。

6.答案：AC

解析：静态投资回收期是非贴现指标，与贴现率无关；内含报酬率的计算本身也与贴现率无关。

7.答案：CD

解析：净现值为负数，即表明该投资项目的内含报酬率小于要求的投资报酬率，方案不可行。但并不表明该方案一定为亏损项目或内含报酬率小于0。

8.答案：AB

解析:内含报酬率大小不受贴现率高低的影响。

9.答案:ABC

解析:2018 年支付的 5 万元咨询费为沉没成本,与决策不相关。

10.答案:BC

解析:当投资项目的风险与企业当前资产的平均风险相同,公司继续采用相同的资本结构为新项目筹资,可以用当前的资本成本作为贴现率。

11.答案:BD

解析:获利指数是未来现金流入现值与现金流出现值的比率,选项 A 错误;无论动态投资回收期还是静态投资回收期都没有考虑回收期满后的现金流量,所以不能衡量盈利性,选项 B 正确;内含报酬率的高低不受折现率的变化而变化,但会随投资项目预期现金流量、期限的变化而变化,选项 C 错误;对于互斥项目应当以净现值法优先,因为净现值大可以给股东带来的财富就越大,股东需要的是实实在在的报酬而不是报酬比率,选项 D 正确。

12.答案:CD

解析:由于项目寿命期不同,所以不能用净现值或内含报酬率法选优。

13.答案:BD

解析:动态投资回收期,一旦折现率提高其未来现金流入现值会变小,其回收期会变长;内含报酬率指标是方案本身的投资报酬率,其数值大小不受折现率高低的影响。

14.答案:ABC

解析:当净现值为负数时,项目收益不足以偿还本息,并不说收入小于成本。

15.答案:BCD

解析:静态投资回收期属于非折现指标,不考虑资金时间价值,只考虑回收期满以前的现金流量,所以选项 B、C 正确;由于回收期只考虑部分现金流量,没有考虑方案全部的流量及收益,所以不能根据回收期长短判断报酬率的高低,所以选项 D 正确;回收期指标能在一定程度上反映项目投资风险的大小,回收期越短,投资风险越小,所以选项 A 不正确。

16.答案:ACD

解析:内含报酬率是投资方案本身的投资报酬率,判断一个投资方案是否可行需要将其内含报酬率与事先给定的折现率(投资项目资本成本或必要报酬率)进行比较才能进行决策,所以选项 B 不正确。某些非传统的现金流量序列可以具有多个内含报酬率。

17.答案:BC

解析:净现值指标大于零,则获利指数大于 1,选项 A 错误之处在于其说等于 1;动态投资回收期通常要大于静态投资回收期,并且不受净现值的影响,所以选项 D 错误。

18.答案:AD

解析:在实体现金流量法,投资人包括债权人和所有者,所以利息、归还借款的本金不属于投资项目现金流出量。

19.答案:CD

解析:选项 C 无论项目是否投资,现金流量均存在,所以为非相关成本;选项 D 为融资成本,不是与实体现金流量相关的流量。

20.答案:BD

解析:动态投资回收期,一旦折现率提高其未来现金流入现值会变小,其回收期会变长;内含报酬率为投资项目实际投资报酬率,其指标大小不受折现率高低的影响。

四、判断题

1.答案:对

解析:在对同一个投资项目进行财务可行性评价时,净现值、获利指数和内含报酬率指标的评价结论是一致的。

2.答案:错

解析:折旧越多,抵税作用越大,在其他条件不变的情况下,的确会增加企业的现金流量。但是,折旧是投资额的分摊,折旧大,其前提必然是投资额大,因此,净现值未必会增加。

3.答案:对

解析:在不考虑时间价值的前提下,投资回收期越短,投资风险就越小。

4.答案:错

解析:当某一投资项目所有正指标均大于或等于相应的基准指标,反指标小于或等于基准指标,才可以判定该投资项目完全具备财务可行性。

5.答案:对

解析:根据"营业现金流量=收入×(1-所得税税率)-付现成本×(1-所得税税率)+折旧×所得税税率"可以清楚地看出,折旧对投资项目财务可行性评价产生的影响,实际是其抵税额。

6.解答:对

解析:净现值法所依据的原理是:假设预计的现金流入在年末肯定可以实现,把原始投资看成是按预定贴现率借入的。当净现值为正时,偿还本息后还有剩余的收益。净现值的经济意义是投资方案贴现后的净收益。

7.答案:错

解析:投资回收期指标不仅没有考虑资金的时间价值,而且没有考虑回收期满后的现金流量。

8.答案:错

解析:内含报酬率是投资方案本身的投资报酬率,判断一个投资方案是否可行需要将其内含报酬率与事先设定的贴现率(即投资项目的资本成本或要求的最低报酬率)进行比较才能进行决策。

9.答案:对

解析:调整现金流量法可以根据各年不同风险程度,分别采用不同的肯定当量系数,对每年的现金流量直接进行调整,将时间和风险因素分开,克服了风险调整贴现率法夸大远期风险的缺点。

10.答案：错

解析：利用内含报酬率指标对投资项目进行评价时，要将内含报酬率与该项目应该达到的投资报酬率(必要报酬率)比较。投资项目应该达到的投资报酬率为无风险报酬率加风险报酬率。

11.答案：对

解析：高风险项目组合在一起后，单个项目的大部分风险可以在企业内部分散掉，此时，企业的整体风险会低于单个项目的风险。

12.答案：对

解析：

$$营业收入=\frac{750}{1-25\%}=1\ 000(万元)$$

$$付现成本=\frac{375}{1-25\%}=500(万元)$$

(1 000－500－非付现成本)×(1－25%)＝225(万元)

非付现成本＝200(万元)

现金流量＝净利润＋非付现成本＝225＋200＝425(万元)

13.答案：对

解析：净现值法在理论上比其他方法更完善。对于互斥投资项目，可以直接根据净现值做出评价。

14.答案：对

解析：独立方案间的优劣排序，应以获利指数高低为基准来选择；对于互斥投资项目，可以直接根据净现值法做出评价。

15.答案：错

解析：在其他条件不变的情况下，折现率越大，净现值越小，所以使某投资方案的净现值小于零的折现率，一定大于该投资方案的内含报酬率。因为内含报酬率是净现值为零时的折现率。

16.答案：错

解析：内含报酬率和获利指数都是根据相对数评价投资项目，内含报酬率会直接排定独立方案的优先次序，只是最后需要确定一个合适的资本成本或要求的报酬率来判断方案是否可行；获利指数则需要一个合适的贴现率，贴现率的高低会影响方案的优先次序。在对独立方案进行排序中，两种方法的评价结论并不一定相同。

17.答案：错

解析：使用企业当前资本成本作为项目的折现率，应具备两个条件：一是项目的经营风险与企业的当前资产的平均风险相同；二是公司继续采用相同的资本结构为新项目筹资。

18.答案：错

解析：投资项目财务可行性不考虑沉没成本，需要考虑机会成本，其相关现金流量是因投资而丧失的税后变现收入 400 万元(500－400×25%)。

五、简答题

答案与解析:略

六、计算分析题

1.答案与解析:

(1)该项目计算期内各年净现金流量测算

$NCF_0=-10\ 000$(万元)

$NCF_{1-4}=2\ 000+\dfrac{10\ 000-500}{5}=3\ 900$(万元)

$NCF_5=3\ 900+500=4\ 400$(万元)

(2)

静态投资回收期$=\dfrac{10\ 000}{3\ 900}=2.56$(年)

会计收益率$=\dfrac{2\ 000}{10\ 000}\times100\%=20\%$

(3)

$$
\begin{aligned}
\text{净现值}&=3\ 900\times(P/A,10\%,5)+10\ 000\times5\%\times(P/F,10\%,5)-10\ 000\\
&=3\ 900\times3.7908+500\times0.6209-10\ 000=5\ 094.57(\text{万元})
\end{aligned}
$$

项目的净现值为 5 094.57 万元,大于零,因此该投资项目具有财务可行性。

2.答案与解析:

(1)

单位:万元

	0	1	2	3	4	5
销售收入		3×10 000 =30 000	30 000×(1+2%) =30 600	31 212	31 836.24	32 472.96
营运资本需要量	30 000×10% =3 000	30 600×10% =3 060	3 121.20	3 183.62	3 247.30	
流动资金投资额	3 000	3 060−3 000 =60	61.20	62.42	63.68	

(2)

第 5 年年末回收的流动资金投资=3 000+60+61.20+62.42+63.68=3 247.30(万元)

3.答案与解析：

(1)

$$每年折旧额=\frac{31\ 000-1\ 000}{4}=7\ 500(万元)$$

第1年税后利润=40 000+(20 000−8 000−7 500)×(1−25%)=43 375(万元)

第2年税后利润=40 000+(40 000−24 000−7 500)×(1−25%)=46 375(万元)

第3年税后利润=40 000+(30 000−10 000−7 500−85 00)×(1−25%)=43 000(万元)

注：计算第3年税后利润时，考虑了处置固定资产产生的损失8 500万元。

(2)

第1年营业现金流量=(43 375−40 000)+7 500=10 875(万元)

或

=20 000×(1−25%)−8 000×(1−25%)+7 500×25%=10 875(万元)

第2年营业现金流量=(46 376−40 000)+7 500=13 875(万元)

或

=40 000×(1−25%)−24 000×(1−25%)+7 500×25%=13 875(万元)

第3年营业现金流量=(43 000−40 000)+7 500+8 500=19 000(万元)

或

=30 000×(1−25%)−10 000×(1−25%)+7 500×25%+8 500×25%=19 000(万元)

注：计算第3年营业现金流量时，考虑了处置固定资产损失的抵税收益。

$$\begin{aligned}净现值&=10\ 875\times(P/F,10\%,1)+13\ 875\times(P/F,10\%,2)+19\ 000\times(P/F,10\%,3)-31\ 000\\&=10\ 875\times0.9091+13\ 875\times0.8264+19\ 000\times0.7513-31\ 000=4\ 627.46(万元)\end{aligned}$$

项目净现值为4 627.46万元，大于零，因此该投资项目具有财务可行性。

4.答案与解析：

(1)

初始现金流量=−(1 000+300)=−1 300(万元)

$$每年折旧额=\frac{1\ 000-50}{5}=190(万元)$$

$$\begin{aligned}营业现金流量_{1-4}&=5\times300\times(1-25\%)-(5\times200+60)\times(1-25\%)+190\times25\%-54.5\\&=323.00(万元)\end{aligned}$$

回收残值现金流量=100−50×25%=87.50(万元)

第5年年末现金净流量=323.00+87.50+300=710.50(万元)

(2)

$$\begin{aligned}净现值&=-1\ 300+323.00\times(P/A,9\%,4)+710.50\times(P/F,9\%,5)\\&=-1\ 300+323.00\times3.2397+710.50\times0.6499=208.18(万元)\end{aligned}$$

项目净现值为208.18万元，大于零，具有财务可行性。

5.答案与解析：

(1)

$$包括建设期的投资回收期=6+\frac{40}{40-(-40)}=6.5(年)$$

$$不包括建设期的投资回收期=6.5-2=4.5(年)$$

(2)该项目的建设期为 2 年，生产经营期为 13 年。

6.答案与解析：

(1)

$$A=-1\ 900+1\ 000=-900(万元)$$

$$B=900-(-900)=1\ 800(万元)$$

(2)

$$包括建设期的投资回收期=\frac{0-(-900)}{900-(-900)}\times(4-3)+3=3.5(年)$$

$$不包括建设期的投资回收期=3.5-1=2.5(年)$$

净现值为 1 863.30 万元。

$$原始投资现值=1\ 000+943.4=1\ 943.40(万元)$$

$$获利指数=\frac{89+839.6+1\ 425.8+747.3+705}{1\ 943.4}\approx1.96$$

或：

$$\frac{1\ 863.3+1\ 943.4}{1\ 943.4}\approx1.96$$

(3)因为该项目的净现值 1 863.30 万元>0，获利指数 1.96>1，包括建设期的投资回收期 3.5 年$>\frac{项目计算期}{2}$(3 年)，所以该项目基本具有财务可行性。

7.答案与解析：

(1)甲方案各年的净现金流量

$$年折旧额=\frac{100-5}{5}=19(万元)$$

年份	0	1—4	5
现金流量	−150	(90−60)×(1−25%)+19=41.5	41.5+50+5=96.5

乙方案各年的现金流量

$$年折旧额=\frac{120-8}{5}=22.4(万元)$$

年份	0	1	2	3－6	7
现金流量	－120	0	－80	170×(1－25%)－80×(1－25%)＋22.4×25%＝73.10	73.1＋80＋8＝161.10

(2)①甲、乙方案静态投资回收期：

甲方案静态投资回收期$=\frac{150}{41.5}=3.61$(年)

乙方案不包括建设的静态投资回收期$=\frac{200}{73.1}=2.74$(年)

乙方案包括建设期的静态投资回收期＝2＋2.74＝4.74(年)

②甲、乙方案的会计收益率：

甲方案的年利润＝(90－60)×(1－25%)＝22.5(万元)

乙方案的年利润＝(170－80－22.4)×(1－25%)＝50.7(万元)

甲方案会计收益率$=\frac{22.5}{150}=15\%$

乙方案会计收益率$=\frac{\frac{50.7\times5}{7}}{200}=18.11\%$

乙方案经营期会计收益率$=\frac{50.7}{200}=25.35\%$

③甲、乙方案的净现值：

甲方案的净现值＝41.5×(*P*/*A*,10%,5)＋55×(*P*/*F*,10%,5)－150
＝41.5×3.7908＋55×0.6209－150＝191.47－150＝41.47(万元)

乙方案的净现值＝73.1×[(*P*/*A*,10%,7)－(*P*/*A*,10%,2)]＋88×(*P*/*F*,10%,7)
－80×(*P*/*F*,10%,2)－120
＝73.1×(4.8684－1.7355)＋88×0.5132－80×0.8264－120
＝229.01＋45.16－66.11－120＝88.06(万元)

④甲、乙方案的获利指数：

甲方案的获利指数$=\frac{191.47}{150}=1.28$

乙方案的获利指数$=\frac{274.17}{186.11}=1.47$

⑤甲、乙方案的内含报酬率：

甲方案：i＝18%　　NPV＝3.8193　　i＝20%　　NPV＝－3.7856

甲方案的内含报酬率$=18\%+\frac{0-3.8193}{-3.7859-3.8193}\times(20\%-18\%)=19.00\%$

乙方案：　i＝20%　　NPV＝0.823　　i＝24%　　NPV＝－21.9936

乙方案的内含报酬率$-20\%+\frac{0-0.823}{-21.9936-0.823}\times(24\%-20\%)=20.14\%$

(3)

$$甲方案的年等额净回收额=\frac{41.47}{3.7908}=10.94(万元)$$

$$乙方案的年等额净回收额=\frac{88.06}{4.8684}=18.09(万元)$$

因为乙方案的年等额净回收额大于甲方案，所以应选择乙方案。

8.答案与解析：

(1)设预期未来每年营业现金流量为A，则：

$$NPV=A\times(P/A,10\%,5)+145\ 822\times(P/F,10\%,5)-900\ 000-145\ 822=0$$

$$A=\frac{900\ 000+145\ 822-145\ 822\times0.6209}{3.7908}=252\ 000(元)$$

(2)

$$年折旧额=\frac{900\ 000}{5}=180\ 000(元)$$

净利润=营业现金流量-非付现成本(折旧)=252 000-180 000=72 000(元)

$$利润总额=\frac{72\ 000}{1-25\%}=96\ 000(元)$$

$$销售量=\frac{固定成本+息税前利润}{单价-单位变动成本}=\frac{500\ 000+180\ 000+96\ 000}{20-12}=97000(件)$$

9.答案与解析：

(1)因为A方案第三年的累计净现金流量=300.00+300.00+0-600.00=0，所以该方案包括建设期的静态投资回收期=3(年)

净现值=折现的净现金流量之和=303.44(万元)

(2)对于A方案，由于净现值大于0，包括建设期的投资回收期为3年，等于$\frac{6}{2}$，所以该方案完全具备财务可行性；

对于B方案，由于净现值大于0，包括建设期的静态投资回收期为3.5年，小于$\frac{8}{2}$，所以该方案完全具备财务可行性；

对于C方案，由于净现值大于0，包括建设期的静态投资回收期为7年，大于$\frac{12}{2}$，所以该方案基本具备财务可行性。

(3)

$$A方案的年等额净回收额=\frac{303.44}{(P/A,10\%,6)}=\frac{303.44}{4.3553}=69.67(万元)$$

$$C方案的年等额净回收额=\frac{700.00}{(P/A,10\%,12)}=\frac{700.00}{6.8137}=102.73(万元)$$

A、B和C三个方案的年等额回收额分别为69.67万元、93.72万元和10.273万元，C

方案的年等额回收额最大，所以，应当选择 C 方案。

10.答案与解析：

(1)在资本无限量情况下，互斥方案的比较决策可运用直接比较法，选择净现值最大的方案，即应选择 A 方案。

(2)在资本限量情况下，应按获利指数的大小顺序，按资本限额安排投资：

项目	原始投资	净现值	获利指数
C	200	100	1.50
A	300	120	1.40
E	100	30	1.30
D	100	22	1.22
B	200	40	1.20

投资总额限定在 200 万元时，最优投资组合为 C 项目，净现值为 100 万元；

投资总额限定在 300 万元时，最优投资组合为 C＋E 项目，净现值为 130 万元；

投资总额限定在 400 万元时，最优投资组合为 C＋E＋D 项目，净现值 152 万元；

投资总额限定在 450 万元时，最优投资组合为 C＋E＋D，净现值为 152 万元；

投资总额限定在 500 万元时，最优投资组合为 C＋A，净现值为 220 万元；

投资总额限定在 600 万元时，最优投资组合为 C＋A＋E，净现值为 250 万元；

投资总额限定在 700 万元时，最优投资组合为 C＋A＋E＋D，净现值为 272 万元；

投资总额限定在 800 万元时，最优投资组合为 C＋A＋E＋B，净现值为 290 万元；

投资总额限定在 900 万元时，属投资总额不受限制，应该按 NPV 大小的顺序进行安排投资，最优投资组合为 A＋C＋B＋E＋D，净现值为 312 万元。

11.答案与解析：

(1)新项目前期的咨询费以及不允许出售的旧厂房均属于沉没成本。

固定资产投资＝2 000(万元)

流动资金投资＝200－50＝150(万元)

$$固定资产年折旧=\frac{2\,000\times(1-10\%)}{4}=450(万元)$$

$$第2\sim5年的营业现金净流量=3\,000\times(1-25\%)-2\,000\times(1-25\%)+450\times25\%=862.50(万元)$$

$$第6\sim7年的营业现金净流量=3\,000\times(1-25\%)-2\,000\times(1-25\%)=750(万元)$$

$$项目终结点回收额=150+2\,000\times10\%\times25\%=200(万元)$$

项目	0	1	2	3	4	5	6	7
初始现金流量	－2 000.00	－150.00						
营业现金净流量			862.50	862.50	862.50	862.50	750.00	750.00
终结现金流量								200.00
净现金流量	－2 000.00	－150.00	862.50	862.50	862.50	862.50	750.00	950.00

X公司$\beta_{资产}=\frac{1.2}{1+(1-20\%)\times1}=0.6667$

甲公司的$\beta_{权益}=0.6667\times[1+(1-25\%)\times\frac{40\%}{60\%}]=1$

甲公司的权益资本成本$=5\%+1\times(10\%-5\%)=10\%$

必要报酬率(加权资本成本)$=6.67\%\times(1-25\%)\times40\%+10\%\times60\%=8\%$

(2)

$$
\begin{aligned}
投资方案的净现值&=-2\,000-150\times(P/F,8\%,1)+862.5\times(P/A,8\%,4)(P/F,8\%,1)\\
&\quad+750\times(P/F,8\%,6)+950\times(P/F,8\%,7)\\
&=-2\,000-150\times0.9259+862.5\times3.3121\times0.9259+750\times0.6302\\
&\quad+950\times0.5835\\
&=-2\,138.89+3\,671.98=1\,533.09(万元)
\end{aligned}
$$

获利指数$=\frac{3\,671.98}{2\,138.89}=1.72$

因为该投资项目的净现值为1 533.09万元,大于零,获利指数为1.72,大于1,因此,方案具备财务可行性。

12.答案与解析:

(1)继续使用旧设备年平均使用成本:

每年付现成本的现值$=2\,150\times(1-30\%)\times(P/A,12\%,5)=1\,505\times3.6048=5\,425.22$(元)

$$
\begin{aligned}
每年折旧抵税现值&=\frac{14\,950\times(1-10\%)}{6}\times30\%\times(P/A12\%3)\\
&=672.75\times2.4018\\
&=1\,615.81(元)
\end{aligned}
$$

$$
\begin{aligned}
残值收益现值&=[1\,750+(1\,495-1\,750)\times30\%]\times(P/F,12\%,5)\\
&=1\,673.5\times0.5674=949.54(元)
\end{aligned}
$$

旧设备变现收益$=8\,500+[(14\,950-2\,242.50\times3)-8\,500]\times30\%=8\,416.75$(元)

继续使用旧设备现金流出总现值$=5\,425.22+8\,416.75-1\,615.81-949.54=11\,276.62$(元)

继续使用旧设备的年平均使用成本$=\frac{11\,276.62}{P/A12\%5}=\frac{11\,276.62}{3.6048}=3\,128.22$(元)

(2)更换新设备年平均使用成本:

每年付现成本的现值$=850\times(1-30\%)\times(P/A,12\%,6)=595\times4.1114=2\,446.28$(元)

年度	折旧额	折旧抵税	折旧抵税现值
1	(13 750−1 375)×(6/21)=3 535.71	1 060.71	947.11
2	(13 750−1 375)×(5/21)=2 946.43	883.93	704.67
3	(13 750−1 375)×(4/21)=2 357.14	707.14	503.34
4	(13 750−1 375)×(3/21)=1 767.86	530.36	337.04
5	(13 750−1 375)×(2/21)=1 178.57	353.57	200.62
6	(13 750−1 375)×(1/21)=589.29	176.79	89.56
合计	12 375.00	3 712.50	2 782.34

残值收益现值＝[2 500＋(13 750×10％－2 500)×30％]×$(P/F,12\%,6)$
　　　　　　＝2 162.5×0.5066＝1 095.52(元)

更换新设备现金流出总现值＝13 750＋2 446.28－2 782.34－1 095.52＝12 318.42(元)

更新设备的年平均使用成本＝$\frac{123\ 182.42}{P/A12\%6}=\frac{12\ 318.42}{4.1114}$＝2 996.16(元)

因为使用新设备的年平均使用成本低于继续使用旧设备的年平均使用成本，所以应该更换设备。

第七章 营运资金管理

一、名词解释

1.营运资金
2.现金周转期
3.信用政策
4.信用标准
5.信用条件
6.收账政策
7.经济订货量
8.再订货点
9.保险储备
10.ABC 管理法

二、单项选择题

1.下列各项中,不属于信用条件构成要素是的(　　)。

A.信用期限　　B.现金折扣　　C.现金折扣期　　D.商业折扣

2.下列有关现金周转期表述正确的是(　　)。

A.现金周转期=存货周转期+应收账款周转期+应付账款周转期

B.现金周转期=存货周转期-应收账款周转期+应付账款周转期

C.现金周转期=存货周转期+应收账款周转期-应付账款周转期

D.现金周转期=存货周转期-应收账款周转期-应付账款周转期

3.某企业年赊销额 600 万元(一年按 360 天计算),应收账款周转次数为 9 次,变动成本率为 70%,资本成本为 10%,则应收账款的机会成本为(　　)。

A.3.89 万元　　B.4.67 万元　　C.2.62 万元　　D.4.28 万元

4.存货模式下的最佳现金持有量是能使下列各项成本之和最小的现金持有量(　　)。

A.机会成本与变动转换成本　　B.机会成本与短缺成本

C.管理成本与变动转换成本　　D.机会成本、变动转换成本和短缺成本

5.企业在季节性经营的低谷仍有短期借款，其所采用的营运资金融资策略属于(　　)。

A.中庸型　　B.保守型　　C.冒险型　　D.中庸型或保守型

6.某公司最低现金控制线为 1 000 元，现金余额的最优返回线为 8 000 元。如果公司现有现金 20 000 元，根据现金持有量随机模型，此时应当投资于有价证券的金额是(　　)。

A.18 500 元　　B.12 000 元　　C.6 500 元　　D.0 元

7.企业为满足预防动机而持有现金，不需考虑的因素有(　　)。

A.企业销售水平的高低　　B.企业临时举债能力的强弱

C.企业对待风险态度　　D.现金流量预测的可靠性

8.持有过量现金可能导致的不利后果是(　　)。

A.财务风险过大　　B.收益水平下降

C.偿债能力下降　　D.资产流动性下降

9.下列各项中，属于应收账款机会成本的是(　　)。

A.应收账款占用资金的应计利息　　B.客户资信调查费用

C.坏账损失　　D.收账费用

10.某公司预计 2018 年应收账款的总计金额为 3 000 万元，必要的现金支付为 2 100 万元，应收账款收现以外的其他稳定可靠的现金流入总额为 600 万元，则该公司 2018 年的应收账款收现保证率为(　　)。

A.70%　　B.20.75%　　C.50%　　D.28.57%

11.在对存货实行 ABC 分类管理的情况下，ABC 三类存货的品种数量比重大致为(　　)。

A.0.7∶0.2∶0.1　　B.0.1∶0.2∶0.7

C.0.5∶0.3∶0.2　　D.0.2∶0.3∶0.5

12.某企业全年需用 A 材料 2400 吨，每次的订货费用为 400 元，每吨材料年均储备成本为 12 元，则每年最佳订货次数为(　　)。

A.12 次　　B.6 次　　C.3 次　　D.4 次

13.在不考虑缺货条件下，考虑数量折扣的经济订货量决策相关成本包括(　　)。

A.订货成本和储存成本　　B.订货成本、采购成本和储存成本

C.采购成本和储存成本　　D.订货成本、储存成本和缺货成本

三、多项选择题

1.企业持有现金的动机有(　　)。

A.交易动机　　B.预防动机　　C.投机动机　　D.获得现金折扣

2.影响应收账款机会成本的因素有(　　)。

A.平均收现期　　B.变动成本率　　C.年赊销额　　D.资本成本

3.下列各项中,属于建立存货经济订货量基本模型假设前提的有(　　)。

A.企业能够及时补充存货　　B.允许出现缺货

C.存货总需求量确定　　D.所需存货市场供应充足

4.存货在企业生产经营过程中所具有的作用主要有(　　)。

A.适应市场需求变化　　B.保证生产经营活动正常开展

C.降低进货成本　　D.便于均衡组织生产

5.信用标准过高可能导致的结果有(　　)。

A.丧失销售机会　　B.降低违约风险

C.扩大市场占有率　　D.减少坏账费用

6.现金周转期是指从现金投入生产经营开始到最终转化为现金的时间。下列各项中能使现金周转期缩短的方式有(　　)。

A.缩短存货周转期　　B.缩短应收账款周转期

C.缩短应付账款周转期　　D.缩短预收账款周转期

7.在存货经济订货量基本模型假设前提下确定经济订货批量,下列表述中正确的有(　　)。

A.随每次采购批量的变动,相关订货成本和相关储存成本两者的变动方向相反

B.相关储存成本的高低与每次采购批量成正比

C.相关订货成本的高低与每次采购批量成反比

D.年相关储存成本与年相关订货成本相等时的采购批量,即为经济订货量

8.在存货陆续供应和使用的过程中,导致经济订货量增加的因素有(　　)。

A.存货年需用量增加　　B.每次采购的订货费用增加

C.每日耗用量增加　　D.单位存货年均储存成本增加

四、判断题

1.因为现金的管理成本是相对固定的,所以在确定最佳现金持有量时,可以不考虑它的影响。(　　)

2.企业现金持有量过多会降低企业的收益水平。(　　)

3.在存货模式下,持有现金的机会成本与变动转换成本相等时,此时的现金持有量为最佳现金持有量。(　　)

4.收账费用与坏账损失呈反向变化关系,收账费用发生得越多,坏账损失就越小,因此,企业应不断加大收账费用,以便将坏账损失降到最低。(　　)

5.企业的信用标准严格,给予客户的信用期很短,会使应收账款周转率很高,这将有利于增加企业的利润。(　　)

6.在存货的 ABC 分类管理法下,应当重点管理的是虽然品种数量较少,但金额较大的存货。(　　)

7.赊销是扩大销售的有力手段之一,企业应尽可能放宽信用条件,增加赊销量。(　　)

8.印花税与转换金额成正比,是一种变动成本,所以是存货模式下现金最佳持有量决

策的相关成本。(　　)

9.根据存货经济订货量基本模型,经济订货量是能使订货总成本与储存总成本相等时的订货批量。(　　)

10.信用条件是信用申请者获得企业所提供的信用必须达到的基本条件,通常以坏账损失率表示。(　　)

五、简答题

1.什么是广义和狭义的营运资金?

2.简述流动资产投资策略。

3.简述流动资产融资政策。

4.企业持有现金的动机是什么?

5.确定目标现金持有量的模式有哪些?其基本原理如何?

6.企业信用政策包括哪些内容?如何制定企业信用政策?

7.什么是5C评估法?

8.什么是应收账款保理?它有何作用?

9.简述存货的功能和成本。

10.简述经济订货量基本模型的原理。

11.什么是再订货点?

12.简述ABC管理的基本原理。

六、计算分析题

1.已知某公司现金收支平衡,预计全年(按360天计算)现金需要量为250 000元,现金与有价证券的转换成本为每次500元,有价证券年利率为10%。

要求:

(1)计算最佳现金持有量;

(2)计算最佳现金持有量下的全年现金机会成本和变动转换成本、相关总成本;

(3)计算最佳现金持有量下的全年有价证券交易次数和有价证券交易间隔期。

2.某公司预计2019年度赊销收入为6 000万元,信用条件为(2/10,1/20,n/60),变动成本率为65%,资金成本率为8%,收账费用为70万元,坏账损失率为4%。预计占赊销额70%的客户会利用2%的现金折扣,占赊销额10%的客户利用1%的现金折扣。

要求:

(1)计算2019年赊销净额;

(2)计算2019年信用成本前收益;

(3)计算2019年平均收现期;

(4)计算2019年应收账款的机会成本;

(5)计算2019年信用成本后收益。

3.某公司的年赊销收入为720万元，平均收现期为60天，坏账损失为赊销额的10%，年收账费用为5万元，该公司认为通过增加收账人员等措施，可以使平均收现期降为50天，坏账损失降为赊销额的7%。假设公司的资本成本为6%，变动成本率为50%。

要求：为使上述变更经济上合理，新增收账费用的上限是多少？

4.某商店拟放弃现在经营的商品A，改为经营商品B，有关的数据资料如下：

(1)A商品目前的年销售量3 600件，进货单价为60元，售价为100元，单位商品年均储存成本为5元，每次订货费用为250元。

(2)B商品预计年销售量4 000件，进货单价500元，售价540元，单位年均储存成本10元，每次订货费用为288元。

(3)该商店按经济订货量进货，假设需求均匀、销售无季节性变化。

要求：

(1)计算经营商品A和商品B的经济订货量；

(2)计算分析该商店应否调整经营的品种。

5.某企业每年需要耗用甲材料20 000千克，该材料的单位采购成本为7.5元，单位年均储存成本为1.5元，平均每次订货费用为600元。

要求：

(1)计算经济订货量；

(2)计算最佳订货次数；

(3)计算最佳订货周期；

(4)计算经济订货量的相关总成本；

(5)计算经济订货量平均占用的资金。

6.某企业2019年A产品销售收入为4 000万元，总成本为3 000万元，其中固定成本为600万元。2020年该企业有两种信用政策可供选用：

甲方案给予客户60天信用期限(n/60)，预计销售收入为5 000万元，货款将于第60天收到，其信用成本为140万元；

乙方案的信用政策为(2/10,1/20,n/90)，预计销售收入为5 400万元，将有30%的货款于第10天收到，20%的货款于第20天收到，其余50%的货款于第90天收到(前两部分货款不会产生坏账，后一部分货款的坏账损失率为该部分货款的4%)，收账费用为50万元。

假设该企业A产品变动成本率保持不变，企业的资本成本为8%。

要求：

(1)计算该企业2019年的变动成本率；

(2)计算乙方案的应收账款机会成本、坏账成本和信用成本；

(3)计算甲、乙两方案信用成本后收益，并依据计算结果做出决策。

7.某企业全年需从外购入某零件1 200件，每批订货费用400元，单位零件的年均储存成本为6元，该零件每件进价10元。销售企业规定：客户每批购买量不足600件，按标准价格计算，每批购买量超过600件，价格优惠3%。

要求：

(1)计算该企业进货批量为多少时,才是最有利的;

(2)计算该企业最佳的进货次数和最佳的进货间隔期;

(3)计算该企业经济订货量的平均占用资金;

(4)假设一年为 360 个工作日,企业订货至到货的时间为 30 天,不设保险储备,则再订货点为多少?

8.某公司的甲产品原有信用政策为"$n/30$",每天平均销量为 5 个,每个售价为 750 元,平均收现期为 40 天;公司销售人员提出新政策,以便促销产品,新政策包括改变信用政策,即"$2/10,n/50$",同时以每个 600 元价格销售,预计改变政策后每天能售出 20 个,估计 50%客户会享受折扣,预计平均收现期仍为 40 天。若一年按 360 天计算,企业资本成本为 10%,每个存货的年均储存成本是 100 元(其中含存货应计利息),每次订货费用为 144 元,甲产品每个购买价格为 500 元。

要求:

(1)计算该公司改变信用政策前后的经济订货量为多少?

(2)若单位缺货成本为 5 元,正常交货时间为 5 天,延期 1 天交货的概率为 0.2,延期 2 天交货的概率为 0.1,其他均能按正常交货时间交货,则合理的保险储备和再订货点为多少?

(3)若按照第(1)第(2)问所确定的经济订货量和再订货点进行采购,综合判断应否改变政策?

9.上海东方公司是亚洲地区玻璃套装门分销商,套装门在香港生产然后运到上海。管理当局预计年度需求量为 10 000 套。套装门购进单价为 395 元(包括运费)。定购和储存这些套装门的相关资料如下:

(1)去年订单共 22 份,总处理成本 13 400 元,其中固定成本 10 760 元,预计未来成本习性不变;

(2)虽然对香港原产地商品进入大陆已免关税,但对每一张订单都要经双方海关检查,费用 280 元;

(3)从香港运抵上海,接受有关部门检查。为此雇佣一名检验人员,每月支付工资 3 000元,每个订单检查需 8 个小时,发生变动费用每小时 2.50 元;

(4)公司租借仓库来储存套装门,估计租金为每年 2 500 元,另外加上每门 4 元仓储费用;

(5)在储存中会出现破损,估计破损成本平均每门 28.5 元;

(6)占用资金利息等其他储存成本每门 20 元;

(7)从发出订单到货物运到上海需要 6 个工作日;

(8)为防供货中断,东方公司设置了 100 套保险储备,可以确保不会有缺货现象产生;

(9)东方公司每年工作 50 周,每周营业 6 天。

要求:

(1)计算每次订货费用;

(2)计算每门年均储存成本;

(3)计算经济订货量;

(4)计算经济订货量下的年最低存货相关总成本;

(5)计算再订货点;

(6)计算每年的存货总成本,包括所有的采购成本、订货成本和储存成本。

答案与解析

一、名词解释

解释:略

二、单项选择题

1.答案:D

解析:信用条件是指企业要求客户支付赊销款项的条件,包括信用期限、折扣期限和现金折扣。

2.答案:C

解析:

现金周转期=存货周转期+应收账款周转期-应付账款周转期

3.答案:B

解析:

$$平均收现期=\frac{360}{9}=40(天)$$

$$应收账款的机会成本=\frac{600}{360}\times 40\times 70\%\times 10\%=4.67(万元)$$

4.答案:A

解析:在存货模式下,影响现金持有量的成本主要包括机会成本和变动转换成本。

5.答案:C

解析:冒险的流动资产融资策略是短期资金来源不仅支持季节性流动资产的资金需求,还支持部分永久性流动资产和非流动资产的资金需要。

6.答案:D

解析:

最高现金控制线=3×8 000-2×1 000=22 000(元)

由于公司现有现金 20 000 元没有到达现金控制的上限,所以,不需要用现金购买有价证券。

7.答案:A

解析:预防性现金持有量的多少主要取决于现金流量预测的可靠性、临时举债能力的强弱和企业愿意承担现金短缺风险的程度。

8.答案:B

解析:现金是一种非盈利性资产,现金结余过多,会降低企业的收益。

9.答案:A

解析:应收账款的机会成本是指因资金投放在应收账款上而丧失的其他投资收益。

10.答案:C

解析:

$$\text{应收账款收现保证率}=\frac{2\,100-600}{3\,000}=50\%$$

11.答案:B

解析:存货 ABC 分类的标准主要有两个;一是金额标准,二是品种数量标准。一般而言,三类存货的金额比重大致为 A∶B∶C=7∶2∶1,而品种数量比重大致为 A∶B∶C=1∶2∶7。

12.答案:B

解析:

$$\text{经济批量}=\sqrt{\frac{2\times 2\,400\times 400}{12}}=400(\text{吨})$$

$$\text{最佳订货次数}=\frac{2\,400}{400}=6(\text{次})$$

13.答案:B

解析:实行数量折扣下的经济订货量决策所考虑的成本因素包括订货成本、采购成本和储存成本。

三、多项选择题

1.答案:ABC

解析:企业持有现金动机主要包括交易动机、预防动机和投机动机。

2.答案:ABCD

解析:

$$\text{应收账款机会成本}=\text{平均每日赊销额}\times\text{平均收现期}\times\text{变动成本率}\times\text{资本成本}$$

3.答案:ACD

解析:经济订货量基本模型的假设条件包括:(1)存货总需求量确定;(2)采购的物资集中到货一次性入库,然后被均匀消耗;(3)供应商不提供商业折扣,供应充足,采购单价不变;(4)企业资金充足,能够及时补充存货,不允许缺货现象存在。

4.答案:ABCD

解析:存货功能是指存货在企业生产经营过程中所具有的作用,主要体现在:(1)保证生产经营活动正常开展；(2)适应市场需求变化；(3)便于均衡组织生产；(4)可以降低进货成本。

5.答案：ABD

解析：信用标准是客户获得企业商业信用所应具备的条件。信用标准过高，意味着客户获得赊购的条件很苛刻，可能会使企业丧失销售机会，但有利于降低违约风险和减少坏账费用。

6.答案：AB

解析：

$$现金周转期=存货周转期+应收账款周转期-应付账款周转期$$

7.答案：ABCD

解析：

$$相关订货成本=\frac{存货年需要量}{每次采购批量}\times 每次订货费用$$

$$相关储存成本=\frac{每次采购批量}{2}\times 单位存货年均储存成本$$

从上述公式可以看出各相关成本相互之间的关系以及各自与采购批量的关系。另外，用经济订货量的表达式代入上述两项相关成本表达式，整理后会发现两者相等。

8.答案：ABC

解析：存货陆续供应和使用的情况下经济订货批量公式为：

$$经济订货批量=\sqrt{\frac{2\times 年需用量\times 每次订货费用}{单位存货年均储存成本\times\left(1-\frac{每日耗用量}{每日送货量}\right)}}$$

四、判断题

1.答案：对

解析：企业持有现金，会发生管理费用，这些费用就是现金的管理成本。管理成本是一种固定成本，与现金持有量之间无明显的比例关系。

2.答案：对

解析：现金的收益性较差，企业现金持有量过多，盈利水平要下降。

3.答案：对

解析：在存货模式下，将现金最佳持有量的表达式分别代入机会成本和变动转换成本的表达式，会发现这两者相等。即持有现金的机会成本与变动转换成本相等时，相关总成本最低，此时的现金持有量为最佳现金持有量。

4.答案：错

解析：收账费用并不是越大越好，制定收账政策应该在增加收账费用与减少坏账损失、减少应收账款机会成本之间进行权衡，前者要小于后者，收账政策才是可取的。

5.答案:错

解析:如果企业的信用标准严格,给予客户的信用期很短,可能不足以吸引顾客,使企业销售额下降,不利于企业利润的增加,甚至会减少企业的利润。

6.答案:对

解析:在存货的 ABC 分类管理法下,A 类存货是控制的重点,而 A 类存货属于品种数量较少,但金额较大的存货。

7.答案:错

解析:赊销虽能扩大收入,但也会相应增加成本,并不一定赊销越多越好。

8.答案:错

解析:印花税与委托转换的金额成正比,但从某个预算期间(如一年)来看,转换的金额是固定不变的,所以对应的转换成本是一种固定成本,属于决策无关成本。

9.答案:错

解析:根据存货经济订货批量基本模型,经济订货批量是能使变动性订货成本与变动性储存成本相等的订货批量,不考虑与订货批量无关的固定性订货成本与固定性储存成本。

10.答案:错

解析:信用标准是信用申请者获得企业所提供的信用必须达到的基本条件,通常以坏账损失率表示。

五、简答题

解释:略

六、计算分析题

1.答案及解析:

(1)

$$\text{最佳现金持有量}=\sqrt{\frac{2\times 250\ 000\times 500}{10\%}}=50\ 000(\text{元})$$

(2)

$$\text{机会成本}=\frac{50\ 000}{2}\times 10\%=2\ 500(\text{元})$$

$$\text{变动转换成本}=\frac{250\ 000}{50\ 000}\times 500=2\ 500(\text{元})$$

相关总成本=机会成本+变动转换成本=2 500+2 500=5 000(元)

(3)

$$\text{有价证券交易次数}=\frac{250\ 000}{50\ 000}=5(\text{次})$$

有价证券交易间隔期$=\frac{360}{5}=72$(天)

2.答案及解析:

(1)

2019年赊销净额$=6\ 000-6\ 000\times(70\%\times2\%+10\%\times1\%)=5\ 910$(万元)

(2)

2019年信用成本前收益$=5\ 910-6\ 000\times65\%=2\ 010$(万元)

(3)

2019年平均收现期$=70\%\times10+10\%\times20+20\%\times60=21$(天)

(4)

2019年应收账款机会成本$=\frac{6\ 000}{360}\times21\times65\%\times8\%=18.2$(万元)

(5)

2019年信用成本后收益$=2\ 010-(18.2+70+6\ 000\times4\%)=1\ 681.8$(万元)

3.答案及解析:

原方案信用成本$=\frac{720}{360}\times60\times50\%\times6\%+720\times10\%+5=80.6$(万元)

新增收账费用上限$=80.6-\frac{720}{360}\times50\times50\%\times6\%-720\times7\%-5=22.2$(万元)

4.答案及解析:

(1)

A商品的经济订货批量$=\sqrt{\frac{2\times3\ 600\times250}{5}}=600$(件)

B商品的经济订货批量$=\sqrt{\frac{2\times4\ 000\times288}{10}}=480$(件)

(2)①计算收益的增加:

经营商品A的毛利$=(100-60)\times3\ 600=144\ 000$(元)

经营商品B的毛利$=(540-500)\times4\ 000=160\ 000$(元)

收益的增加$=160\ 000-144\ 000=16\ 000$(元)

②计算存货相关总成本的增加:

A商品的相关总成本$=\sqrt{2\times3\ 600\times250\times5}=3\ 000$(元)

B商品的相关总成本$=\sqrt{2\times4\ 000\times288\times10}=4\ 800$(元)

存货相关总成本的增加$=4\ 800-3\ 000=1\ 800$(元)

③

计算增加的净收益＝16 000－1 800＝14 200(元)

由于增加的净收益大于零，故应调整经营的品种。

5.答案及解析：

(1)

$$经济订货量=\sqrt{\frac{2\times 20\ 000\times 600}{1.5}}=4\ 000(千克)$$

(2)

$$最佳进货次数=\frac{20\ 000}{4\ 000}=5(次)$$

(3)

$$最佳进货周期=\frac{360}{5}=72(天)$$

(4)

$$经济订货量相关总成本=5\times 600+\frac{4\ 000}{2}\times 1.5=6\ 000(元)$$

或：

$$经济订货量相关总成本=\sqrt{2\times 20\ 000\times 600\times 1.5}=6\ 000(元)$$

(5)

$$经济订货量平均占用资金=\frac{4\ 000}{2}\times 7.5=15\ 000(元)$$

6.答案及解析：

(1)

$$2019年的变动成本率=\frac{3\ 000-600}{4\ 000}\times 100\%=60\%$$

(2)

乙方案的平均收现期＝10×30%＋20×20%＋90×50%＝52(天)

$$乙方案的机会成本=\frac{5\ 400}{360}\times 52\times 60\%\times 8\%=37.44(万元)$$

乙方案的坏账成本＝5 400×50%×4%＝108(万元)

乙方案的信用成本＝37.44＋108＋50＝195.44(万元)

(3)

甲方案信用成本后收益＝5 000×(1－60%)－140＝1 860(万元)

乙方案的现金折扣＝5 400×30%×2%＋5 400×20%×1%＝43.2(万元)

乙方案信用成本后收益＝[5 400×(1－60%)－43.2]－195.44＝1 921.36(万元)

因为乙方案信用成本后收益大于甲方案，所以，应选用乙方案。

7.答案及解析：

(1)①没有价格折扣时

$$经济订货量=\sqrt{\frac{2\times1\ 200\times400}{6}}=400(件)$$

$$存货相关总成本=1\ 200\times10+\frac{1\ 200}{400}\times400+\frac{400}{2}\times6=14\ 400(元)$$

②按 600 件进货取得价格折扣 3%时

$$存货相关总成本=1\ 200\times10\times(1-3\%)+\frac{1\ 200}{600}\times400+\frac{600}{2}\times6$$

$$=11\ 640+800+1\ 800$$

$$=14\ 240(元)$$

③通过计算比较，进货批量 600 件的总成本低于进货批量 400 件的总成本，因此，该企业应按 600 件进货才是有利的。

(2)

$$最佳的进货次数=\frac{1\ 200}{600}=2(次)$$

$$最佳的进货间隔期=\frac{360}{2}=180(天)$$

(3)

$$平均占用资金=\frac{600}{2}\times10\times(1-3\%)=2\ 910(元)$$

(4)

$$再订货点=30\times\frac{1\ 200}{360}=100(件)$$

8.答案及解析：

(1)原政策：

$$销量=5\times360=1\ 800(个)$$

$$经济订货量=\sqrt{\frac{2\times1\ 800\times144}{100}}=72(个)$$

$$订货次数=\frac{1800}{72}=25(次)$$

新政策：

$$销量=20\times360=7\ 200(个)$$

$$经济订货量=\sqrt{\frac{2\times7200\times144}{100}}=144(个)$$

$$订货次数=\frac{7\ 200}{144}=50(次)$$

(2)改变政策前：

延期1天，交货时间内需要量=(5+1)×5=30个；延期2天为35个

不设保险储备，再订货点25个，

缺货量=(30−25)×0.2+(35−25)×0.1=2(个)

相关成本=5×25×2+0=250(元)

保险储备5个，缺货量为0.5个，相关成本=5×25×0.5+5×100=562.5(元)；

保险储备10个，缺货量为0，相关成本=10×100=1 000(元)。

所以，合理保险储备为0，再订货点为25个。

改变政策后：

延期1天，交货时间内需要量=(5+1)×20=120个；延期2天为140个。

不设保险储备，再订货点100个，缺货量=(120−100)×0.2+(140−100)×0.1=8(个)，相关成本=5×50×8+0=2 000(元)；

保险储备20个，缺货量为2个，相关成本=5×50×2+20×100=2500(元)；

保险储备40个，缺货量为0，相关成本=40×100=4 000(元)。

所以，合理保险储备为0，再订货点为100个。

(3)

	原政策	新政策
销售收入	1 800×750=1350 000	7 200×600=4 320 000
销售成本	1 800×500=900 000	7 200×500=3 600 000
销售毛利	450 000	720 000
应收账款机会成本	$\frac{1\ 350\ 000}{360}\times 40\times\frac{500}{750}\times 10\%=10\ 000$	$\frac{4\ 320\ 000}{360}\times 40\times\frac{500}{600}\times 10\%=40\ 000$
储存与订货成本	$\sqrt{2\times 1\ 800\times 144\times 100}=7\ 200$	$\sqrt{2\times 7\ 200\times 144\times 100}=144\ 000$
折扣成本	0	7 200×600×2%×50%=43 200
缺货成本	250	2 000
税前收益	432 550	620 400

因为改变政策后的税前收益大于改变政策前。因此，应改变政策，即实施降价策略。

9.答案及解析：

(1)

$$变动订货成本=\frac{13\ 400-10\ 760}{22}+280+8\times 2.5=420(元)$$

(2)

变动储存成本=4+28.50+20=52.50(元)

(3)

$$经济订货批量=\sqrt{\frac{2\times 10\ 000\times 420}{52.5}}=400(套)$$

(4)

$$每年相关总成本=\sqrt{2\times 10\ 000\times 420\times 52.5}=21\ 000(元)$$

(5)

$$再订货点=6\times \frac{10\ 000}{50\times 6}+100=300(套)$$

(6)

$$\begin{aligned}每年的存货总成本&=采购成本总额+订货成本总额+储存成本总额\\&=10\ 000\times 395+\frac{10\ 000}{400}\times 420+10\ 760+3\ 000\times 12+52.5\times\\&\quad\left(\frac{400}{2}+100\right)+2\ 500\\&=4\ 025\ 510(元)\end{aligned}$$

第八章 财务预测与计划

一、名词解释

1.财务预测
2.销售百分比法
3.敏感资产和敏感负债
4.外部融资销售增长比
5.内含增长率
6.可持续增长率

二、单项选择题

1.若企业2018年末的敏感资产为600万元，敏感负债为200万元，2018年销售收入为1 000万元，若敏感资产和敏感负债占销售收入的百分比不变，销售净利率为10%，股利支付率为50%，预计2019年销售收入会达到1 500万元，则需要从外部筹集的资金是(　　)万元。

A.85　　B.125　　C.165　　D.200

2.财务预测的起点是(　　)。

A.销售预测　　B.费用预测

C.资产负债表项目预测　　D.现金流量预测

3.采用销售百分比法预测资金需要量时，下列项目中被视为不随销售收入的变动而变动的是(　　)。

A.现金　　B.应付账款　　C.存货　　D.应付债券

4.某企业上年销售收入为1 000万元，若预计下一年产品价格会提高5%，产品销售量增长10%，公司的外部融资销售增长比为25%，则应从外部追加的资金为(　　)万元。

A.38.75　　B.37.5　　C.25　　D.25.75

5.由于通货紧缩，F公司不打算从外部融资，主要靠调整股利政策，扩大留存收益来满足销售增长的资金需求。公司的资产销售百分比为60%，负债销售百分比为15%，预计下一年度销售净利率为5%，不进行股利分配，则预计下一年度公司的销售增长率为(　　)。

A.7.5%　　B.10%　　C.10.5%　　D.12.5%

6.某企业 2018 年新增留存收益为 300 万元,所计算的可持续增长率为 10%,若 2019 年不增发股票,不回购股份,且能保持财务政策和经营效率不变,若预计 2019 年的净利润可以达到 1 210 万元,则 2019 年的股利支付率为(　　)。

A.75.21%　　B.72.73%　　C.24.79%　　D.10.98%

7.在不增发新股或回购股票的情况下,下列关于可持续增长率的表述中,正确的是(　　)。

A.如果本年的销售净利率、资产周转率、资产负债率和股利支付率已经达到公司的极限,则以后年度的可持续增长率为零

B.如果本年的销售净利率、资产周转率、资产负债率和股利支付率与上年相同,则本年的实际增长率等于上年的可持续增长率

C.如果本年的销售净利率、资产周转率和股利支付率与上年相同,资产负债率较上处上升,则本年的可持续增长率低于上年的可持续增长率

D.如果本年的销售净利率、资产周转率和资产负债率与上年相同,股利支付率比上年下降,则本年的可持续增长率低于上年的可持续增长率

8.某公司 2018 年的销售净利率为 10%,资产周转率为 0.6 次,权益乘数为 2,股利支付率为 50%,则 2018 年的可持续增长率为(　　)。

A.6.38%　　B.6.17%　　C.8.32%　　D.10%

9.企业外部融资需求的估算公式为(　　)。

A.资产增加－预计总负债－预计股东权益

B.资产增加－负债自发增加－留存收益增加

C.预计总资产－负债自发增加－留存收益增加

D.预计总资产－负债自发增加－预计股东权益增加

10.利用历史资料建立资产和负债各项目与销售收入之间的函数关系,并据以预测企业融资需求的财务预测方法是(　　)。

A.销售百分比法　　B.回归分析法　　C.财务规划模型法　　D.现金预算法

11.企业 2018 年的可持续增长率为 10%,股利支付率为 50%,若预计 2019 年不增发新股或回购股份,并保持目前经营效率和财务政策,则 2019 年公司的股利增长率为(　　)。

A.10%　　B.5%　　C.15%　　D.12.5%

12.在可持续增长条件下,正确的说法是(　　)。

A.假设不增发新股　　B.假设不增加借款

C.资产负债率会下降　　D.财务杠杆和财务风险降低

13.在企业有盈利的情况下,下列有关外部融资需求的表述正确的是(　　)。

A.销售增加,必然引起外部融资需求的增加

B.销售净利率的提高会引起外部融资需求的增加

C.股利支付率的提高会引起外部融资需求的增加

D.资产周转率的提高必然会引起外部融资需求的增加

14.某企业外部融资销售增长比为5%,若上年销售收入为1 000万元,预计销售收入增加200万元,则相应外部应追加的融资额为(　　)万元。

A.50　　B.10　　C.40　　D.30

15.某公司的内含增长率为5%,当年的实际增长率为4%,则表明(　　)。

A.外部融资销售增长比大于零,企业需要从外部融资,可提高利润留存比率或出售金融资产

B.外部融资销售增长比小于零,企业需要从外部融资

C.外部融资销售增长比小于零,企业资金有剩余,可用于增加股利或证券投资

D.外部融资销售增长比为9%,企业需要从外部融资

三、多项选择题

1.关于财务预测,下列说法正确的是(　　)。

A.财务预测以生产预测为起点,根据预计生产水平预测所需的资金

B.融资计划是财务预测的前提

C.财务预测有助于改善投资决策

D.财务预测有助于提高企业的应变能力

2.一般情况下,销售百分比法中的敏感负债项目包括(　　)。

A.应付账款　　B.实收资本　　C.预收款项　　D.长期负债

3.回归分析法的有关计算公式正确的是(　　)。

A. $b=\frac{n\sum x\sum y-\sum xy}{n(\sum x)^2-\sum x^2}$　　B. $b=\frac{n\sum xy-\sum x\sum y}{n\sum x^2-(\sum x)^2}$

C. $a=\frac{\sum x-b\sum y}{n}$　　D. $a=\frac{\sum y-b\sum x}{n}$

4.按内含增长率增长条件下,下列说法不正确的有(　　)。

A.增发新股　　B.资产负债率下降

C.不增加借款　　D.资本结构不变

5.企业所需量的外部融资量取决于(　　)。

A.销售的增长　　B.股利支付率

C.销售净利率　　D.可运用金融资产

6.除了销售百分比法以外,财务预测的方法还有(　　)。

A.回归分析法　　B.交互式财务规划模型

C.综合数据库财务计划系统　　D.可持续增长率模型

7.企业若想实现高速增长,需要解决超过可持续增长所带来的财务问题,具体可以采用的措施包括(　　)。

A.提高销售净利率　　B.提高资产周转率

C.提高股利支付率　　D.增发新股

8.当其他因素不变的情况下,下列有关金融资产的表述正确的有(　　)。

A.可动用的金融资产等于基期金融资产减去预计金融资产

B.预计金融资产持有额增加会使外部融资需求量增加

C.基期金融资产持有额越多,外部融资需求量越多

D.可运用金融资产越多,外部融资需求量越多

9.假设可运用金融资产为0,下列表述正确的有(　　)。

A.一般来说,股利支付率越高,外部融资需求越小

B.一般来说,销售净利率越高,外部融资需求越大

C.若外部融资销售增长比为负数,则说明企业实际销售增长率小于内含增长率

D.在仅靠内部融资的增长率条件下,净财务杠杆会下降

10.假设企业本年的经营效率、资本结构和股利支付率与上年相同,目标销售收入增长率为30%(大于可持续增长率),则下列说法成立(　　)。

A.本年的净资产收益率为30%　　B.本年的净利润增长率为30%

C.本年新增投资的报酬率为30%　　D.本年总资产增长率为30%

11.在仅靠内部融资条件下,下列说法正确的有(　　)。

A.假设不增发新股　　B.假设不增加借款

C.资产负债率会下降　　D.财务风险降低

12.在资产销售百分比大于负债销售百分比的情况下,会增加外部融资额的选项是(　　)。

A.提高销售净利率　　B.提高股利支付率

C.降低股利支付率　　D.提高销售增长率

四、判断题

1.企业按照销售百分比法预测出来的外部融资需要量,是企业在未来一定时期资金需要量的一种增量。(　　)

2.内含增长率是指保持各项财务比率不变并且不对外融资时的销售增长率。(　　)

3.在可持续增长的条件中,根据资产周转率和资产负债率不变可知销售增长等于期末净资产增长率。(　　)

4.在可持续增长的情况下,外部融资额为零。(　　)

5.在新增销售额一定的情况下,外部融资额与基期的销售额无关。(　　)

6.在其他条件相同的情况下,股利支付率越高,外部融资额对销售净利率的变化越敏感。

7.在其他条件相同的情况下,如果销售增长率大于零但低于内含增长率,则外部融资销售增长比一定小于0。(　　)

8.在超常增长的情况下,如果资产周转率不变,则超常增长所需资金等于超常增长的销售额除以资产周转率。(　　)

9.在不增发新股或回购股份的情况下，如果明年降低股利支付率，其他财务比率不变，则明年的可持续增长率一定低于今年的可持续增长率。（ ）

10.可持续增长率和不增加借款的增长率其共同点是都不会引起资产负债率的变化。（ ）

五、简答题

1.什么是财务预测？它有什么意义？

2.财务预测的基本方法是什么？其基本思想是什么？

3.简述销售百分比法预测企业外部融资需求的基本步骤。

4.财务预测的回归分析法与销售百分比法有何区别？

5.从资金来源看，企业实现增长的方式有哪三种？各有何特征？

6.什么是可持续增长率？它的假设条件包括哪些？

7.试比较内含增长率和可持续增长率的异同。

8.简述可持续增长率与实际增长率之间关系。

六、计算分析题

1.(1)甲公司 2018 年末资产负债表(简化格式)列示如下。

资产负债表

单位:万元

资产		负债与所有者权益	
项目	金额	项目	金额
现金	200.00	应付账款	2 200.00
应收账款	1 800.00	应付费用	940.00
存货	3 200.00	长期负债	420.00
预付费用	45.00	普通股股本	2 305.00
固定资产	4 620.00	留存收益	4 000.00
资产总额	9 865.00	负债与所有者权益总额	9 865.00

(2)2018 年销售收入 20 000.00 万元，预计 2019 年销售收入为 22 000.00 万元，公司尚有剩余生产能力。

(3)预计 2019 年销售净利润率为 2.5％，留存收益比率为 20％。

(4)该公司敏感资产项目包括现金、应收账款和存货，敏感负债项目包括应付账款和应付费用。

要求:运用销售百分比法预测 2019 年外部融资需要量。

2.乙公司 2018 年销售收入为 100 000.00 元，销售净利率为 10％；该公司 2018 年 12

月 31 日资产负债表(简化格式)如下：

资产负债表

单位：万元

资产	金额	负债及所有者权益	金额
现金	2 000.00	应付费用	5 000.00
应收账款	28 000.00	应付账款	13 000.00
存货	30 000.00	短期债款	12 000.00
固定资产	40 000.00	公司债券	20 000.00
		实收资本	40 000.00
		留存收益	10 000.00
合计	100 000.00	合计	100 000.00

要求：

(1)若现有剩余生产能力，流动资产和流动负债中的应付账款随销售收入增加而增加，2019 年预计销售收入 120 000.00 万元，公司利润分配给投资者比例为 50%，其他条件不变，需要从外部筹集多少资金？

(2)流动资产及流动负债中的应付账款均随销售收入增加而增加，2019 年需追加一项投资需 30 000.00 万元，其他条件不变，需从外部筹集多少资金？

(3)结合第二问，同时要求企业流动资产的周转率加快变为 2.5 次，(按期末流动资产数确定)，销售净利率提高到 12%，其他条件不变，需从外部筹集多少资金？

3.丙企业 2013—2018 年现金占用与销售收入之间的关系如下表所示：

现金与销售收入变化情况表

单位：万元

年度	销售收入	现金占用
2013	10 200.00	680.00
2014	10 000.00	700.00
2015	10 800.00	690.00
2016	11 100.00	710.00
2017	11 500.00	730.00
2018	12 000.00	750.00

假设该企业 2019 年预计销售收入为 20 000.00 万元。

要求：

根据所给资料，运用回归分析法测算该企业 2019 年货币资金占用量。

4.丁公司 2018 年财务报表主要数据如下表所示：

单位:万元

项目	2018 年 12 月 31 日	项目	2018 年 12 月 31 日
流动资产	8 932.00	流动负债	4 200.00
非流动资产	6 300.00	非流动负债	2 800.00
		负债合计	7 000.00
		实收资本	5 600.00
		留存收益	2 632.00
		所有者权益合计	8 232.00
资产总计	15 232.00	负债及所有者权益合计	15 232.00
项目	2018 年	项目	2018 年
营业收入	11 200.00	净利润	560.00
本期分配利润	168.00	本期留存利润	392.00

假设该公司资产均为敏感资产，流动负债均为经营负债(随销售收入增加同比例增加)，非流动负债全部为金融负债，不变的销售净利率可以涵盖增加的负债利息，假设企业各项敏感资产和敏感负债占销售收入的百分比保持不变。

要求：

(1)如果该公司预计 2019 年销售增长率为 20%，预计销售净利率为比上年增长 10%，股利支付率保持不变，计算该公司 2019 年的外部融资需求及外部融资销售增长比；

(2)假设该公司 2019 年选择可持续增长策略，维持目前的经营效率和财务政策，不增发新股或回购股份，请计算确定 2019 年所需的外部融资额及其构成；

(3)如何 2019 年公司不打算从外部融资，而主要靠提高销售净利率和调整股利分配政策，扩大留存收益来满足销售增长的资金需求，计划下年销售净利率提高 10%，不进行股利分配，据此可以预计下年销售增长率为多少？

5.已知 DBF 公司 2016—2018 年的部分财务数据如下表所示：

单位:万元

项目	2016 年	2017 年	2018 年
销售收入	1 000.00	1 250.00	1 750.00
净利润	100.00	125.00	175.00
股利	50.00	62.50	87.50
留存收益	50.00	62.50	87.50
股东权益	250.00	312.50	400.00
负债	250.00	312.50	475.00
总资产	500.00	625.00	875.00

要求：

(1)计算 2016—2018 年的可持续增长率以及 2017 年和 2018 年的实际增长率；

(2)分析 2018 年该公司的经营效率和财务政策有何变化；

(3)假定公司在目前管理效率下，经营效率符合实际，公司一贯坚持固定股利支付率政策，贷款银行要求资产负债率不能超过 60%，2019 年若要超过 2018 年的增长速度，是否还有潜力？假设 2019 年不打算增发股票，2019 年销售增长率最高能达到多少？

6.ABC 公司是一家制造业公司，2018 年 12 月 31 日资产负债表、2018 年度利润表如表 1 和表 2 所示：

表 1　ABC 公司资产负债表

单位：元

资产	2018-12-31	2017-12-31	负债及所有者权益	2018-12-31	2017-12-31
流动资产：			流动负债：		
货币资金	383 519.39	156 442.20	短期借款	2 613 134.86	2 089 093.73
交易性金融资产	0.00	0.00	应付票据	20 173.82	344 864.03
应收票据	1 449 757.07	1 502 879.74	应付账款	1 510 08.31	1 405 309.89
应收账款	555 662.73	573 037.31	预收款项	980 943.69	906 334.05
预付款项	224 965.02	192 957.01	应付职工薪酬	115 715.72	113 047.90
其他应收款	36 505.00	23 886.08	应交税费	129 657.62	−72 535.04
存货	2 645 774.43	1 917 100.42	其他流动负债	617 349.15	787 389.41
其他流动资产	0.00	4.81	流动负债合计	5 987 283.17	5 573 503.97
流动资产合计	5 296 183.64	4 366 307.57	非流动负债：		
非流动资产：			长期借款	1 925 594.02	2 317 636.14
可供出售金融资产	0.00	0.00	递延所得税负债	21 513.09	11 392.69
长期股权投资	2 746 118.58	2 552 615.82	其他非流动负债	363 640.46	529 004.11
固定资产	9 202 633.74	9 042 019.35	非流动负债合计	2 310 747.57	2 858 032.94
在建工程	464 309.65	1 103 221.29	负债合计	8 298 030.74	8 431 536.91
工程物资	3 171.82	1 109.71	所有者权益：		
无形资产	399 299.52	363 859.85	实收资本(或股本)	1 751 204.81	1 751 204.81
长期待摊费用	187.95	1,708.59	资本公积	3 697 036.67	3 678 134.12
递延所得税资产	34 067.56	31 658.23	盈余公积	2 012 440.15	1 782 777.02
其他非流动资产	11 790.58	11 790.58	未分配利润	2 399 050.67	1 830 638.13
非流动资产合计	12 861 579.40	13 107 983.42	股东权益合计	9 859 732.30	9 042 754.08
资产总计	18 157 763.04	17 474 290.99	负债和股东权益合计	18 157 763.04	17 474 290.99

表 2　ABC 公司利润表

单位:元

项目	2018 年	2017 年
一、营业收入	16 101 471.06	11 628 837.35
减:营业成本	14 323 754.63	10 577 176.60
营业税金及附加	33 204.31	35 594.16
销售费用	76 099.52	65 143.37
管理费用	339 899.28	274 921.82
财务费用	53 262.55	166 303.83
资产减值损失	12 335.40	49 568.50
加:公允价值变动收益	1 102.15	−11 459.88
投资收益	151 118.82	129 940.17
二、营业利润	1 415 136.34	578 609.36
加:营业外收入	38 829.78	24 024.29
减:营业外支出	10 313.23	13 849.92
三、利润总额	1 443 652.89	588 783.73
减:所得税费用	295 337.23	81 096.59
四、净利润	1 148 315.66	507 687.14

要求:

(1)假设公司的流动资产、经营性长期资产、经营性负债与销售的比例保持不变,若 2019 年度计划销售收入增加 15%,保持目前的销售净利率,且不变的销售净利率可以涵盖增加的利息,股利支付率为 45%,测算企业需要补充多少外部融资?

(2)假设外部融资通过向银行举借长期借款筹措,盈余公积提取比例为 10%,编制 2019 年预期资产负债表。(在 Excel 中用公式链接完成)

(3)如果公司不增新股或回购股份,且保持本年度经营效率和财务政策,不断增长的产品能为市场所接受,不变的销售净利率可以涵盖不断增加的利息,2019 年度可实现的销售额和股利发放额为多少?

(4)假设公司 2019 年度计划销售增长率为 15%,请回答下列互不关联问题:①如果不打算从外部筹集权益资金,并保持财务政策和资产周转率不变,销售净利率应达到多少?②如果不打算从外部筹集权益资金,并保持经营效率和留存比例不变,资产负债率应为多少?③如果不打算从外部筹集权益资金,并保持财务政策和销售净利率不变,资产周转率应达到多少?④如果不打算从外部筹集权益资金,并保持经营效率和资本结构不变,股利支付率应控制在多少?⑤如果想保持经营效率和财务政策不变,则需要从外部筹集多少权益资金?

答案与解析

一、名词解释

解释：略

二、单项选择题

1.答案：B

解析：

外部融资额＝(资产销售百分比－负债销售百分比)×销售收入增加－预计销售收入×预计销售净利率×(1－股利支付率)
＝(60%－20%)×500－1 500×10%×50%＝125(万元)

2.答案：A

解析：对销售收入的预测是资产需求、融资需求、成本费用、税金等一系列预测的基础，是整个财务预测的起点。

3.答案：D

解析：金融负债是企业融资活动结果，不会随着销售收入的变动而自发变动，在采用销售百分比法预测资金需求量时，被视为非敏感项目。

4.答案：A

解析：假设上年价格为 P，销售量为 Q，$P\times Q=1\ 000$，预计下年的价格＝$P\times(1+5\%)$，预计下年的销售＝$Q\times(1+10\%)$，预计下年销售收入＝$P\times Q\times(1+5\%)\times(1+10\%)=1\ 155$，外部融资额＝(1 155－1 000)×25%＝38.75(万元)；或预计销售增长率＝(1＋5%)×(1＋10%)－1＝15.5%，外部融资额＝1 000×15.5%×25%＝38.75(万元)

5.答案：D

解析：由于不打算从外部融资，此时的销售增长率为内含增长率。设内含增长率为 X，则：

$$0=60\%-15\%-\frac{1+X}{X}\times5\%\times100\%$$

$$X=12.5\%$$

6.答案：B

解析：由于 2018 年公司的可持续增长率为 10%，2019 年不增发股票或回购股份，且保持财务政策和经营效率不变，则 2019 年公司净利润增长率为 10%，所以

$$2018\text{ 年公司的净利润}=\frac{1\ 210}{1+10\%}=1\ 100(\text{万元})$$

$$2019\text{年股利支付率}=2018\text{年股利支付率}=\frac{1\ 100-300}{1\ 100}=72.73\%$$

7.答案:B

解析:如果某一年的可持续增长率公式中的4个财务比率有一个或多个提高,在不增发新股或回购股份的情况下,则实际增长率就会超过上年的可持续增长率,本年的可持续增长率也会超过上年的可持续增长率。如果某一年的可持续增长率公式中的4个财务比率有一个或多个下降,在不增发新股或回购股份的情况下,则实际增长率就会低于上年的可持续增长率,本年的可持续增长率也会低于上年的可持续增长率。

8.答案:A

解析:

$$\text{可持续增长率}=\frac{10\%\times0.6\times2\times0.5}{1-10\%\times0.6\times2\times0.5}=6.38\%$$

9.答案:B

解析:外部融资需求的计算,如用增加量的话,公式中的各项目都是采用增加量计算;若用总额的话,公式各项目都要采用总额计算。

10.答案:B

解析:财务预测的回归分析法,是假设销售收入与资产、负债等存在线性关系。

11.答案:A

解析:若不增发新股或回购股份,且保持目前的经营效率和财务政策,则股利的增长率等于可持续增长率。

12.答案:A

解析:可持续增长率是指不发行新股或回购股份,保持目前或目标经营效率(销售净利率和资产周转率不变)和财务政策(权益乘数和留存比例不变)条件下,销售所能实现的最大增长。

13.答案:C

解析:若销售增加所引起的负债和股东权益的增加超过资产的增加,反而会有资金剩余,只有当销售增长率大于内含增长率时,才会引起外部融资需求的增加,所以选项A不对;股利支付率小于1的情况下,销售净利率提高,会引起外部融资需求的减少,所以选项B不对;资产周转率的提高会加速资金周转,反而有可能会使资金需要量减少,所以选项D不对。

14.答案:B

解析:

外部融资额=外部融资销售增长比×销售增加额=5%×200=10(万元)

15.答案:C

由于当年的实际增长率低于其内含增长率,表明不需要从外部融资,且有多余资金,所以外部融资销售增长比小于零。

三、多项选择题

1.答案:CD

解析:一般情况下,财务预测以销售预测为起点。财务预测是融资计划的前提,有助于改善投资决策,有助于提高企业的应变能力。

2.答案:AC

解析:销售百分比法是指以资金和销售额的比率为基础,预测未来资金需求量的方法。在负债与所有者权益一方,应付账款和预收款项等经营负债项目会随销售收入的增加而增加,而金融负债和实收资本等不会随销售收入自动增加。

3.答案:BD

解析:回归分析法在用“$y=a+bx$”这个线性方程表示资金与销售额之间关系的前提下,运用最小平方法的原理求得各资产负债表项目和销售额的函数关系,其计算公式为:

$$b=\frac{n\sum xy-\sum x\sum y}{n\sum x^2-(\sum x)^2}$$

也可以按上面 b 的计算式先求出 b,再代入下式求得 a:

$$a=\frac{\sum y-b\sum x}{n}$$

4.答案:ABD

解析:在内含增长的条件下,由于不从外部融资,即不增发新股,也不增加借款,所以选项 A 不正确,选项 C 正确;由于在内含增长情况下,经营负债自然增加,留存收益也会增加,所以负债和所有者权益都会发生变化,但没有必然的规律,也就是说资产负债率可能提高、降低或者不变。因此,选项 B、D 不正确。

5.答案:ABCD

解析:外部融资需求=资产增加-负债增加-可运用金融资产-留存收益增加,资产、负债会随着销售增长而增长,销售净利率、股利支付率会影响留存收益。

6.答案:ABC

解析:财务预测是指融资需求的预测,选项 A、B、C 所列示方法都可以用来预测融资需求量,其中 B、C 均属于利用计算机进行财务预测的方法,而可持续增长率模型是用来预测销售增长率的模型,并不是用来预测外部融资需求的模型。

7.答案:ABD

解析:选项 C 应该是降低股利支付率。

8.AB

解析:基期金融资产持有额越多,外部融资需求量越少,选项 C 错误;可动用金融资产越多,外部融资需求越少,选项 D 错误。

9.答案:CD

解析:在销售净利率大于0的情况下,股利支付率越高,外部融资需求越大;股利支付率小于1的情况下,销售净利率越高,外部融资需求越小,所以选项A、B错误。外部融资销售增长比是指销售额每增长1元需求追加的外部融资额,但若外部融资销售增长比为负数,则说明企业不仅不需要从外部融资,而且还有剩余的资金可用于增长股利或购买金融资产。由于内含增长率是外部融资额为零时的销售最大增长率,所以选项C表述正确。因为净财务杠杆=净负债/所有者权益,由于内部融资会增加留存收益,从而增加所有者权益,但净负债不变,所以选项D表述正确。

10.答案:BD

解析:经营效率、资本结构与上年相同,即表明销售净利率、资产周转率、权益乘数与上年一致,根据销售净利率不变,可知净利润增长率=销售增长=30%,所以选项B正确;根据资产周转率不变,可知资产增长率=销售增长率=30%,所以,选项D正确。净资产收益率=销售净利率×资产周转率×权益乘数,所以本年的净资产收益率应与上年的相同,不能推出净资产收益率=销售增长率这个结论,所以选项A错误;新增投资的报酬率与销售增长率之间没有必然的关系,所以,选项C不正确。

11.答案:AB

解析:仅靠内部融资,A、B选项是正确的。虽然不从外部增加负债,但还存在负债的自发增长,即随销售收入增长而增长的负债,若负债自发增长超过留存收益的增长,则负债比重也可能加大,因此选项C、D不一定正确。

12.答案:BD

解析:

外部融资额=基期销售额×销售增长率×(资产销售百分比－负债销售百分比)－
预计销售净利率×预计销售收入×留存比率

由公式可知B、D正确。

四、判断题

1.答案:对

解析:销售百分比法以销售变动额为基础计算变动资产和变动负债的变动额,进一步预计外部融资需要量,测算的是资金需要量的一种增量。

2.答案:错

解析:内含增长率是指不对外融资,仅靠内部积累情况下,所能达到的销售增长率。

3.答案:对

解析:在可持续增长的条件中,资产周转率=本期销售收入/期末总资产。因此,根据资产周转率不变可知,销售增长率=期末总资产增长率;而根据资产负债率不变可知,期末负债和期末总资产的比例不变,进一步可知期末净资产和期末总资产的比例不变。所以,期末净资产增长率=期末总资产增长率。

4.答案:错

解析:在可持续增长率的情况下,不增长新股,外部权益融资额为零,但不意味着外部融资额为零,因为可以向外部筹集债务资金。

5.答案:错

解析:

$$\begin{aligned}\text{外部融资额}&=\text{资产增加}-\text{负债自发增加}-\text{留存收益增加}\\&=\text{预计总资产}-\text{预计总负债}-\text{预计股东权益}\end{aligned}$$

6.答案:错

解析:外部融资额=资产销售百分比×新增销售额-经营负债销售百分比×新增销售额-预计销售收入×预计净利率×(1-股利支付率),股利支付率越高,(1-股利支付率)越小,在其他条件相同的情况下,因此,外部融资额对销售净利率的变化越不敏感。所以,题目的说法不正确。在其他条件下相同的情况下,预计销售净利率越高,外部融资额对股利支付率的变化越敏感。

7.答案:对

解析:

$$\frac{\text{外部融资}}{\text{销售增长比}}=\text{资产销售百分比}-\text{负债销售百分比}-\frac{1+\text{增长率}}{\text{增长率}}\times\text{预计销售净利率}\times\text{留存比例}$$

在增长率大于0的情况下,增长率越高,$\frac{1+\text{增长率}}{\text{增长率}}$越小,在其他条件相同的情况下,外部融资销售增长比越大;而在内含增长率的情况下,外部融资销售增长比为零,所以,题目的表述正确。

8.答案:对

解析:实际增长需要资金=实际销售额/本年资产周转率,持续增长需要资金=可持续增长销售额/上年资产周转率,超常增长所需资金=实际增长需要资金-持续增长所需资金,由于资产周转率不变,因此,超常增长所需资金=(实际销售额-可持续增长销售额)/资产周转率,由于实际销售额减可持续增长销售额就是超常增长的销售额,因此,超常增长所需资金=超常增长的销售额/资产周转率。

9.答案:错

解析:降低股利支付率导致留存收益率提高,由于其他财务比率不变,因此,根据计算公式可知,明年的可持续增长率一定高于今年的可持续增长率。

10.答案:错

解析:可持续增长率是保持资产负债率不变条件下的增长率,不增加借款的增长率则是指不增加借款,但资产负债率可能会因留存收益的增加而下降。

五、简答题

答案与解析:略

六、计算分析题

1.答案与解析：

变动项目占销售收入百分比计算如下：

资产			负债及所有者权益		
项目	金额	销售百分比(%)	项目	金额	销售百分比(%)
现金	200.00	1.00	应付账款	2 200.00	11.00
应收账款	1 800.00	9.00	应付费用	940.00	4.70
存货	3 200.00	16.00	长期负债	420.00	—
预付费用	45.00	—	普通股股本	2 305.00	—
固定资产	4 620.00	—	留存收益	4 000.00	—
资产总额	9 865.00	26.00	负债与所有者权益总额	9 865.00	15.70

2019 年外部融资需要量＝(26.00%－15.70%)×(22 000.00－20 000.00)
－22 000.00×2.50%×20.00%
＝96(万元)

2.答案与解析：

(1)

$$敏感资产销售百分比=\frac{2\ 000+28\ 000+30\ 000}{100\ 000}\times 100\%=60\%$$

$$敏感负债销售百分比=\frac{13\ 000}{100\ 000}\times 100\%=13\%$$

外部融资需要量＝20 000×60%－20 000×13%－120 000×10%×50%＝3 400(万元)

(2)

外部融资需要量＝30 000＋3 400＝33 400(万元)

(3)

$$预计流动资产周转率=\frac{预计销售收入}{流动资产}=2.5(次)$$

$$预计流动资产=\frac{120\ 000}{2.5}=48\ 000(万元)$$

2019 年增加资产＝30 000＋(48 000－60 000)＝18 000(万元)

外部融资需要量＝18 000－20 000×13%－120 000×12%×50%＝8 200(万元)

3.答案与解析：

数据加工

年度	销售收入(X)	现金占用(Y)	XY	X^2
2013	10 200.00	680.00	6 936 000.00	104 040 000.00
2014	10 000.00	700.00	7 000 000.00	100 000 000.00
2015	10 800.00	690.00	7 452 000.00	116 640 000.00
2016	11 100.00	710.00	7 881 000.00	123 210 000.00
2017	11 500.00	730.00	8 395 000.00	132 250 000.00
2018	12 000.00	750.00	9 000 000.00	144 000 000.00
合计	65 600.00	4 260.00	46 664 000.00	720 140 000.00

$$b=\frac{n\sum xy-\sum x\sum y}{n\sum x^2-(\sum x)^2}=\frac{6\times 46\ 664\ 000-65\ 600\times 4\ 260}{6\times 720\ 140\ 000-65\ 600^2}=\frac{52\ 800}{174\ 800}=0.03$$

$$a=\frac{\sum y-b\sum x}{n}=\frac{4\ 260-0.03\times 65\ 600}{6}=382.00(\text{万元})$$

$Y=382.00+0.03X$

2019 年货币资金占用量＝382.00＋0.03×20 000.00＝982.00(万元)

4.答案与解析：

(1)

2018 年销售净利率$=\frac{560}{11\ 200}\times 100\%=5.00\%$

2019 年预计销售净利率＝5%×(1＋10%)＝5.50%

资产销售百分比$=\frac{15\ 232}{11\ 200}\times 100\%=136.00\%$

负债销售百分比$=\frac{4\ 200}{11\ 200}\times 100\%=37.50\%$

留存比率$=\left(1-\frac{168}{560}\right)\times 100\%=70.00\%$

外部融资额＝(136.00%－37.50%)×11 200.00×20%－11 200.00×(1＋20.00%)×5.50%×70.00%

＝1 688.96(万元)

外部融资销售增长比$=\frac{1\ 688.96}{11\ 200\times 20\%}\times 100\%=75.40\%$

(2)

2018 年可持续增长率$=\dfrac{\frac{560}{8\ 232}\times 70\%}{1-\frac{560}{8\ 232}\times 70\%}\times 100\%=5.00\%$

2019 年可持续增长下增加的负债＝7 000.00×5.00%＝350.00(万元)

其中：

2019 年可持续增长下增加的经营负债＝4 200.00×5.00％＝210.00(万元)

2019 年可持续增长下增加的金融负债＝2 800.00×5.00％＝140.00(万元)

由于可持续增长，不能增发股票，所以外部融资额只能为金融负债 140.00 万元，本题均为非流动负债。

(3)设内含增长率为 X，则：

$$136\% - 37.5\% - \frac{1+X}{X} \times 5.5\% \times 100\% = 0$$

$$X = 5.91\%$$

5.答案与解析：

(1)

项目	2016 年	2017 年	2018 年
销售净利率	10.00％	10.00％	10.00％
资产周转率	2.0000	2.0000	2.0000
利润留存率	50.00％	50.00％	50.00％
权益乘数	2.0000	2. 000	2.1875
可持续增长率	25.00％	25.00％	28.00％
实际增长率		25.00％	40.00％

(2)2018 年经营效率不变，股利支付政策不变，只有资本结构改变了。正是由于负债比重的提高，使 2018 年的实际增长率超过了上年的可持续增长率。

(3)

$$2018\text{资产负债率} = \frac{475}{875} \times 100\% = 54.29\%$$

由于目前的资产负债率还没有达到 60％，2019 年公司还有潜力提高增长率。

设 2019 年能够实现的最高销售收入为 x

则：

$$\begin{aligned} 2019\text{年年末所有者权益} &= 2018\text{年年末所有者权益} + 2019\text{年新增加留存收益} \\ &= 400.00 + x \times 10.00\% \times 50.00\% \end{aligned}$$

$$2019\text{年年末资产} = \frac{\text{销售收入}}{\text{资产周转率}} = \frac{x}{2} = 0.5x$$

若 2019 年资产负债率提高到 60％，则

$$\text{权益乘数} = \frac{1}{1-60\%} = 2.5$$

所以：

$$\frac{0.5x}{400 + 10\% \times 50\% \times x} = 2.5$$

$X = 2\ 666.67$(万元)

$$最大销售增长率 = \frac{2\ 666.67 - 1\ 750.00}{1\ 750.00} = 52.38\%$$

6.答案与解析：

(1)

$$资产销售百分比 = \frac{18\ 157\ 763.04}{16\ 101\ 471.06} \times 100\% = 112.77\%$$

$$负债销售百分比 = \frac{8\ 298\ 030.74 - 1\ 925\ 594.02 - 2\ 613\ 134.86}{16\ 101\ 471.06} \times 100\% = 23.35\%$$

$$外部融资额 = (112.77\% - 23.35\%) \times 16\ 101\ 471.06 \times 15\% - 16\ 101\ 471.06 \times (1 + 15\%) \times \frac{1\ 148\ 315.66}{16\ 101\ 471.06} \times 55\%$$

$$= 1\ 433\ 380.65(元)$$

(2)

ABC 公司预计资产负债表

单位：元

资产	2018-12-31	销售百分比	2019-12-31
流动资产：			
货币资金	383 519.39	2.38%	441 047.30
交易性金融资产	0.00		0.00
应收票据	1 449 757.07	9.00%	1 667 220.63
应收账款	555 662.73	3.45%	639 012.14
预付款项	224 965.02	1.40%	258 709.77
其他应收款	36 505.00	0.23%	41 980.75
存货	2 645 774.43	16.43%	3 042 640.59
其他流动资产	0.00	0.00%	0.00
流动资产合计	5 296 183.64	32.89%	6 090 611.19
非流动资产：			
可供出售金融资产	0.00		0.00
长期股权投资	2 746 118.58	17.06%	3 158 036.37
固定资产	9 202 633.74	57.15%	10 583 028.80
在建工程	464 309.65	2.88%	533 956.10
工程物资	3 171.82	0.02%	3 647.59
无形资产	399 299.52	2.48%	459 194.45
长期待摊费用	187.95	0.00%	216.14

续表

资产	2018-12-31	销售百分比	2019-12-31
递延所得税资产	34 067.56	0.21%	39 177.69
其他非流动资产	11 790.58	0.07%	13 559.17
非流动资产合计	12 861 579.40	79.88%	14 790 816.31
资产总计	18 157 763.04	112.77%	20 881 427.50
负债及所有者权益	2018-12-31	销售百分比	2019-12-31
流动负债：			
短期借款	2 613 134.86		2 613 134.86
应付票据	20 173.82	0.13%	23 199.89
应付账款	1 510 308.31	9.38%	1 736 854.56
预收款项	980 943.69	6.09%	1 128 085.24
应付职工薪酬	115 715.72	0.72%	133 073.08
应交税费	129 657.62	0.81%	149 106.26
其他流动负债	617 349.15	3.83%	709 951.52
流动负债合计	5 987 283.17	20.96%	6 493 405.42
非流动负债：			
长期借款	1 925 594.02		3 359 053.54
递延所得税负债	21 513.09	0.13%	24 740.05
其他非流动负债	363 640.46	2.26%	418 186.53
非流动负债合计	2 310 747.57	2.39%	3 801 980.12
负债合计	8 298 030.74	23.35%	10 295 385.54
所有者权益：			
实收资本(或股本)	1 751 204.81		1 751 204.81
资本公积	3 697 036.67		3 697 036.67
盈余公积	2 012 440.15		2 144 496.45
未分配利润	2 399 050.67		2 993 304.02
股东权益合计	9 859 732.30		10 586 041.95
负债和股东权益合计	18 157 763.04		20 881 427.50

长期借款期末余额＝长期借款期初余额＋外部融资额

＝1 925 594.02＋1 433 459.52＝3 359 053.54(元)

因销售净利率不变动，所以净利润增长率等于销售收入增长率，因此：

2019 年净利润＝1 148 315.66×(1＋15%)＝1 320 563.01(元)

盈余公积期末余额＝盈余公积期初余额＋计提的盈余公积

＝2 012 440.15＋132 056.30＝2 144 496.45(元)

支付的股利＝1 320 563.01×45％＝594 253.35(元)

未分配利润期末余额＝未分配利润期初余额＋本年净利润－计提的盈余公积－支付的股利

＝2 399 050.67＋1 320 563.01－132 056.30－594 253.35＝2 993 304.02(元)

(3)因不增新股或回购股份，在今后可以维持本年度经营效率和财务政策，公司销售收入增长率等于可持续增长率。

$$可持续增长率=\frac{\frac{1\ 148\ 315.66}{9\ 859\ 732.30}\times 55\%}{1-\frac{1\ 148\ 315.66}{9\ 859\ 732.30}\times 55\%}=6.84\%$$

2019 年可实现的销售收入＝16 101 471.06×(1＋6.84％)＝17 202 811.68(元)

因销售净利率不变，

净利润增长率＝销售增长率

2019 年可实现的净利润＝1 148 315.66×(1＋6.84％)＝1 226 860.45(元)

预期股利发放额＝1 226 860.45×(1－45％)＝674 773.25(元)

(4)

①由于资产周转率保持不变，所以

总资产增长率＝销售增长率＝15％

由于权益乘数保持不变，所以

所有者权益增长率＝总资产增长率＝15％

则：

股东权益的增加＝9 859 732.30×15％＝1 478 959.85(元)

由于不增发新股，所以：

股东权益的增加＝留存收益增加＝预计销售收入×销售净利率×留存比率

则：

1 478 959.85＝16 101 471.06(1＋15％)×销售净利率×55％

销售净利率＝14.52％

②由于资产周转率保持不变，所以

总资产增长率＝销售增长率＝15％

则：

预计总资产＝18 157 763.04×(1＋15％)＝20 881 427.50(元)

由于销售净利率保持不变，所以

净利润增长率＝销售增长率＝15％

预计净利润＝1 148 315.66×(1＋15％)＝1 320 563.01(元)

由于不增发新股,所以

预计股东权益＝期初股东权益＋增加的留存收益

＝9 859 732.30＋1 320 563.01×55％＝10 586 041.95(元)

$$资产负债率=\frac{20\ 881\ 427.50-10\ 586\ 041.95}{20\ 881\ 427.50}\times 100\%=49.30\%$$

③由于销售净利率保持不变,所以

净利润增长率＝销售增长率＝15％

预计净利润＝1 148 315.66×(1＋15％)＝1 320 563.01(元)

由于不增发新股,所以

预计股东权益＝期初股东权益＋增加的留存收益

＝9 859 732.30＋1 320 563.01×55％＝10 586 041.95(元)

由于权益乘数不变,则:

$$预计总资产=\frac{18\ 157\ 763.04}{9\ 859\ 732.30}\times 10\ 586\ 041.90=19\ 495\ 340.80(元)$$

$$资产周转率=\frac{16\ 101\ 471.06\times(1+15\%)}{19\ 495\ 340.80}=0.95$$

④由于销售净利率保持不变,所以

净利润增长率＝销售增长率＝15％

预计净利润＝1 148 315.66×(1＋15％)＝1 320 563.01(元)

由于资产周转率保持不变,所以

总资产增长率＝销售增长率＝15％

由于权益乘数保持不变,所以

所有者权益增长率＝总资产增长率＝15％

则:

股东权益的增加＝9 859 732.30×15％＝1 478 959.85(元)

由于不增发新股,所以

股东权益的增加＝留存收益增加＝净利润×(1－股利支付率)

1 478 959.85＝1 320 563.01×(1－股利支付率)

股利支付率＝－11.99％

计算结果表明,该公司仅靠降低股利支付率,是不可能实现15％的增长率。

⑤由于资产周转率保持不变,所以

总资产增长率＝销售增长率＝15％

由于权益乘数不变，所以

所有者权益增长率＝总资产增长率＝15％

则：

预计股东权益＝9 859 732.30×(1＋15％)＝11 338 692.15(元)

由于销售净利率保持不变，所以

净利润增长率＝销售增长率＝15％

预计净利润＝1 148 315.66×(1＋15％)＝1 320 563.01(元)

留存收益的增加＝1 320 563.01×55％＝726 309.66(元)

外部筹集权益资金＝11 338 692.15－9 859 732.30－726 309.66＝752 650.19(元)

第九章　财务预算与控制

一、名词解释

1.财务预算
2.固定预算
3.增量预算
4.定期预算
5.滚动预算
6.概率预算
7.业务预算
8.财务控制

二、单项选择题

1.需按成本性态分析的方法将企业成本划分为固定成本和变动成本的预算编制方法是(　　)。

A.固定预算　　B.零基预算　　C.滚动预算　　D.弹性预算

2.相对于固定预算而言,弹性预算的主要优点是(　　)。

A.机动性强　　B.稳定性强　　C.连续性强　　D.远期指导性强

3.在基期成本费用实际水平的基础上,结合预算期业务量及有关降低成本的措施,通过调整有关原有成本项目而编制的预算,称为(　　)。

A.弹性预算　　B.零基预算　　C.增量预算　　D.滚动预算

4.可以保持预算的连续性和完整性,并能克服传统定期预算缺点的预算方法是(　　)。

A.弹性预算　　B.零基预算　　C.滚动预算　　D.固定预算

5.以预算期内正常的、可实现的某一业务量水平为唯一基础来编制预算的方法称为(　　)。

A.零基预算　　B.定期预算　　C.固定预算　　D.滚动预算

6.下列预算中,在编制时不需要以生产预算为基础的是(　　)。

A.销售预算　　B.材料采购预算　　C.直接人工预算　　D.制造费用预算

7.(　　)是编制企业全面预算的出发点,也是日常业务预算的基础。

A.销售预算　　B.生产预算　　C.财务预算　　D.零基预算

8.某企业在编制下一年度的生产预算,编制预算时所用到的预计期末存货量数据按下季度销售量的10%预计。已知三季度预计销售量是600件,预计期末存货量为72件,则三季度预计生产量为(　　)件。

A.588　　B.612

C.600　　D.条件不足,无法计算

9.下列各项中,不能直接在现金预算中得到反映的是(　　)。

A.期初期末现金余额　　B.现金筹措及使用情况

C.预算期产量和销量　　D.现金收支情况

10.某企业编制"直接材料耗用及采购预算",预计第四季度期初存量356千克,季度生产需用量2 120千克,预计期末存量为350千克,材料单价为10元,若材料采购货款有50%在本季度内付清,另外50%在下季度付清,则该企业预计资产负债表年末"应付账款"项目为(　　)。

A.11 130　　B.14 630　　C.10 570　　D.13 560

11.(　　)是全面预算的体系的最后环节,可以从价值方面总括地反映业务预算和专门决策预算的结果。

A.销售预算　　B.预计资产负债表

C.预计利润表　　D.财务预算

三、多项选择题

1.关于弹性预算,下列说法正确的有(　　)。

A.弹性预算应每月重新编制以保证适用性

B.弹性预算是按一系列业务量水平编制的

C.弹性预算的业务量范围应尽可能将实际业务量包括在内

D.弹性成本预算是按成本的不同性态分类列示的

2.相对固定预算而言,弹性预算的优点有(　　)。

A.预算成本低　　B.预算工作量小

C.预算可比性强　　D.预算适用范围宽

3.与编制零基预算相比,编制增量预算的主要缺点包括(　　)。

A.可能不加分析地保留或接受原有成本支出

B.可能按主观臆断平均削减预算或只增不减

C.可能使原有不合理的费用开支继续存在下去,造成浪费

D.增加了预算编制的工作量,容易顾此失彼

4.关于财务预算,下列各项中表述正确的是(　　)。

A.能反映企业在预算期内的有关现金收支、经营成果和财务状况

B.是业务预算、专门决策预算的基础

C.以现金流为核心进行编制

D.主要以现金预算、预计资产负债表和预计利润表等财务报表形式予以充分反映

5.预算的内容,一般包括(　　)三大类。

A.业务预算　　B.专门决策预算　　C.弹性预算　　D.财务预算

6.财务控制需要具备的基本条件主要包括(　　)。

A.合理的组织结构　　B.明确的预算目标

C.迅速有效的信息反馈系统　　D.合理的奖惩制度

7.对财务控制描述正确的是(　　)。

A.财务控制是一种价值控制　　B.财务控制以财务预算为依据

C.财务控制是一种综合控制　　D.财务控制也叫内部控制

四、判断题

1.弹性预算是按预期的可预见的不同业务量编制的,我们总是可以在弹性预算中找到与实际业务量相同的业务量及其预算金额。(　　)

2.企业在编制零基预算时,需要以现有的费用项目为依据,但不以现有的费用水平为基础。(　　)

3.滚动预算能够使预算期间与会计年度相配合,便于考核预算的执行结果。(　　)

4.生产预算是全面预算的起点,其他预算的编制都以生产预算作为基础。(　　)

5.在编制出预计利润表之后,才能完成预计资产负债表的编制。(　　)

6.所有的业务预算均以货币作为计量单位。(　　)

7.编制材料采购预算时,应按公式“预计材料采购量=预计生产需要量+预计期初存料量-预计期末存料量”计算出某种材料预计采购量。(　　)

8.现金预算以业务预算为基础,是业务预算中有关现金收支的汇总,是企业资金头寸调控管理的依据。(　　)

9.财务控制是内部控制的一个重要组成部分,是内部控制在资金和价值方面的体现。(　　)

10.如果各责任中心没有明确的预算目标,则其财务控制活动就丧失了控制的依据。(　　)

11.财务控制按照控制的主体分,可分为事前控制、事中控制和事后控制三类。(　　)

五、简答题

1.什么是财务预算?有何意义?

2.什么是弹性预算?与固定预算相比,它有什么优点?

3.什么是零基预算?与增量预算相比,它有什么优点?

4.什么是滚动预算？与定期预算相比，它有什么优点？

5.全面预算包括哪些内容？它们之间的关系如何？

6.预算不相容岗位包括哪些？

7.预算调整方案应该符合什么要求？

8.什么是财务控制？

9.财务控制有什么特征？它与内部控制有什么关系？

10.简述财务控制的种类。

六、计算分析题

1.A 公司 2020 年预算制造费用的明细项目如下：

(1)间接人工：基本工资为 3 000 元，另加每工时的津贴为 0.10 元；

(2)物料费：每工时负担 0.15 元；

(3)折旧费：5 000 元；

(4)维护费：当生产能量在 3 000 ~ 6 000 工时的相关范围内，基数为 2 000 元，另负担每工时 0.08 元；

(5)水电费：基数为 1 000 元，另每工时负担 0.20 元。

要求：根据上述资料为该公司在生产能量为 3 000 ~ 6 000 工时的相关范围内，利用列表法编制一套能适应多种业务量的制造费用弹性预算(间隔为 1 000 工时)。

2.某公司 2019 年第 1 ~ 3 月实际销售额分别为 38 000 万元、36 000 万元和 41 000 万元，预计 4 月份销售额为 40 000 万元。每月销售收入中有 70%能于当月收现，20%于次月收现，10%于第三个月收现，不存在坏账。假定该公司销售的产品在流通环节只需缴纳消费税，税率为 10%，并于当月以现金缴纳。该公司 3 月末现金余额为 80 万元，应付账款余额为 5 000 万元(需在 4 月份付清)，不存在其他应收应付款项。

4 月份有关项目预计资料如下：采购材料 8 000 万元(当月付现 70%)；工资及其他支出 8 400 万元(用现金支付)；制造费用 8 000 万元(其中折旧费等非付现费用为 4 000 万元)；营业费用和管理费用 1 000 万元(用现金支付)；预交所得税 1 900 万元；购买设备 12 000万元(用现金支付)。现金不足时，通过向银行借款解决。4 月末现金余额要求不低于 100 万元。

要求：根据上述资料，计算该公司 4 月份的下列预算指标：

(1)现金流入；

(2)现金流出；

(3)现金余缺；

(4)应向银行借款的最低金额；

(5)4 月末应收账款余额。

3.某企业现着手编制今年 6 月份的现金收支计划。预计 6 月月初现金余额为 8 000 元；月初应收账款 4 000 元，预计月内可收回 80%；本月销货 50 000 元，预计月内收款比例为 50%；本月采购材料 8 000 元，预计月内付款 70%；月初应付账款余额 5 000 元需在月内全部付清；月内以现金支付工资 8 400 元；本月制造费用等间接费用付现 16 000 元；其他经营性现金支出 900 元；购买设备支付现金 10 000 元。企业现金不足时，可向银行借款，借款金额必须为 1 000 元的倍数；现金多余时可购买有价证券。要求月末现金余额不低于 5 000 元。

要求：

(1)预计 6 月份的经营现金收入；

(2)预计 6 月份的经营现金支出；

(3)预计 6 月份的现金余缺；

(4)预计需筹措或运用的资金数额；

(5)预计 6 月末的现金余额。

4.假定春雷公司 2019 年年末的资产负债表及其有关资料如下：

(1)

2019 年年末资产负债表简表

单位：元

资产		负债及所有者权益	
现金	10 000	应付账款	24 000
应收账款	50 000	银行借款	—
存货	20 000	所有者权益	132 600
固定资产	85 000		
减：累计折旧	8 400		
合计	156 600	合计	156 600

(2)若计划年度(2020 年)1 月份该公司预计销售甲商品 10 000 件，销售单价 9 元，其中现销 40%，余为赊销，30 天后收款。

(3)购甲商品的进价与存货成本均为每件 4 元。购入商品时，30%当月付现，余为次月付款。

(4)2020 年 1 月份的期末存货，预计为 4 000 件。

(5)2020 年 1 月份预计将开支以下营业费用：职工薪金 15 000 元，办公费 4 300 元，水电费 5 000 元，保险费 2 000 元，折旧费 700 元，广告费 3 000 元。

(6)2020 年 1 月份预计将购置一台微型电脑，价 35 000 元。

(7)该公司规定计划期间现金的最低限额为 10 000 元，如不足此数，可全额向银行借款。

要求：根据上述有关资料，为该公司编制 2020 年 1 月份的相关预算，填制下列预算表格。

表 1 春雷贸易公司销售预算

摘　要	销售量(件)	单价	销售金额
预计销售收入			
预计现金收入计算表	期初应收账款		
	1 月份现金销售收入		
	现金收入合计		

表 2 春雷贸易公司商品采购预算

摘　要	数　量	单价	金　额
预计销售需要额			
加:预计期末存货			
预计需要额合计			
减:期初存货			
预计商品采购额			
预计现金支出计算表	期初应付账款		
	1 月份现购商品		
	现金支出合计		

表 3 春雷贸易公司营业费用预算

费用明细项目		金额
营业费用合计		
预计现金支出计算表	营业费用支出总额	
	减:折旧费	
	1 月份营业费用现金支出合计	

表 4 春雷贸易公司现金预算

摘　要	资料来源	金　额
期初现金余额		
加:应收账款收回及销售收入		
可动用现金合计		

续表

摘　要	资料来源	金　额
减:采购商品		
营业费用		
购入新设备		
现金支出合计		
现金结余(或不足)		
通融资金:银行借款		
期末现金余额		

表5　春雷贸易公司利润预算

摘　要	资料来源	金额
销售收入		
销售成本		
销售毛利		
减:营业费用		
利润		

表6　春雷贸易公司预计资产负债表

资　产		负债及所有者权益	
现金 应收账款 存货 固定资产 减:累计折旧		应付账款 银行借款 所有者权益	
合　计		合计	

5.某企业2020年有关预算资料如下:

(1)预计该企业3—7月份的销售收入分别为40 000元、50 000元、60 000元、70 000元、80 000元。每月销售收入中,当月收到现金30%,下月收到现金70%。

(2)各月直接材料采购成本按下一个月销售收入的60%计算。所购材料款于当月支付现金50%,下月支付现金50%。

(3)预计该企业4—6月份的制造费用分别为4 000元、4 500元、4 200元,每月制造费用中包括折旧费1 000元。

(4)预计该企业4月份购置固定资产,需要现金15 000元。

(5)企业在3月末有长期借款20 000元,两年后到期,年利息率为15%。

(6)预计该企业在现金不足时,向银行申请短期借款(为1 000元的倍数);现金有多余时归还银行借款(为1 000元的倍数)。借款在期初,还款在期末,借款年利率12%。

(7)预计该企业期末现金余额的额定范围是6 000元~7 000元,长期借款利息每季度末支付一次,短期借款利息还本时支付,其他资料见现金预算。

(8)企业所得税每季度预交一次,6月份预交所得税8 000元。

要求:根据以上资料,完成该企业4—6月份现金预算的编制工作。

现金预算

单位:元

月份	4	5	6
期初现金余额	7 000		
经营现金收入			
直接材料采购支出			
直接工资支出	2 000	3 500	2 800
制造费用支出			
其他付现费用	800	900	750
预交所得税			8 000
购置固定资产			
现金余缺			
向银行借款			
归还银行借款			
支付短期借款利息			
支付长期借款利息			
期末现金余额			

答案与解析

一、名词解释

解释:略

二、单项选择题

1.答案:D

解析:弹性预算是在按照成本(费用)习性分类的基础上,根据量、本、利之间的依存关系编制的预算。

2.答案:A

解析:相对于固定预算而言,弹性预算编制的依据是一个可预见的业务量范围而不是一个固定的业务量,因此适用面宽,机动性强。

3.答案:C

解析:增量预算是以基期的成本费用实际水平为基础,结合预算期业务量水平以及有关降低成本的措施,调整部分原有的成本费用项目而编制的预算。

4.答案:C

解析:滚动预算在编制预算时将预算期与会计年度脱离开来,随预算的执行而不断地滚动补充预算,使预算期始终保持为12个月,它不受日历年度的限制,能够连续不断地规划未来的经营活动,不会造成预算的人为间断,能够确保企业管理工作的完整性与稳定性,能克服定期预算的缺点。

5.答案:C

解析:固定预算是根据预算期内正常的、可实现的某一业务量水平编制的预算。

6.答案:A

解析:销售预算是生产预算的基础。

7.答案:A

解析:销售预算是预算期内预算执行单位销售各种产品或者提供各种劳务可能实现的销售量或者业务量及其收入的预算,是编制企业全面预算的出发点,也是日常业务预算的基础。

8.答案:B

解析:

三季度预计期初存货量=600×10%=60(件)

预计生产量=预计销售量+预计期末存货量-预计期初存货量

=600+72-60=612件

9.答案:C

解析:现金预算是反映企业预算期内一切现金收支及其结果的预算,没有反映预算期产量和销量的项目。预算期产量和销量在生产预算中有反映。

10.答案:C

解析:

预计材料采购量=预计生产需要量+预计期末存料量-预计期初存料量

=2 120+350-356=2 114(千克)

第四季度材料采购成本=2 114×10=21 140(元)

预计资产负债表年末应付账款余额=21 140×50%=10 570(元)

11.答案:D

解析:财务预算是全面预算的体系的最后环节,可以从价值方面总括地反映业务预算和专门决策预算的结果。

三、多项选择题

1.答案:BCD

解析:编制弹性预算需要在可预见的业务量范围内,按照一定业务量间隔,根据收入、成本、费用、利润的与业务量之间的内在关系,分析确定其预算额。但它不是滚动预算,不需要每月重新编制以保证适用性。

2.答案:CD

解析:弹性预算是指按照预算期内可预见的多种业务量水平而编制的、能够适应不同业务量情况的预算。弹性预算编制的依据不是一个固定的业务量,而是一个可预见的业务量范围,因此能使不同业务量条件下的预算数据与实际可比,适用面宽,机动性强,具有弹性,但工作量也大,预算成本也相对较高。

3.答案:ABC

解析:增量预算往往不加分析地保留或接受原有的成本项目,可能使原来不合理的费用开支继续存在下去,造成浪费,并且容易鼓励预算编制人凭主观臆断按成本项目平均削减预算或只增不减,不利于调动各部门降低费用的积极性,但是它的工作量比零基预算要小。

4.答案:ACD

解析:财务预算是指反映企业在预算期内有关现金收支、经营成果和财务状况的预算,它围绕企业的战略要求和发展规划,以业务预算、专门决策预算为基础,以经营利润为目标,以现金流为核心进行编制,并主要以现金预算、预计资产负债表和预计利润表等财务报表形式予以充分反映。

5.答案:ABD

解析:预算的内容,一般包括业务预算、专门决策预算和财务预算三大类。

6.答案:ABCD

解析:财务控制需要具备的基本条件主要包括:合理的组织结构、完善的内部控制制度、明确的预算目标、迅速有效的信息反馈系统、合理的奖惩制度。

7.答案:ABC

解析:财务控制是一种价值控制,它以财务预算为依据,财务控制也是一种综合控制。财务控制是内部控制的一个重要组成部分,是内部控制的核心。

四、判断题

1.答案:错

解析:弹性预算按照预算期内可预见的多种业务量水平而编制,但在编制预算时,不可能列出所有可能发生的实际业务量及其预算金额。

2.答案:错

解析:编制零基预算一切从零出发。

3.答案:错

解析:滚动预算在编制预算时预算期与会计年度相脱离。

4.答案:错

解析:销售预算是编制企业全面预算的出发点,也是日常业务预算的基础。

5.答案:对

解析:在编制出预计利润表计算反映净利润之后,才能完成预计资产负债表股东权益相关项目的编制。

6.答案:错

解析:比如生产预算用实物量单位进行编制。

7.答案:错

解析:编制材料采购预算时,应按公式“预计材料采购量=预计生产需要量+预计期末存料量-预计期初存料量”计算出某种材料预计采购量。

8.答案:错

解析:现金预算以业务预算、专门决策预算为基础,是业务预算、专门决策预算中有关现金收支的汇总,是企业资金头寸调控管理的依据。

9.答案:对

解析:财务控制是内部控制的一个重要组成部分,是内部控制的核心,是内部控制在资金和价值方面的体现。

10.答案:对

解析:预算是控制的依据,如果各责任中心没有明确的预算目标,则其财务控制活动就丧失了控制的依据。

11.答案:错

解析:按照控制的主体可将财务控制划分为出资者财务控制、经营者财务控制和财务部门财务控制。

五、简答题

答案与解析:略

六、计算分析题

1.答案与解析:

费用项目	分配率	业务量			
		3 000	4 000	5 000	6 000
变动制造费用					
间接人工	0.10 元/小时	300	400	500	600

续表

费用项目	分配率	业务量			
		3 000	4 000	5 000	6 000
物料费	0.15 元/小时	450	600	750	900
维护费	0.08 元/小时	240	320	400	480
水电费	0.20 元/小时	600	800	1 000	1 200
小计		1 590	2 120	2 650	3 180
固定制造费用					
间接人工		3 000	3 000	3 000	3 000
折旧费		5 000	5 000	5 000	5 000
维护费		2 000	2 000	2 000	2 000
水电费		1 000	1 000	1 000	1 000
小计		11 000	11 000	11 000	11 000
制造费用合计		12 590	13 120	13 650	14 180

2.答案与解析：

(1)

现金流入＝36 000×10%＋41 000×20%＋40 000×70%＝39 800(万元)

(2)

现金流出＝(8 000×70%＋5 000)＋8 400＋(8 000－4 000)＋1 000＋40 000×10%＋1 900＋12 000
＝41 900(万元)

(3)

现金余缺＝80＋39 800－41 900＝－2 020(万元)

(4)

应向银行借款的最低金额＝2 020＋100＝2 120(万元)

(5)

4 月末应收账款余额＝41 000×10%＋40 000×30%＝16 100(万元)

3.答案与解析：

(1)

6 月份的经营现金收入＝4 000×80%＋50 000×50%＝28 200(元)

(2)

6 月份的经营现金支出＝8 000×70%＋5 000＋8 400＋16 000＋900＝35 900(元)

(3)

6 月份的现金余缺＝8 000＋28 200－(35 900＋10 000)＝－9 700(元)

(4)

银行借款数额＝5 000＋10 000＝15 000(元)

(5)

6 月末的现金余额＝15 000－9 700＝5 300(元)

4.答案与解析：

表 1　春雷贸易公司销售预算

摘　要	销售量(件)	单价	销售金额
预计销售收入	10 000	9	90 000
预计现金收入计算表	期初应收账款		50 000
	1 月份现金销售收入		36 000
	现金收入合计		86 000

表 2　春雷贸易公司商品采购预算

摘　要	数　量	单价	金　额
预计销售需要额	10 000	4	40 000
加:预计期末存货	4 000	4	16 000
预计需要额合计	14 000	4	56 000
减:期初存货	5 000	4	20 000
预计商品采购额	9 000	4	36 000
预计现金支出计算表	期初应付账款		24 000
	1 月份现购商品		10 800
	现金支出合计		34 800

表 3　春雷贸易公司营业费用预算

费用明细项目		金额
(略)		(略)
营业费用合计		30 000
预计现金支出计算表	营业费用支出总额	30 000
	减:折旧费	700
	1 月份营业费用现金支出合计	29 300

表 4　春雷贸易公司现金预算

摘　要	资料来源	金　额
期初现金余额	表 1	10 000
加:应收账款收回及销售收入	表 2	86 000
可动用现金合计		96 000
减:采购商品	表 3	34 800
营业费用	表 4	29 300
购入新设备	条件(6)	35 000
现金支出合计		99 100
现金结余(或不足)		−3 100
通融资金:银行借款		13 100
期末现金余额		10 000

表 5　春雷贸易公司利润预算

摘　要	资料来源	金额
销售收入	表 2	90 000
销售成本		40 000
销售毛利		50 000
减:营业费用	表 3	30 000
利润		20 000

表 6　春雷贸易公司预计资产负债表

资　产		负债及所有者权益	
现金	10 000	应付账款	25 200
应收账款	54 000	银行借款	13 100
存货	16 000	所有者权益	152 600
固定资产	120 000		
减:累计折旧	9 100		
合　计	190 900	合计	190 900

5.答案与解析:

现金预算

单位:元

月份	4	5	6
期初现金余额	7 000	6 200	6 180
经营现金收入	43 000	53 000	63 000

续表

月份	4	5	6
直接材料采购支出	33 000	39 000	45 000
直接工资支出	2 000	3 500	2 800
制造费用支出	3 000	3 500	3 200
其他付现费用	800	900	750
预交所得税			8 000
购置固定资产	15 000		
现金余缺	－3 800	12 300	9 430
向银行借款	10 000		
归还银行借款		－6 000	－2 000
支付短期借款利息		－120	－60
支付长期借款利息			－750
期末现金余额	6 200	6 180	6 620

第十章 财务分析

一、名词解释

1.财务分析
2.比较分析法
3.因素分析法
4.短期偿债能力
5.营运能力
6.盈利能力
7.每股收益
8.财务综合分析
9.杜邦财务分析体系
10.综合评分法
11.经营资产
12.经营损益

二、单项选择题

1.下列指标中,属于效率比率的是(　　)
A.流动比率　　B.净资产收益率
C.资产负债率　　D.流动资产占总资产的比例

2.某企业 2018 年度的经营活动现金净流量为 1 800 万元,年末流动资产为 4 800 万元,流动比率为 2,则现金流动负债比为(　　)。
A.1.25　　B.0.75　　C.0.25　　D.0.85

3.下列各项中,不会影响流动比率的业务是(　　)。
A.用现金购买短期债券　　B.用现金购买固定资产
C.用存货进行对外长期股权投资　　D.从银行取得长期借款

4.下列事项中,有助于提高企业短期偿债能力的是(　　)。
A.利用短期借款增加对流动资产的投资

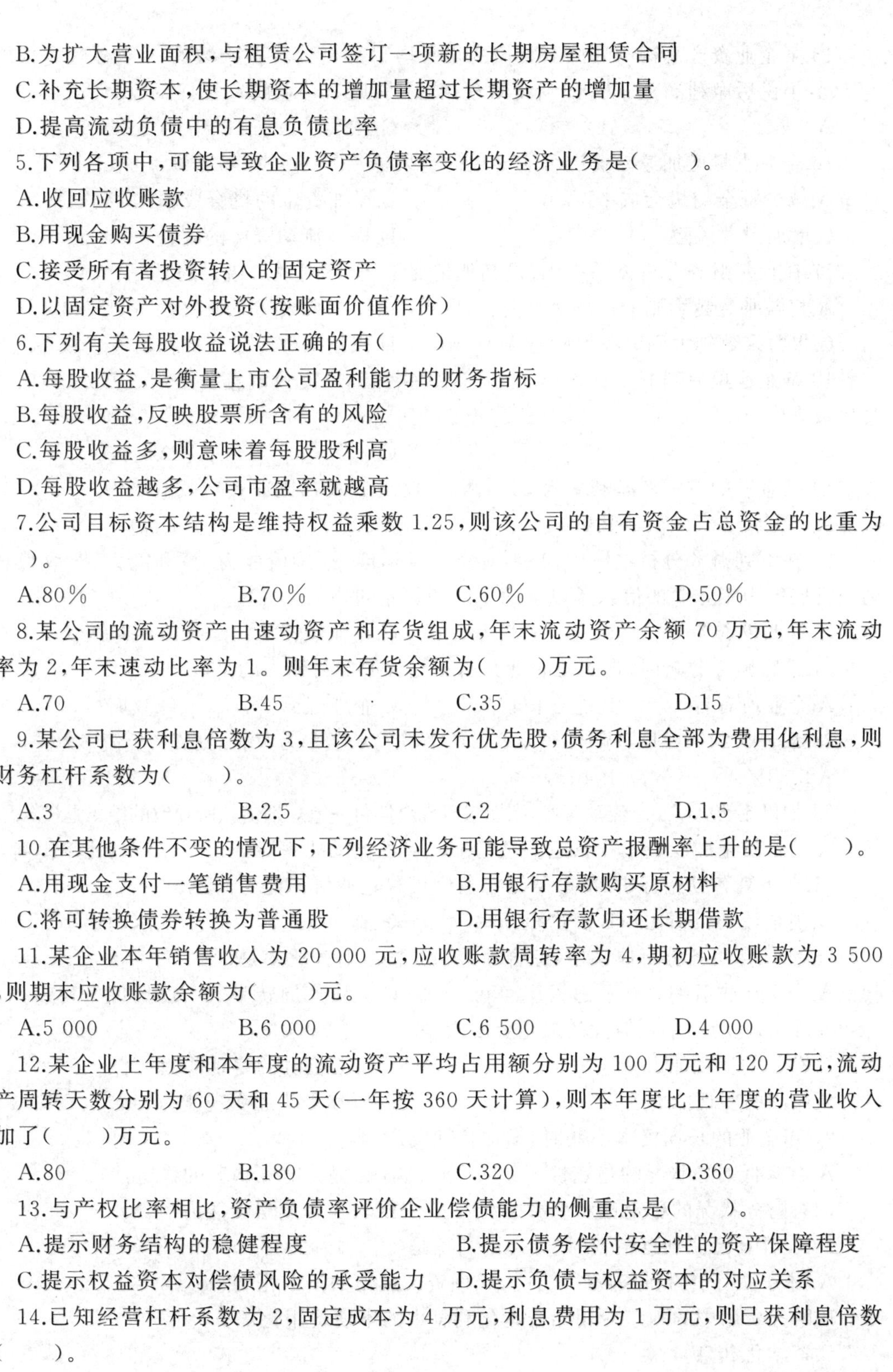

B.为扩大营业面积，与租赁公司签订一项新的长期房屋租赁合同

C.补充长期资本，使长期资本的增加量超过长期资产的增加量

D.提高流动负债中的有息负债比率

5.下列各项中，可能导致企业资产负债率变化的经济业务是(　　)。

A.收回应收账款

B.用现金购买债券

C.接受所有者投资转入的固定资产

D.以固定资产对外投资(按账面价值作价)

6.下列有关每股收益说法正确的有(　　)

A.每股收益，是衡量上市公司盈利能力的财务指标

B.每股收益，反映股票所含有的风险

C.每股收益多，则意味着每股股利高

D.每股收益越多，公司市盈率就越高

7.公司目标资本结构是维持权益乘数 1.25，则该公司的自有资金占总资金的比重为(　　)。

A.80%　　B.70%　　C.60%　　D.50%

8.某公司的流动资产由速动资产和存货组成，年末流动资产余额 70 万元，年末流动比率为 2，年末速动比率为 1。则年末存货余额为(　　)万元。

A.70　　B.45　　C.35　　D.15

9.某公司已获利息倍数为 3，且该公司未发行优先股，债务利息全部为费用化利息，则其财务杠杆系数为(　　)。

A.3　　B.2.5　　C.2　　D.1.5

10.在其他条件不变的情况下，下列经济业务可能导致总资产报酬率上升的是(　　)。

A.用现金支付一笔销售费用　　B.用银行存款购买原材料

C.将可转换债券转换为普通股　　D.用银行存款归还长期借款

11.某企业本年销售收入为 20 000 元，应收账款周转率为 4，期初应收账款为 3 500 元，则期末应收账款余额为(　　)元。

A.5 000　　B.6 000　　C.6 500　　D.4 000

12.某企业上年度和本年度的流动资产平均占用额分别为 100 万元和 120 万元，流动资产周转天数分别为 60 天和 45 天(一年按 360 天计算)，则本年度比上年度的营业收入增加了(　　)万元。

A.80　　B.180　　C.320　　D.360

13.与产权比率相比，资产负债率评价企业偿债能力的侧重点是(　　)。

A.提示财务结构的稳健程度　　B.提示债务偿付安全性的资产保障程度

C.提示权益资本对偿债风险的承受能力　　D.提示负债与权益资本的对应关系

14.已知经营杠杆系数为 2，固定成本为 4 万元，利息费用为 1 万元，则已获利息倍数为(　　)。

A.1　　B.2　　C.3　　D.4

15.某企业资产总额50万元,负债的年平均利率8%,权益乘数为2,全年固定成本为8万元,年税后净利润7.5万元,所得税税率25%,则该企业的总杠杆系数为( )

A.2.5 B.2 C.1.2 D.1.67

16.企业大量增加速动资产可能导致的结果是( )。

A.减少资金的机会成本 B.增加资金的机会成本

C.增加财务风险 D.提高流动资产的收益率

17.在杜邦财务分析体系中,假设其他情况不变,下列说法错误的是( )

A.权益乘数越大则资产净利率越大 B.权益乘数越大则权益净利率越大

C.权益乘数越大则财务风险越大 D.权益乘数等于资产与所有者权益之比

18.某企业税后利润1 500万元,所得税税率25%,支付利息费用400万元,则已获利息倍数为( )。

A.2 B.4 C.6 D.8

19.某企业的总资产净利率为20%,若产权比率为1,则净资产收益率为( )。

A.15% B.20% C.30% D.40%

20.在下列财务分析主体中,必须对企业营运能力、偿债能力、盈利能力、获取现金能力及发展能力等方面的信息予以全面了解和关注的是( )。

A.短期投资者 B.企业债权人 C.企业经营者 D.税务机关

21.进行财务分析时,最关心企业是否有足够的支付能力的是( )。

A.企业所有者 B.企业债权人 C.企业经营者 D.政府

22.某企业2018年度总资产净利率12%,净资产收益率为30%,则资产负债率为( )。

A.2.88% B.40% C.60% D.250%

23.如果流动负债小于流动资产,则期末以现金偿付一笔短期借款所导致的结果是( )。

A.营运资金减少 B.营运资金增加 C.流动比率降低 D.流动比率提高

24.在下列各项指标中,能够从动态角度反映企业偿债能力的是( )。

A.现金流动负债比 B.资产负债率 C.流动比率 D.速动比率

25.在杜邦财务分析体系中,综合性最强的核心财务比率是( )。

A.净资产收益率 B.总资产净利率 C.总资产周转率 D.销售净利率

26.影响速动比率可信性的最主要因素是( )

A.存货的变现能力 B.短期证券的变现能力

C.产品的变现能力 D.应收账款的变现能力

27.当企业的长期资本不变时,增加长期资产,则( )。

A.会降低财务状况的稳定性 B.会提高财务状况的稳定性

C.对财务状况的稳定性没有影响 D.增强企业偿债能力

28.在计算已获利息倍数时,分母的利息是( )。

A.财务费用中的利息费用和计入长期资产成本的资本化利息

B.财务费用中的利息费用和资本化利息中的本期费用化部分

C.资本化利息

D.财务费用中的利息费用

29.下列关于营运资本计算不正确的是(　　)。

A.营运资本=流动资产-流动负债

B.营运资本=所有者权益+非流动负债-非流动资产

C.营运资本=长期资本-长期资产

D.营运资本=所有者权益-非流动负债-非流动资产

30.某企业去年的税后经营利润率为5.73%,净经营资产周转率为2.17次,税后利息率为6.5%;今年的税后经营利润率为4.88%,净经营资产周转率为2.88次,税后利息率为7%。若两年的净财务杠杆相同,今年的净资产收益率较去年(　　)。

A.下降　　B.不变　　C.上升　　D.难以确定

31.某公司的生产经营存在季节性,每年的6月到10月是生产经营旺季,11月到次年5月是生产经营淡季。如果使用应收账款年初余额和年末余额的平均数计算应收账款周转次数,计算结果会(　　)。

A.高估应收账款周转速度　　B.低估应收账款周转速度

C.正确反映应收账款周转速度　　D.无法判断对应收账款周转速度的影响

32.当企业的负债不变时,增加长期资产,(　　)。

A.会降低财务状况的稳定性　　B.会提高财务状况的稳定性

C.对财务状况的稳定性没有影响　　D.削弱企业偿债能力

三、多项选择题

1.某公司当年的经营利润很多,却不能偿还到期债务。为查清原因,应检查的财务比率包括(　　)。

1.资产负债率　　B.流动比率

C.存货周转率　　D.应收账款周转率

2.已获利息倍数可以衡量企业的(　　)。

A.获利能力　　B.短期偿债能力　　C.长期偿债能力　　D.发展能力

3.调整企业的资本结构,提高负债的比例会(　　)。

A.提高资产负债率　　B.提高权益乘数

C.增加企业的财务风险　　D.增大财务杠杆系数

4.下列各项中,可能直接影响企业净资产收益率指标的措施有(　　)。

A.提高销售净利率　　B.提高资产负债率

C.提高总资产周转率　　D.提高流动比率

5.应收账款周转率提高意味着企业(　　)。

A.短期偿债能力增强　　B.坏账损失和收账费用减少

C.收账期缩短　　D.流动比率提高

6.权益乘数在数值上等于(　　)。

A.$\frac{1}{1-\text{产权比率}}$　　B.$\frac{1}{1-\text{资产负债率}}$

C.1＋产权比率

D.$\frac{资产}{所有者权益}$

7.从杜邦财务分析体系可知，提高净资产收益率的途径在于(　　)。

A.加强负债管理，降低负债比率

B.加强成本管理，降低成本费用

C.加强销售管理，提高销售利润率

D.加强资产管理，提高资产周转率

8.在其他条件不变的情况下，会引起总资产周转率指标上升的经济业务是(　　)。

A.用现金偿还负债务

B.用银行存款购入一台设备

C.借入一笔短期借款

D.用银行存款支付一年的电话费

9.假设其他因素不变，下列变动中有助于提高杠杆贡献率的有(　　)。

A.提高净经营资产净利率

B.降低负债的税后利息率

C.减少净负债的金额

D.减少净经营资产周转次数

10.一个健全有效的财务综合分析体系必须具备的基本要素包括(　　)。

A.指标数量多

B.指标要素齐全适当

C.主辅指标功能匹配

D.满足多方信息需要

11.运用比较分析法进行财务分析时，应注意(　　)。

A.对比口径的一致性

B.剔除偶发性项目的影响

C.应用例外原则

D.计算结果的假定性

12.下列各项中，对资产负债率正确的评价有(　　)。

A.从债权人角度看，负债比率越大越好

B.从债权人角度看，负债比率越小越好

C.从股东角度看，负债比率越高越好

D.从股东角度看，当全部资本利润率高于债务利息率时，增加债务能获取财务杠杆利益

13.如果流动比率过高，意味着企业存在以下几种可能(　　)。

A.存在闲置现金

B.存在存货积压

C.应收账款周转缓慢

D.偿债能力很差

14.若流动比率大于1，则下列结论不一定成立的是(　　)。

A.速动比率大于1

B.营运资金大于零

C.资产负债率大于1

D.短期偿债能力绝对有保障

15.下列因素变动不会影响速动比率的有(　　)。

A.预付账款

B.可供出售金融资产

C.交易性金融资产

D.一年内到期的非流动资产

16.当经营差异率大于0时，若其他因素不变，下列因素变动会使财务杠杆贡献率提高的是(　　)。

A.净经营资产利率提高

B.税后利息率下降

C.净财务杠杆提高

D.净经营资产净利率与税后利息率等额变动

17.甲企业是制造业企业,采用管理用财务报表进行分析,下列各项中,属于金融资产的有(　　)。

A.应收利息　　B.应收长期权益性投资的股利

C.持有至到期投资　　D.应收短期权益性投资的股利

18.已获利息倍数指标所反映的企业财务层面包括(　　)。

A.获利能力　　B.长期偿债能力　　C.短期偿债能力　　D.发展能力

19.下列表述中正确的有(　　)。

A.产权比率为 3/4,则权益乘数为 4/3

B.在编制管理用利润表时,债权投资利息收入不应考虑为金融活动的收益

C.净负债等于金融负债减去金融资产,在数值上它等于净经营资产减去股东权益

D.从增加股东收益看,净经营资产净利率是企业可以承担的税后利息率的上限

四、判断题

1.资产负债率与产权比率指标的基本作用相同。资产负债率侧重反映债务偿付的安全程度,产权比率侧重反映财务结构的稳健程度。这两个指标越大,表明企业的长期偿债能力越强。(　　)

2.一般而言,企业存货需要量与企业生产及销售的规模成正比,与存货周转一次所需天数成反比。(　　)

3.权益乘数的高低取决于企业的资本结构,资产负债率越低,权益乘数越大,财务风险越小。(　　)

4.一般来说,市盈率高,说明投资者对该公司发展前景看好,愿意出较高的价格购买该公司股票,但是市盈率也不是越高越好。(　　)

5.一般而言,已获利息倍数越大,企业可以偿还债务的可能性也越大。(　　)

6.若资产增加幅度低于营业收入增长幅度,则会使资产周转率上升,表明企业的营运能力有所提高。(　　)

7.市盈率指标主要用来估计股票的投资价值与风险。投资者为了选择投资价值高的行业,可以根据不同行业的市盈率选择投资对象。(　　)

8.某公司今年与上年相比,营业收入增长了 10%,净利润增长了 8%,资产总额增长了 12%,负债总额增长了 9%。可以判断,该公司的净资产收益率比上年下降了。(　　)

9.无论是企业的短期债权人,还是企业的投资者、经营者,都希望流动比率越高越好。(　　)

10.企业目前的流动比率大于 1,本应借记应付账款,却误记应收账款,这种错误会导致计算出的流动比率比企业实际的流动比率低。(　　)

11.每股收益高,意味着股东可以从公司分得的股利越高。(　　)

12.采用因素分析法时,既可以按照各因素的依存关系排列成一定的顺序并依次替代,也可以任意颠倒顺序,其结果是相同的。(　　)

13.某企业产权比率为 0.66,则权益乘数为 1.66。(　　)

14.运用比较分析法时,应剔除偶发性项目的影响,使作为分析的数据能够反映正常的经营状况。( )

15.对企业来说,应加快存货周转,存货周转次数越高越好。( )

16.对于盈利企业,在总资产净利率不变的情况下,资产负债率越高则净资产收益率越低。( )

17.每股股利可以反映公司的获利能力的大小,每股股利越低,说明公司的获利能力越弱。( )

18.营运资本之所以能够成为短期债务的“缓冲垫”,是因为它是长期资本用于流动资产的部分,不需要在一年偿还。( )

19.某企业去年的销售净利率为5.73%,资产周转率为2.17次;今年的销售净利率为4.88%,资产周转率为2.88次。若两年的资产负债率相同,今年的净资产收益率比照去年的变化趋势为上升。( )

20.经营资产减去经营负债为净经营资产,税后经营利润加上税后利息费用为净利润。( )

五、简答题

1.运用比较分析法进行财务分析时,应注意哪些问题?

2.运用因素分析法进行财务分析时,应注意哪些问题?

3.简述财务比率分析五个方面内容及其相应的分析指标。

4.如何某公司当年的经营利润很多却不能偿还到期债务,为查明原因应检查哪些财务指标,为什么?

5.简述资产负债率、产权比率和权益乘数的区别与联系。

6.在运用每股收益分析企业盈利能力时应注意哪些问题?

7.使用市盈率指标时应注意哪些方面的问题?

8.在理论上提供了股票最低价值的财务指标是哪个?为什么?

9.简述杜邦财务分析体系的基本原理。

10.杜邦财务分析体系存在哪些局限性?应该如何改进?

11.简述管理用资产负债表和利润表的基本等式。

12.什么是杠杆贡献率?它受哪些因素的影响?

六、计算题

1.甲公司流动资产由速动资产和存货构成,年初存货为145万元,年初应收账款为125万元,年末流动比率为3,年末速动比率为1.5,存货周转率为4次,年末流动资产余额为270万元。一年按360天计算。

要求:

(1)计算该公司流动负债年末余额、存货年末余额和年平均余额、本年营业成本;

(2)假定本年营业收入为960万元,应收账款以外的其他速动资产忽略不计,计算该公司应收账款周转期。

2.木兰商业企业2018年度营业收入为2 000万元,营业成本为1 600万元;年初、年末应收账款余额分别为200万元和400万元;年初、年末存货余额分别为200万元和600万元;年末流动比率为1.2,速动比率0.7。假定该企业流动资产由速动资产和存货组成,一年按360天计算。

要求:

(1)计算2018年应收账款周转天数和存货周转天数;

(2)计算2018年末流动负债余额和速动资产余额。

3.乙公司2018年初存货成本为15万元,年初资产总额为140万元,年初资产负债率40%。2018年有关财务指标为:年末流动比率2.1,速动比率1.1,资产负债率35%;年末长期负债42万元,年末资产总额160万元。另外,存货周转率6次(存货按平均数计算),流动资产由速动资产和存货构成。2018年实现营业收入120万元,设营业成本均为变动成本,另发生固定成本(不包括利息费用)9万元,利息费用10万元,没有优先股。所得税税率25%。

要求:

(1)计算2018年年末负债总额、流动负债总额、流动资产总额、存货成本总额、权益乘数、产权比率;

(2)计算2018年营业成本、已获利息倍数、总资产周转率和净资产收益率;(涉及的资产负债表项目均按平均数计算)

4.已知丙公司2018年会计报表项目的有关资料如下:

资　料

单位:万元

资产负债表项目	年初数	年末数
资产	8 000.00	10 000.00
负债	4 500.00	6 000.00
所有者权益	3 500.00	4 000.00
利润表项目	上年数	本年数
营业收入	(略)	20 000.00
净利润	(略)	500.00

要求:

(1)计算杜邦财务分析体系中的净资产收益率、总资产净利率、销售净利率、总资产周转率和权益乘数等指标(凡计算指标涉及资产负债表项目数据的,均按年末数计算);

(2)用文字列出净资产收益率与上述各项指标之间的关系式,并用本题数据加以验证。

5.丁公司2018年负债总额为25万元,负债的年平均利率8%,权益乘数为2,全年固定成本总额为18万元,年净利润7.5万元。所得税率25%。

要求：

(1)计算该公司2018年的息税前利润；

(2)计算该公司2018年的已获利息、经营杠杆系数、财务杠杆系数和总杠杆系数；

(3)计算该公司2018年的总资产净利率和净资产收益率。

6.戊公司2017年和2018年销售净利率、总资产周转率、权益乘数和净资产收益率如下表所示(资产、权益均用年末数)：

指标	2017年	2018年
销售净利率	13.24%	16.51%
总资产周转率(次)	0.8151	0.9112
权益乘数	1.6106	1.5016
净资产收益率	17.38%	22.59%

要求：

(1)净资产收益率=销售净利率×总资产周转率×权益乘数。运用因素分析法，按销售净利率、总资产周转率和权益乘数的顺序，对戊公司2018年度和2017年度的净资产收益率变动进行分析；

(2)依据计算结果，指出存在的问题，并提出应对策略。

7.已知W公司2018年的销售毛利率为25%，销售和管理费用分别占营业收入的4%和6%，销售净利率为7.5%；期初存货为20 000万元，年末流动比率为2，速动比率为1，存货周转天数为90天，权益乘数为2.5。公司的所得税税率为25%。

要求：

(1)根据以上资料完成该公司的利润表和资产负债表；

利润表

2018年度　　　　单位：万元

项目	金额
营业收入	
营业成本	
销售费用	
管理费用	
财务费用	6 800.00
利润总额	
所得税	
净利润	

资产负债表

2018 年 12 月 31 日　　单位：万元

资产	金额	负债及所有者权益	金额
现金	10 000.00	流动负债	
应收账款		长期负债	
存货		负债合计	
流动资产合计			
固定资产净值		所有者权益	60 000.00
资产总额		负债及所有者权益总额	

(2)计算总资产报酬率和净资产收益率。

8.N 公司近三年的主要财务数据和财务比率如下：

项目	2016 年	2017 年	2018 年
销售收入(万元)	4 000.00	4 300.00	3 800.00
资产(万元)	1 430.00	1 560.00	1 695.00
普通股(万元)	100.00	100.00	100.00
留存收益(万元)	500.00	550.00	550.00
所有者权益合计(万元)	600.00	650.00	650.00
流动比率	1.19	1.25	1.20
平均收现期(天)	18.00	22.00	27.00
存货周转率(次)	8.00	7.50	5.50
产权比率	1.38	1.40	1.61
长期债务/所有者权益比	0.50	0.46	0.46
销售毛利率(%)	20.00	16.30	13.20
销售净利率(%)	7.50	4.70	2.60
资产周转率(次)	2.80	2.76	2.24
总资产净利率(%)	21.00	13.00	6.00

假设该公司没有营业外收支和投资收益，所得税税率不变。

要求：

(1)分析说明该公司运用资产获利能力的变化及其原因；

(2)分析说明该公司资产、负债和所有者权益的变化及其原因；

(3)如你是财务经理，新的一年应从哪些方面改善公司的财务状况和经营业绩。

9.B 公司是一家制造业企业，其财务分析采用管理用财务报表分析体系。该公司2018 年和 2017 年管理用财务报表相关历史数据如下：

项目	2018 年	2017 年
资产负债表项目(年末数):		
净负债(万元)	600.00	400.00
股东权益(万元)	1 600.00	1 000.00
净经营资产(万元)	2 200.00	1 400.00
利润表项目(年度数):		
销售收入(万元)	5 400.00	4 200.00
税后经营利润(万元)	440.00	252.00
税后利息费用(万元)	48.00	24.00
净利润(万元)	392.00	228.00

要求:

(1)请分别计算B公司2017年和2018年的净经营资产净利率、经营差异率和杠杆贡献率(涉及资产负债表数据均用年末数);

(2)用因素分析法,按照净经营资产净利率、税后利息率和净财务杠杆的顺序,定量分析2018年净资产收益率各驱动因素的变动对净资产收益率的影响。

10.M公司2018年的资产负债表如下:

资产负债表

2018 年 12 月 31 日　　单位:万元

资产	年末数	年初数	负债和股东权益	年末数	年初数
流动资产:			流动负债:		
货币资金	875.00	300.00	短期借款	900.00	1 250.00
交易性金融资产	300.00	250.00	交易性金融负债	100.00	0.00
应收票据	775.00	650.00	应付票据	2 025.00	1 575.00
应收账款	10 500.00	10 000.00	应付账款	7 800.00	7 500.00
应收利息	875.00	750.00	一年内到期的非流动负债	800.00	775.00
存货	1 050.00	950.00	流动负债合计	11 625.00	11 100.00
一年内到期的非流动资产	200.00	250.00	非流动负债:		
其他流动资产	225.00	425.00	长期借款	11 750.00	12 500.00
流动资产合计	14 800.00	13 575.00	应付债券	2 000.00	1 500.00
非流动资产:			非流动负债合计	13 750.00	14 000.00
长期股权投资	4 500.00	5 000.00	负债合计	25 375.00	25 100.00

续表

资产	年末数	年初数	负债和股东权益	年末数	年初数
固定资产	21 000.00	20 000.00	股东权益：		
无形资产	12 000.00	10 000.00	股本	12 500.00	12 500.00
			留存收益	14 425.00	10 975.00
非流动资产合计	37 500.00	35 000.00	股东权益合计	26 925.00	23 475.00
资产总计	52 300.00	48 575.00	负债和股东权益合计	52 300.00	48 575.00

M 公司 2018 年的利润表如下：

利润表

2018 年度　　　　　　单位：万元

项目	本年数
一、营业收入	28 932.00
减：营业成本	24 156.00
营业税金及附加	276.00
销售费用	480.00
管理费用	396.00
财务费用	354.00
加：公允价值变动收益	0.00
投资收益	96.00
二、营业利润	3 366.00
加：营业外收入	0.00
减：营业外支出	0.00
三、利润总额	3 366.00
减：所得税费用	841.50
四、净利润	2 524.50

假设该公司“货币资金”全部为经营资产，“应收票据”、“应收账款”、“其他应收款”不收取利息；“应付票据”等短期应付项目不支付利息；“财务费用”全部为利息费用；投资收益全部是经营性的。

要求：

(1)编制管理用资产负债表和管理用利润表；

(2)计算该公司 2018 年的税后经营利润率、净经营资产周转率、净经营资产净利率、税后利息率、经营差异率、净财务杠杆、杠杆贡献率和净资产收益率(涉及资产负债表数据全部用年末数计算)。

答案与解析

一、名词解释

解释:略

二、单项选择题

1.答案:B

解析:效率比率是所得与所费的比率。通常,利润与收益、成本或资本对比的比例属于效率比率。流动比率属相关比率,资产负债率、流动资产占总资产比例为结构比率。

2.答案:B

解析:

$$流动负债=\frac{流动资产}{流动比率}=\frac{4\ 800}{2}=2\ 400(万元)$$

$$现金流动负债比=\frac{经营活动现金净流量}{流动负债}=\frac{1\ 800}{2\ 400}=0.75$$

3.答案:A

解析:A业务会导致流动资产结构发生变化,但不会引起总额的变化,流动负债没有变化,因此,流动比率不变;B业务会导致流动资产减少;C业务会导致流动资产减少;D业务会导致流动资产增加。

4.答案:C

解析:选项A会使流动负债、流动资产同时增加,营运资本不变,在流动比率大于1状况下,短期偿债能力下降;选项B会使企业实际的偿债能力降低;选项D只是流动负债中有息负债和无息负债内部此增彼减,不会改变短期偿债能力指标数值,如考虑有息负债偿付刚性,还可能导致公司实际偿债能力的下降;只有选项C,可以使营运资本增加,会提高短期偿债能力。

5.答案:C

解析:接受所有者投资转入的固定资产会增加资产总额,但负债不变,从而导致资产负债率下降;选项A、B、D均是资产之间的此增彼减,不会导致资产负债率的变化。

6 答案:A

解析:每股收益,是衡量上市公司盈利能力重要的财务指标,它反映普通股的获利水平,但不反映股票所含的风险;每股收益多,不一定意味着多分股利,还要看公司股利分配政策。市盈率为每股市价除以每股收益。

7.答案:A

解析：

$$权益乘数=\frac{资产}{所有者权益}$$

$$自有资金占总资金的比重=80\%(\frac{1}{1.25}\times100\%)$$

8.答案：C

解析：

$$流动比率=\frac{流动资产}{流动负债}$$

$$速动比率=\frac{流动资产-存货}{流动负债}$$

$$\frac{流动比率}{速动比率}=\frac{流动资产}{流动资产-存货}=\frac{2}{1}=2$$

$$流动资产=70\ 万元$$

所以，年末存货余额为 35 万元。

9.答案：D

解析：

$$已获利息倍数=\frac{EBIT}{I}=3$$

因此，

$$财务杠杆系数=\frac{EBIT}{EBIT-I}=\frac{3I}{3I-I}=1.5$$

10.答案：D

解析：用银行存款支付销售费用，一方面使利润减少，另一方面又会使资产减少，则有可能导致总资产报酬率下降。选项 B 是资产之间的此增彼减，选项 C 是负债与所有者权益之间的此增彼减，都不会影响资产和利润；选项 D 会使资产减少，从而会使资产报酬率上升。

11.答案：C

解析：

$$应收账款周转率=\frac{20\ 000}{\frac{3\ 500+期末应收账款}{2}}=4$$

所以，期末应收账款为 6 500 元。

12.答案：D

解析：因为流动资产周转天数分别为 60 天和 45 天，则流动资产周转次数分别为 6 次(360/60)和 8 次(360/45)，营业收入分别为 600 万元(6×100)和 960 万元(120×8)，则本年度的营业收入比上年度增加了 360 万元。

13.答案：B

解析:资产负债率和产权比率具有共同的经济意义,但资产负债率侧重于分析债务偿付安全性的资产保障程度,产权比率侧重于揭示财务结构的稳健程度以及所有者权益对债权人利益的保障程度。

14.答案:D

解析:

因为,

$$\frac{EBIT+4}{EBIT}=2$$

所以,$EBIT=4$ 万元,则

$$已获利息倍数=\frac{EBIT}{I}=4$$

15.答案:B

解析:

$$权益乘数=\frac{1}{1-资产负债率}=2$$

则

$$资产负债率=50\%$$

$$利息=50\times50\%\times8\%=2(万元)$$

$$税前利润==\frac{7.5}{1-25\%}=10(万元)$$

$$息税前利润=税前利润+利息费用=10+2=12$$

$$边际贡献=息税前利润+固定成本=12+8=20$$

$$总杠杆系数=\frac{边际贡献}{税前利润}=\frac{20}{10}=2$$

16.答案:B

解析:增加速动资产尽管可以增加偿还债务的安全性,但却会因现金或应收账款资金占用过多而增加企业的机会成本。

17.答案:A

解析:权益乘数是总资产与所有者权益之比,与资产净利率没有直接的关联。

18.答案:C

解析:

$$税前利润=\frac{1\ 500}{1-25\%}=2\ 000(万元)$$

$$息税前利润=2\ 000+400=2\ 400\ 万元$$

$$已获利息倍数=\frac{\mathrm{EBIT}}{\mathrm{I}}=\frac{2\ 400}{400}=6$$

19.答案:D

解析:

$$净资产收益率=资产净利率\times权益乘数=资产净利率\times(1+产权比率)$$
$$=20\%\times(1+1)=40\%$$

20.答案:C

解析:为了满足不同利益主体的需要,协调各方面的利益关系,企业经营者需要全面把握包括偿债能力、营运能力、盈利能力、发展能力和获取现金能力等方面的企业经营理财信息。

21.答案:B

解析:企业所有者主要关心其资本的保值和增值状况;企业经营者对企业经营理财的各个方面的信息都要予以详尽的了解和把握;政府既关注其投资所产生的经济效应,还关注其投资的社会效益;债权人最为关注其债权的安全性,因此非常关心企业是否有足够的支付能力。

22.答案:C

解析:

$$净资产收益率=资产净利率\times权益乘数=资产净利率\times\frac{1}{1-资产负债率}$$

$$资产负债率=1-\frac{12\%}{30\%}=60\%$$

23.答案:D

解析:流动负债小于流动资产,假设流动资产是300万元,流动负债是200万元,即流动比率是1.5,期末以现金100万元偿付一笔短期借款,则流动资产变为200万元,流动负债变为100万元,所以流动比率变为2(增大)。原营运资金=300－200=100万元,变化后的营运资金=200－100=100万元(不变)。

24.答案:A

解析:现金流动负债比从现金流量的动态角度对企业的实际偿债能力进行考察,反映了企业经营活动所产生的现金净流量可以在多大程度上保证当期流动负债的偿还。

25.答案:A

解析:净资产收益率是一个综合性很强的财务比率,是杜邦财务分析体系的核心。

26.答案:D

解析:

$$速动比率=\frac{速动资产}{流动负债}$$

其中

$$速动资产=货币资金+交易性金融资产+应收账款+应收票据$$

因此,应收账款的变现能力成为影响速动比率可信性的最主要因素。

27.答案:A

解析:

$$长期资本-长期资产=营运资本=流动资产-流动负债$$

当长期资本不变时，增加长期资产会降低营运资本，而营运资本的数额大，财务状况稳定，营运资本的数额小，财务状况不稳定。

28.答案：A

解析：计算已获利息倍数时，分母的利息为全部利息，即财务费用中的利息和资本化利息之和。

29.答案 D

解析：

$$\text{营运资本}=\text{流动资产}-\text{流动负债}=(\text{总资产}-\text{非流动资产})-\left(\text{总资产}-\frac{\text{所有者}}{\text{权益}}-\frac{\text{非流动}}{\text{负债}}\right)$$
$$=(\text{所有者权益}+\text{非流动负债})-\text{非流动资产}=\text{长期资本}-\text{长期资产}$$

30.答案：C

解析：

净经营资产净利率＝税后经营净利率×净经营资产周转次数

去年的净经营资产净利率＝5.73%×2.17＝12.43%

今年的净经营资产净利率＝4.88%×2.88＝14.05%

净资产收益率＝净经营资产净利率＋(净经营资产净利率－税后利息率)×净财务杠杆

去年的净资产收益率＝12.43%＋(12.43%－6.5%)×净财务杠杆＝12.43%＋5.93%×净财务杠杆

今年的净资产收益率＝14.05%＋(14.05%－7%)×净财务杠杆＝14.05%＋7.05%×净财务杠杆

因为净财务杠杆相同，所以今年的净资产收益率与去年相比是上升了。

31.答案：A

解析：应收账款的年初余额是在 1 月月初，年末余额是在 12 月月末，这两个月份都是该企业的生产经营淡季，应收账款的数额较少，因此用这两个月份的应收账款余额平均数计算出的应收账款周转速度会比较高。

32.答案：B

解析：

$$\text{资产负债率}=\frac{\text{负债}}{\text{资产}}$$

当负债不变时，增加长期资产会降低资产负债率，财务状况会趋于稳定。

三、多项选择题

1.答案：BCD

解析：不能偿还到期债务，说明其短期偿债能力弱，应检查短期偿债能力指标及影响短期偿债能力指标的因素。B 属于短期偿债能力指标，C、D 属于反映流动资产变现能力指标，会影响短期偿债能力。资产负债率属于长期偿债能力指标，不属于检查范围。

2.答案：AC

解析：已获利息倍数可以衡量企业获利能力和长期偿债能力的大小。

3.答案：ABCD

解析：权益乘数与资产负债率是同向变动的，负债比重越高，权益乘数越大。负债比重加大会加大财务风险。

4.答案：ABC

解析：

$$净资产收益率=销售净利率\times资产周转率\times权益乘数$$

可见，ABC 是直接影响净资产收益率的指标。

5.答案：ABC

解析：应收账款周转率提高意味着应收账款的变现质量较好，从而会使收账迅速，账龄缩短，增强资产流动性，提高短期偿债能力，减少收账费用和坏账损失。

6.答案：BCD

解析：

$$\begin{aligned}权益乘数&=\frac{资产}{所有者权益}=\frac{负债+所有者权益}{所有者权益}\\&=产权比率+1\end{aligned}$$

$$权益乘数=\frac{资产}{所有者权益}=\frac{资产}{资产-负债}=\frac{1}{1-资产负债率}$$

7.答案：BCD

解析：

$$净资产收益率=销售净利率\times资产周转率\times权益乘数$$

权益乘数与负债程度同方向变动。适当开展负债经营可使权益乘数提高，可以给企业带来财务杠杆利益。

8.答案：AD

解析：选项 A、D 都使企业资产减少，从而会使总资产周转率上升；选项 B 是资产一增一减没有影响；选项 C 会使资产增加，因而会使总资产周转率下降。

9.答案：AB

解析：

$$\begin{aligned}杠杆贡献率&=(净经营资产净利率-税后利息率)\times净财务杠杆\\&=(税后经营利润率\times净经营资产周转率-税后利息率)\times净财务杠杆\end{aligned}$$

10.答案：BCD

解析：一个健全有效的财务综合分析体系至少应当包括指标要素齐全适当、主辅指标功能匹配、满足多方信息需要三个基本要素。

11.答案：ABC

解析：计算结果的假定性为运用因素分析法时应注意的问题。

12.答案：BD

解析：资产负债率是企业负债总额与资产总额的比率。从债权人的立场看，该指标越小越好。从所有者立场看，在全部资本利润率高于借款利息率的情况下，增加债务就能获取财务杠杆利益。

13.答案：ABC

解析：流动比率过高，意味着流动资产占用过多。但通常情况下，流动比率高，表明企业短期偿债能力强。

14.答案：ACD

解析：流动比率是流动资产与流动负债之比，若流动比率大于 1，则说明流动资产大于流动负债，即营运资金一定大于零。

15.答案：ABD

解析：选项 A、D 属于非速运资产，选项 B 属于长期资产。

16.答案：ABC

解析：

$$杠杆贡献率=(净经营资产净利率-税后利息率)\times 净财务杠杆$$

从公式可以看出净经营资产净利率与税后利息率等额变动不会影响杠杆贡献率。

17.答案：ACD

解析：由于长期权益性投资属于经营资产，与其相关的应收股利也属于经营资产，所以，选项 B 不正确。

18.答案：AB

解析：已获利息倍数反映了获利能力及对债务偿付的保证程度。

19.答案：CD

解析：产权比率＝负债/所有者权益，权益乘数＝产权比率＋1，选项 A 错误；债券投资的利息收入属于金融损益，选项 B 错误；净负债＝金融负债－金融资产，净经营资产＝净负债＋股东权益，所以，净负债＝净经营资产－股东权益，选项 C 正确；净经营资产净利率大于税后利息率时，经营差异率才会大于 0，选项 D 正确。

四、判断题

1.答案：错

解析：产权比率越低或资产负债率越小，表明企业的长期偿债能力越强。

2.答案：错

解析：

$$存货周转率=\frac{营业成本}{平均存货}$$

$$存货周转天数=平均存货\times\frac{360}{营业成本}$$

一般而言，企业存货需要量与企业生产及销售的规模成正比，与存货周转次数成反比，而与存货周转一次所需天数成正比。

3.答案：错

解析：

$$权益乘数=\frac{1}{1-资产负债率}$$

权益乘数与资产负债率是同方向变动的。资产负债率越大，权益乘数越大；资产负债率越小，权益乘数也越小。

4.答案：对

解析：如果市盈率过高，意味着这种股票具有较高的投资风险。

5.答案：对

解析：已获利息倍数反映企业获取的收益与所支付债务利息的倍数。已获利息倍数越大，企业无力偿还债务的可能性就越小。

6.答案：对

解析：因为

$$资产周转率=\frac{营业收入}{平均资产}$$

所以资产增加幅度低于营业收入增长幅度，则会使资产周转率上升。

7.答案：错

解析：市盈率不能用于不同行业公司的比较，充满扩展机会的新兴行业市盈率普遍较高，而成熟行业的市盈率普遍较低，这并不说明后者的股票没有投资价值。

8.答案：对

解析：今年的净资产收益率$=\frac{去年净利润\times(1+8\%)}{去年资产\times(1+12\%)-去年负债\times(1+9\%)}$小于去年净资产收益率；或由于资产增长了12%，负债只增长了9%，所有者权益增长肯定大于12%，高于净利润8%的增长幅度，因此，净资产收益率必然是下降了。

9.答案：错

解析：一般情况下，流动比率越高，反映企业短期偿债能力越强，债权人的权益越有保证。但流动比率也不能过高，过高则表明企业流动资产占用较多，会影响资金的使用效率。

10.答案：对

解析：本应借记应付账款，却误记应收账款，由于流动比率大于1，这种错误会导致流动资产和流动负债比企业实际的值增加，对分母的影响大于对分子的影响，所以会使流动比率比实际值低。

11.答案：错

解析：股东分得股利的高低虽与每股收益有关，但更主要的是取决于公司的股利政策。

12.答案：错

解析：运用因素分析法，要注意因素替代的顺序性，必须按照各因素依存关系，排列成一定的顺序并依次替代，不可随意颠倒。

13.答案：对

解析：

$$权益乘数=\frac{资产}{权益}=\frac{负债+权益}{权益}=产权比率+1$$

14.答案：对

解析：在运用比较分析法时，要剔除偶发性项目的影响，使作为分析的数据能反映正常的经营状况。

15.答案：错

解析：存货过多会浪费资金，存货过少则不能满足生产经营需要，所以存货不是越少越好，因而存货周转次数也不是越高越好。

16.答案：错

解析：

$$净资产收益率=总资产净利率\times权益乘数$$

$$权益乘数=\frac{1}{1-资产负债率}$$

因此，在资产净利率不变情况，资产负债率与净资产收益率呈同方向变动。

17.答案：错

解析：每股股利是股东从公司分得的每股利润，它除了受公司获利大小的影响外，还与公司的股利政策相关。

18.答案：对

解析：

$$营运资本=所有者权益+非流动负债-非流动资产=长期资本-长期资产$$

19.答案：对

解析：

$$净资产收益率=销售净利率\times资产周转率\times权益乘数$$

$$去年的净资产收益率=5.73\%\times2.17\times权益乘数=12.43\%\times权益乘数$$

$$今年的净资产收益率=4.88\%\times2.88\times权益乘数=14.05\%\times权益乘数$$

如果权益乘数不变动，今年的净资产收益率较去年高，呈上升趋势。

20.错

解析：净利润等于税后经营利润减去税后利息费用。

五、简答题

答案与解析：略

六、计算题

1.答案与解析：

(1)

$$流动比率=\frac{流动资产}{流动负债}=\frac{270}{流动负债}=3$$

因此，

$$流动负债年末余额=\frac{270}{3}=90(万元)$$

$$速动比率=\frac{流动资产-存货}{流动负债}=\frac{270-存货}{90}=1.5$$

因此，

$$存货年末余额=270-90\times1.5=135(万元)$$

$$存货平均余额=\frac{135+145}{2}=140(万元)$$

$$存货周转率=\frac{营业成本}{存货平均余额}=\frac{营业成本}{140}=4$$

因此，

$$本年营业成本=140\times4=560(万元)$$

(2)

$$应收账款年末金额=270-135=135(万元)$$

$$应收账款平均余额=\frac{135+125}{2}=130(万元)$$

$$应收账款周转期=应收账款平均余额\times\frac{360}{营业收入}=130\times\frac{360}{960}=48.75(天)$$

2.答案与解析：

(1)

$$应收账款周转天数=\frac{360\times\frac{200+400}{2}}{2\ 000}=54(天)$$

$$存货周转天数=\frac{360\times\frac{200+600}{2}}{1\ 600}=90(天)$$

(2)

$$\frac{年末流动资产}{年末流动负债}=1.2\quad\frac{年末流动资产-600}{年末流动负债}=0.7$$

$$\frac{年末流动资产}{年末流动资产-600}=\frac{1.2}{0.7}$$

1.2×年末流动资产－0.7×年末流动资产＝720

年末流动资产＝1 440(万元)

$\frac{1\ 440}{\text{流动负债}}=1.2$　年末流动负债＝1 200(万元)

年末速动资产＝1 440－600＝840(万元)

3.答案与解析：

(1)

年末负债总额＝年末资产总额×资产负债率＝160×35%＝56(万元)

流动负债＝负债总额－长期负债＝56－42＝14(万元)

流动资产＝流动负债×流动比率＝14×2.1＝29.4(万元)

速动资产＝流动负债×速动比率＝14×1.1＝15.4(万元)

存货＝流动资产－速动资产＝29.4－15.4＝14(万元)

权益乘数$=\frac{1}{1-\text{资产负债率}}=\frac{1}{1-35\%}=1.54$

产权比率＝权益乘数－1＝1.54－1＝0.54

(2)

年平均存货$=\frac{15+14}{2}=14.5$(万元)

营业成本＝存货周转率×平均存货＝6×14.5＝87(万元)

息税前利润＝120－87－9＝24(万元)

已获利息倍数$=\frac{24}{10}=2.4$

总资产周转率$=\frac{120}{\frac{140+160}{2}}=0.8$(次)

净利润＝(EBIT－I)×(1－T)＝(24－10)×(1－25%)＝10.5(万元)

期初所有者权益＝140×(1－40%)＝84(万元)

期末所有者权益＝160×(1－35%)＝104(万元)

净资产收益率$=\frac{10.5}{\frac{84+104}{2}}=11.17\%$

4.答案与解析：

(1)

净资产收益率$=\frac{500}{4\ 000}\times100\%=12.5\%$

总资产净利率$=\frac{500}{10\ 000}\times100\%=5\%$

销售净利率$=\frac{500}{20\ 000}\times100\%=2.5\%$

总资产周转率$=\frac{20\ 000}{10\ 000}=2$

$$权益乘数=\frac{10\ 000}{4\ 000}=2.5$$

(2)

总资产净利率=销售净利率×总资产周转率=2.5%×2=5%

净资产收益率=总资产净利率×权益乘数=5%×2.5=12.5%

=销售净利率×总资产周转率×权益乘数=2.5%×2×2.5=12.5%

5.答案与解析：

(1)

$$税前利润=\frac{7.5}{1-25\%}=10(万元)$$

债务利息=25×8%=2(万元)

息税前利润=10+2=12(万元)

(2)

$$已获利息倍数=\frac{12}{2}=6(倍)$$

$$经营杠杆系数=\frac{12+18}{12}=2.5$$

$$财务杠杆系数=\frac{12}{12-2}=1.2$$

总杠杆系数=2.5×1.2=3

(3)

$$权益乘数=\frac{资产}{权益}=\frac{资产}{资产-负债}=2$$

2×(资产-25)=资产

资产=50 万元

$$总资产净利率=\frac{7.5}{50}=15\%$$

$$净资产收益率=\frac{7.5}{50-25}=30\%$$

6.答案与解析：

净资产收益率差异：

17.38%-22.59%=-5.21%

销售净利率下降对净资产收益率的影响：

(13.24%-16.51%)×0.9112×1.5016=-4.47%

总资产周转率下降对净资产收益率的影响：

13.24%×(0.8151-0.9112)×1.5016 =-1.91%

权益乘数上升对净资产收益率的影响：

$13.24\% \times 0.8151 \times (1.6106-1.5016)=1.17\%$

综合影响：

$-4.47\%-1.91\%+1.17\%=-5.21\%$

(2)从2018年与2017年比较看，该公司存在的主要问题是销售净利率和总资产周转率下降。公司可从扩大销售收入、控制成本费用、优化资产结构和加速资金周转等方面入手，提升净资产收益率。

7.答案与解析：

(1)①

利润总额＝营业收入－营业成本－管理销售费用－财务费用

两边同时除以营业收入，得：

$$\frac{\text{利润总额}}{\text{营业收入}}=\text{销售毛利率}-\frac{\text{管理费用}}{\text{营业收入}}-\frac{\text{销售费用}}{\text{营业收入}}-\frac{\text{财务费用}}{\text{营业收入}}$$

$$\frac{7.5\%}{1-25\%}=10\%=25\%-6\%-4\%-\frac{6\ 800}{\text{营业收入}}$$

营业收入＝136 000(万元)

营业成本＝营业收入×(1－毛利率)＝136 000×(1－25%)＝102 000(万元)

销售费用＝136 000×4%＝5 440(万元)

管理费用＝136 000×6%＝8 160(万元)

利润总额＝136 000－102 000－5 440－8 160－6 800＝13 600(万元)

所得税＝13 600×25%＝3 400(万元)

净利润＝13 600－3 400＝13 600×(1－25%)＝10 200(万元)

利润表

(2018年)　　单位：万元

项目	金额
营业收入	136 000.00
营业成本	102 000.00
销售费用	5 440.00
管理费用	8 160.00
财务费用	6 800.00
利润总额	13 600.00
所得税	3 400.00
净利润	10 200.00

②

$$\text{存货周转率}=\frac{360}{90}=4$$

$$存货平均余额=\frac{营业成本}{存货周转率}=\frac{102\ 000}{4}=25\ 500(万元)$$

期末存货=25 500×2−20 000=3 1 000(万元)

$$流动比率-速动比率=\frac{存货}{流动负债}$$

$$2-1=\frac{31\ 000}{流动负债}$$

流动负债=31 000(万元)

$$\frac{所有者权益+负债}{所有者权益}=\frac{60\ 000+负债}{60\ 000}=2.5$$

负债=90 000(万元)

长期负债=90 000−31 000=59 000(万元)

$$\frac{流动资产}{流动负债}=\frac{流动资产}{31\ 000}=2$$

流动资产=62 000(万元)

应收账款=62 000−31 000−10 000=21 000(万元)

固定资产净值=150 000−92 000=88 000(万元)

资产负债表

2018 年 12 月 31 日　　单位:万元

资产	金额	负债及所有者权益	金额
现金	10 000.00	流动负债	31 000.00
应收账款	21 000.00	长期负债	59 000.00
存货	31 000.00	负债合计	90 000.00
流动资产合计	62 000.00		
固定资产净值	88 000.00	所有者权益	60 000.00
资产总额	150 000.00	负债及所有者权益总额	150 000.00

(2)

$$总资产报酬率=\frac{13\ 600+6\ 800}{150\ 000}\times 100\%=13.60\%$$

$$净资产收益率=\frac{10\ 200}{60\ 000}\times 100\%=17.00\%$$

8.答案与解析:

(1)公司总资产净利率在平稳地下降,说明其运用资产获利能力在降低,其原因是资产周转率和销售净利率都在下降;

资产周转率下降的原因是平均收现期延长和存货周转率下降;

销售净利率下降的原因是销售毛利率在下降;尽管大力压缩期间费用,但仍未能改变这种趋势。

(2)总资产在增加,主要原因是存货和应收账款占用额增加;

负债是筹资主要来源,其中主要是流动负债;所有者权益增加很小,大部分盈余都用于发放股利。

(3)新的一年里,公司应该从扩大销售、降低存货、降低应收账款、增加留存收益、降低进货成本等方面改善公司的财务状况和经营业绩。

9.答案与解析

(1)

财务比率	2018年	2017年
①净经营资产净利率(税后经营利润率/净经营资产)	20.00%	18.00%
②税后利息率(税后利息费用/净负债)	8.00%	6.00%
③经营差异率(净经营资产净利率-税后利息率)①-②	12.00%	12.00%
④净财务杠杆(净负债/股东权益)	0.38	0.40
⑤杠杆贡献率(经营差异率×净财务杠杆)③×④	4.56%	4.80%
⑥净资产收益率(净经营资产净利率+杠杆贡献率)①+⑤	24.56%	22.80%

(2)

驱动因素	净经营资产净利率	税后利息率	净财务杠杆	净资产收益率	变动影响
上年净资产收益率	18.00%	6.00%	0.40	22.80%	
净经营资产净利率变动	20.00%	6.00%	0.40	25.60%	2.80%
税后利息率变动	20.00%	8.00%	0.40	24.80%	-0.80%
净财务杠杆变动	20.00%	8.00%	0.38	24.56%	-0.24%

10.答案与解析

(1)

管理用资产负债表

2018年12月31日　　单位:万元

资产	年末数	年初数	负债和股东权益	年末数	年初数
经营性流动资产:			金融负债:		
货币资金	875.00	300.00	短期借款	900.00	1250.00
应收票据	775.00	650.00	交易性金融负债	100.00	0.00
应收账款	10 500.00	10 000.00	一年内到期的非流动负债	800.00	775.00
存货	1 050.00	950.00	长期借款	11 750.00	12 500.00
一年内到期的非流动资产	200.00	250.00	应付债券	2 000.00	1 500.00
其他流动资产	225.00	425.00	金融负债合计	15 550.00	16 025.00

续表

资产	年末数	年初数	负债和股东权益	年末数	年初数
经营流动资产合计	13 625.00	12 575.00	金融资产：		
经营性流动负债：			交易性金融资产	300.00	250.00
应付票据	2 025.00	7 500.00	应收利息	875.00	750.00
应付账款	7 800.00	1 575.00	金融资产合计	1 175.00	1 000.00
经营性流动负债合计	9 825.00	9 075.00	净负债	14 375.00	15 025.00
经营营运资本	3 800.00	3 500.00			
经营性非流动资产：					
长期股权投资	4 500.00	5 000.00			
固定资产	21 000.00	20 000.00			
无形资产	12 000.00	10 000.00			
经营性非流动资产合计	37 500.00	35 000.00	股东权益：		
经营性非流动负债：			股本	12 500.00	12 500.00
经营性非流动负债合计	0.00	0.00	留存收益	14 425.00	10 975.00
净经营性非流动资产	37 500.00	35 000.00	股东权益合计	26 925.00	23 475.00
净经营资产合计	41 300.00	38 500.00	净负债及股东权益合计	41 300.00	38 500.00

管理用利润表

2018 年度　　　　单位：万元

项目	本年数
经营损益：	
一、营业收入	28 932.00
减：营业成本	24 156.00
二、毛利	4 776.00
减：营业税金及附加	276.00
销售费用	480.00
管理费用	396.00
加：投资收益	96.00
三、税前营业利润	3 720.00
加：营业外收入	0.00
减：营业外支出	0.00

续表

项目	本年数
四、税前经营利润	3 720.00
减:经营利润所得税	930.00
五、税后经营利润	2 790.00
金融损益:	
六、利息费用	354.00
减:利息费用抵税	88.50
七、税后利息费用	265.50
八、净利润	2 524.50
平均所得税率	25.00%

(2)

$$税后经营利润率=\frac{2\ 790}{28\ 932}\times 100\%=9.64\%$$

$$净经营资产周转率=\frac{28\ 932}{41\ 300}=0.7005(次)$$

$$净经营资产净利率=\frac{2\ 790}{41\ 300}\times 100\%=6.76\%$$

$$税后利息率=\frac{265.5}{14\ 375}\times 100\%=1.85\%$$

经营差异率=6.76%－1.85%=4.91%

$$净财务杠杆=\frac{14\ 375}{26\ 925}=0.5339$$

杠杆贡献率=4.91%×0.5339=2.62%

净资产收益率=6.76%+2.62%=9.38%

$$或=\frac{2\ 524.5}{26\ 925}\times 100\%=9.38\%$$

第十一章　业绩评价

一、名词解释

1.业绩评价
2.责任中心
3.成本中心
4.利润中心
5.投资中心
6.责任报告
7.经济增加值
8.平衡计分卡

二、单项选择题

1.在国资委对中央企业综合绩效评价指标体系中，资产负债率是评价企业(　　)的基本指标。

A.获利能力　　B.资产质量　　C.债务风险　　D.经营增长

2.投资中心的投资额为10万元，最低投资利润率为20%，剩余收益为1万元，则该中心的投资利润率为(　　)。

A.10%　　B.20%　　C.30%　　D.60%

3.在经济增加值的计算中，税后营业利润等于(1－所得税税率)乘以(　　)。

A.净利润　　B.利润总额　　C.息税前利润　　D.应纳税所得额

4.从引进市场机制、营造竞争气氛、促进客观和公平竞争的角度看，制定内部转移价格的最好依据是(　　)。

A.市场价格　　B.协商价格　　C.双重价格　　D.成本价格

5.在确定内部转移价格中的协商价格下限时，可供选择的标准是(　　)。

A.市场价格　　B.单位标准成本　　C.单位变动成本　　D.单位制造成本

6.对成本中心而言，下列各项中，不属于该类中心特点的是(　　)。

A.只考核本中心的责任成本　　B.只对本中心的可控成本负责

C.只对责任成本进行控制　　D.只对直接成本进行控制

7.在投资中心的主要考核指标中,能使个别投资中心的利益与整个企业的利益统一起来的指标是(　　)。

A.投资利润率　　B.可控成本　　C.剩余收益　　D.利润总额

8.在下列各项中,不属于责任成本基本特征的是(　　)。

A.可以预计　　B.可以计量　　C.可以控制　　D.可以对外报告

9.具有独立或相对独立的收入和生产经营决策权,并对成本、收入和利润负责的责任中心是(　　)。

A.成本中心　　B.利润中心　　C.投资中心　　D.预算中心

10.以责任中心为主体,以其可控成本、收入、利润和投资等为对象编制的预算是(　　)。

A.财务预算　　B.全面预算　　C.日常业务预算　　D.责任预算

三、多项选择题

1.财务业绩定量评价包括(　　)。

A.获利能力分析与评判　　B.资产质量分析与评判

C.债务风险分析与评判　　D.经营增长分析与评判

2.影响经济增加值的主要因素包括(　　)。

A.税后营业利润　　B.投资资本

C.加权平均资本成本　　D.净利润

3.下列表述中,正确的说法有(　　)。

A.高层次责任中心的不可控成本,对于较低层次的责任中心来说,一定是不可控的

B.低层次责任中心的不可控成本,对于较高层次责任中心来说,一定是可控的

C.某一责任中心的不可控成本,对另一个责任中心来说则可能是可控的

D.某些从短期看属不可控成本的,从较长期间看,可能又成为可控成本

4.不适宜作为考核利润中心负债人业绩的指标是(　　)。

A.利润中心边际贡献总额　　B.公司利润总额

C.利润中心可控利润　　D.利润中心负责人可控利润

5.甲利润中心常年向乙利润中心提供劳务,在其他条件不变的情况下,如果提高劳务的内部转移价格,可能出现的结果是(　　)。

A.甲利润中心内部利润增加　　B.企业利润总额增加

C.乙利润中心内部利润减少　　D.企业利润总额不变

6.以下各项中,属于可控成本必须同时具备的条件是(　　)。

A.可以预计　　B.可以计量　　C.可以施加影响　　D.可以落实责任

7.下列各项中,属于揭示投资中心特点的表述包括(　　)。

A.所处的责任层次最高　　B.具有投资决策权

C.承担最大的责任感　　D.较高程度的分权管理

8.经济增加值与会计利润不同,关于经济增加值下列表述正确的有(　　)。

A.经济增加值是指从超过投资投资者要求的报酬率中得来的价值

B.经济增加值＝税后营业利润—加权平均资本成本×投入资本

C.经济增加值＝净利润－资本费用

D.经济增加值＝(投资资本收益率—加权资本成本)×投入资本

9.平衡记分卡的指标体系包括的主要方面有(　　)。

A.财务方面　　B.顾客方面　　C.内部作业　　D.创新与学习

10.下列各项中,属于投资中心考核指标的有(　　)。

A.投资利润率　　B.边际贡献总额　　C.可控利润总额　　D.剩余收益

四、判断题

1.财务业绩定量评价标准具有行业普遍性和一般性。(　　)

2.经济增加值与会计利润的主要区别在于会计利润扣除了债务利息,而经济增加值扣除了股权资本费用,不扣除债务利息。(　　)

3.平衡计分卡是一种实现了财务与非财务指标平衡的综合业绩评价系统。(　　)

4.引起个别投资中心的投资利润率提高的投资,不一定会使整个企业的投资利润率提高;但引起个别投资中心的剩余收益增加的投资,则一定会使整个企业的剩余收益增加。(　　)

5.责任中心是指承担一定经济责任的企业内部责任单位。(　　)

6.责任报告应当按公司、分厂、车间、班组的层次顺序逐级编制。(　　)

7.进行责任转账所引起的内部资金流向与产品或劳务的物流方向相反;进行内部结算所引起的内部资金流向与物流方向相同。(　　)

8.从整个企业的空间范围和很长的时间范围来考察,变动成本和直接成本大多是可控成本,而固定成本和间接成本大多是不可控成本。(　　)

9.投资中心是最高层次的责任中心,它具有最大的决策权,也承担最大的责任。(　　)

10.计算经济增加值时,通常需要对报表项目进行调整,以期得到更加准确可行的经济增加值数值。在对各种准备金账户进行调整时,只需将各准备金余额加入资本总额中即可。(　　)

五、简答题

1.什么是责任中心？它通常具有哪些特征？

2.什么是可控成本？它必须具备哪四个条件？

3.责任中心可分为哪几种类型？其业绩考核的指标分别是哪些？

4.与传统财务评价指标相比,经济增加值指标具有什么优点？

5.平衡计分卡是如何将组织的日常经营活动与战略相联系的？

六、计算分析题

1.某企业下设甲投资中心和乙投资中心,要求的总资产息税前利润率为10%。两投资中心均有一投资方案可供选择,预计产生的影响如下表所示:

单位:万元

项目	甲投资中心		乙投资中心	
	追加投资前	追加投资后	追加投资前	追加投资后
总资产	50	100	100	150
息税前利润	4	8.6	15	20.5
息税前利润率	8%		15%	
剩余收益	-1		+5	

要求:(1)计算并填列上表中的空白;

(2)运用剩余收益指标分别就两投资中心是否应追加投资进行决策。

2.已知某集团公司下设三个投资中心,有关资料如下:

指　标	集团公司	A投资中心	B投资中心	C投资中心
净利润(万元)	34 650	10 400	15 800	8 450
净资产平均占用额(万元)	315 000	94 500	145 000	75 500
要求的最低投资报酬率	10%			

要求:(1)计算该集团公司和各投资中心的投资利润率,并据此评价各投资中心的业绩;

(2)计算各投资中心的剩余收益,并据此评价各投资中心的业绩。

3.某集团下设一分公司,其所占用的总资产平均余额为4 000万元,其中债务资金为1 000万元,平均利息率为10%。2018年实现销售收入5 000万元,变动成本率为70%,固定成本为800万元,其中折旧费为200万元。固定成本中只有折旧费是部门经理不可控的,折旧费以外的固定成本为部门经理的可控成本。假设该公司股东要求的最低净资产利润率为11%,所得税税率为25%。

要求:(1)若该分公司为利润中心,计算该利润中心负责人可控利润总额和该利润中心可控利润总额;

(2)若该分公司为投资中心,计算该投资中心的投资利润率和剩余收益。

4.A公司的投资资本为3 000万元,其中有息债务1 200万元,股权资本1 800万元,债务利息率为8%,本年息税前利润为500万元。公司所得税税率为25%,公司的β为1.5,市场平均风险股票收益为12%,无风险收益率6%。

要求:计算该公司该年的经济增加值。

5.B公司是一家企业集团公司下设的子公司，集团公司为了改善业绩评价方法，决定从2019年开始使用经济增加值指标评价子公司业绩。集团公司给B公司下达的2019年至2021年的目标经济增加值是每年200万元。B公司测算的未来3年主要财务数据如下表所示：

单位：万元

年　份	2018	2019	2020	2021
销售增长率		20%	10%	8%
营业收入	1 460.00	1 752.00	1 927.00	2 081.16
营业成本	745.00	894.00	983.00	1 061.64
销售费用和管理费用	219.00	262.00	289.00	312.12
财务费用	68.00	82.00	90.00	97.20
利润总额	428.00	514.00	565.00	610.20
所得税费用	107.00	128.50	141.25	152.20
净利润	321.00	385.50	423.75	457.65
期末短期借款	260.00	312.00	343.16	370.62
期末长期借款	881.00	957.00	1 162.00	1 254.96
期末负债合计	1 141.00	1 269.00	1 505.16	1 625.58
期末股东权益	1 131.00	1 257.00	1 492.70	1 612.12
期末负债和股东权益	2 272.00	2 526.00	2 997.86	3 237.70

该公司其他业务收入、投资收益和营业外收支很少，在预测时忽略不计。所得税税率为25%，加权平均资本成本为10%。

要求：

(1)计算该公司2019年至2021年的经济增加值；

(2)该公司哪一年不能达到目标经济增加值？该年的投资资本回报率提高到多少才能达到目标经济增加值？

答案与解析

一、名词解释

解释：略

二、单项选择题

1.答案:C

解析:企业债务风险状况以资产负债率、已获利息倍数两个基本指标和速动比率、现金流动负债比率、带息负债比率、或有负债比率四个修正指标进行评价。

2.答案:C

解析:因为,剩余收益=利润-投资额×规定最低投资报酬率,1=利润-10×20%,利润=1+2=3(万元),投资利润率=$\frac{3}{10}$=30%

3.答案:C

解析:

税后营业利润=息税前利润×(1-所得税税率)

4.答案:A

解析:通常市价意味着客观公平,意味着在企业内部引进市场机制、营造竞争气氛。

5.答案:C

解析:协商价格的上限是市价,下限是单位变动成本,具体价格应由各相关责任中心在这一范围内协商议定。

6.答案:D

解析:成本中心只对可控成本承担责任,有些间接成本也可能是可控成本。

7.答案:C

解析:选项A、C属于考核投资中心的指标,剩余收益可避免本位主义,能使个别投资中心的利益与整个企业利益统一起来;使用投资利润率往往会使投资中心只顾自身利益而放弃对整个企业有利的投资机会。

8.答案:D

解析:责任成本是各成本中心当期确定或发生的各项可控成本之和,作为可控成本必须具备四个条件:可以预计、可以计量、可以施加影响和可以落实责任。责任成本主要用于企业内部控制,不需要满足对外报告的要求。

9.答案:B

解析:利润中心既对成本负责又对收入和利润负责,它有独立或相对独立的收入和生产经营决策权。

10.答案:D

解析:责任预算是以责任中心为主体,以其可控成本、收入、利润和投资等为对象编制的预算。

三、多项选择题

1.答案:ABCD

解析：财务业绩定量评价是指对企业一定期间的获利能力、资产质量、债务风险和经营增长等四个方面进行定量对比分析和评判。

2.答案：ABC

解析：

经济增加值＝税后营业利润－加权平均资本成本×投入资本

3.答案：ACD

解析：成本的可控与不可控，随着条件的变化可能相互发生转化。低层次责任中心的不可控成本，对于较高层次责任中心来说，可能是可控的，但不是绝对的。

4.答案：ABC

解析：在评价利润中心业绩时，可选利润中心边际贡献总额、利润中心负责人可控利润、利润中心可控利润和公司利润总额四种选择。其中以利润中心边际贡献总额作为业绩评价依据不够全面，因为部门经理至少可以控制某些可控固定成本。利润中心可控利润更适合评价该部门对企业利润和管理费用的贡献，而不适合于部门经理的评价。以公司利润总额作为业绩评价依据通常是不合适的。

5.答案：ACD

解析：内部转移价格的变动会引起企业内部相关利润中心的利润此增彼减，但不会影响企业利润总额。

6.答案：ABCD

解析：可控成本必须同时具备可以预计、可以计量、可以施加影响和可以落实责任条件。

7.答案：ABCD

解析：投资中心是最高层次的责任中心，它具有最大的决策权，也承担最大的责任；投资中心的管理特征是较高程度的分权管理。

8.答案：ABC

解析：经济增加值是指经过调整的税后营业利润减去其现有资产经济价值的机会成本后的余额，所以选项 C 不对，应该是经济增加值＝税后营业利润－资本费用

9.答案：ABCD

解析：平衡计分卡通过对财务、顾客、内部作业、创新与学习四个各有侧重又相互影响方面进行业绩评价。

10.答案：AD

解析：投资中心的考核主要是剩余收益和投资利润率，边际贡献总额和可控利润总额为利润中心的考核指标。

四、判断题

1.答案：错

解析：管理业绩定性评价标准具有行业普遍性和一般性；财务业绩定量评价标准包括

国内行业标准和国际行业标准。

2.答案:错

解析:经济增加值与会计利润的主要区别在于经济增加值扣除了股权资本费用,而不仅仅是债务利息;会计利润仅扣除债务利息,而没有扣除股权资本成本。

3.答案:对

解析:平衡计分卡的独特之处在于它在一个评价系统中通过因果关系链整合了财务指标和非财务指标。

4.答案:对

解析:投资利润率的决策结果与总公司的目标不一定一致,但剩余收益可以保持部门获利目标与公司总的目标一致。

5.答案:错

解析:责任中心是指承担一定经济责任,并享有一定权力和利益的企业内部责任单位。

6.答案:错

解析:责任报告应当自下而上编制。

7.答案:错

解析:进行责任转账是为了使不应承担损失的责任中心得到赔偿,即卖方对买方提供赔偿,所引起的内部资金流向与产品或劳务的物流方向相同;进行内部结算是为了结算内部经济业务往来,应由买方支付资金给卖方,所引起的内部资金流向与物流方向相反。

8.答案:错

解析:成本的可控与否与责任中心的权利层次有关。从整个企业的空间范围和很长的时间范围来考察,几乎所有的成本都是可控的。对一个成本中心来说,变动成本和直接成本大多是可控成本,而固定成本和间接成本大多是不可控成本。

9.答案:对

解析:投资中心是最高层次的责任中心,它具有最大的决策权,也承担最大的责任。

10.答案:错

解析:在对各种准备金账户进行调整时,应将各准备金余额加入资本总额之中,同时将准备金余额的当期变化加入税后营业利润。

五、简答题

答案与解析:略

六、计算分析题

1.答案与解析:

(1)填列表格如下:

单位:万元

项目	甲投资中心		乙投资中心	
	追加投资前	追加投资后	追加投资前	追加投资后
总资产	50	100	100	150
息税前利润	4	8.6	15	20.5
息税前利润率	8%	$\frac{8.6}{100}\times100\%=8.6\%$	15%	$\frac{20.5}{150}\times100\%=13.67\%$
剩余收益	−1	8.6−100×10%=−1.4	+5	20.5−150×10%=5.5

(2)由于甲投资中心追加投资后将降低剩余收益,故不应追加投资;乙投资中心追加投资后可提高剩余收益,故可追加投资。

2.答案与解析:

(1)投资利润率:

$$集团公司投资利润率=\frac{34\ 650}{315\ 000}\times100\%=11\%$$

$$A投资中心的投资利润率=\frac{10\ 400}{94\ 500}\times100\%=11.01\%$$

$$B投资中心的投资利润率=\frac{15\ 800}{145\ 000}\times100\%=10.90\%$$

$$C投资中心的投资利润率=\frac{8\ 450}{75\ 500}\times100\%=11.19\%$$

评价:C投资中心业绩最优,B投资中心业绩最差。

(2)剩余收益

A投资中心的剩余收益=10 400−94 500×10%=950(万元)

B投资中心的剩余收益=15 800−14 500×10%=1 300(万元)

C投资中心的剩余收益=8 450−75 500×10%=900(万元)

评价:B投资中心业绩最优,C投资中心业绩最差。

3.答案与解析:

(1)

利润中心边际贡献总额=5 000×(1−70%)=1 500(万元)

利润中心负责人可控利润=1 500−(800−200)=900(万元)

利润中心可控利润=900−200=700(万元)

(2)

$$投资利润率=\frac{(700-1\ 000\times10\%)\times(1-25\%)}{4\ 000-1\ 000}=\frac{450}{3\ 000}=15\%$$

剩余收益=450−3 000×11%=120(万元)

4.答案与解析:

税后营业利润＝500×(1－25％)＝375(万元)

股权资本成本＝6％＋1.5×(12％－6％)＝15％

加权平均资本成本＝8％×(1－25％)×40％＋15％×60％＝11.4％

经济增加值＝税后营业利润－加权平均资本成本×投资资本
＝375－3 000×11.4％＝33(万元)

5.答案与解析：

(1)2019 年至 2021 年的经济增加值：

2019 年的经济增加值＝[385.5＋82×(1－25％)]－(1 141＋1 131)×10％
＝219.8(万元)

2020 年的经济增加值＝[423.75＋90×(1－25％)]－(1 269＋1 257)×10％
＝198.65(万元)

2021 年的经济增加值＝[457.65＋97.2×(1－25％)]－(1 505.16＋1 492.70)×10％
＝230.764(万元)

(2)2020 年不能完成目标经济增加值。

200＝(1 269＋1 257)×(投资资本回报率－10％)

投资资本回报率＝17.92％

计算结果表明:该公司 2020 年投资资本回报率要提高到 17.92％才能达到目标经济增加值。

《财务管理》综合练习题

1.已知：某上市公司现有资金 10 000 万元，其中：普通股 3 500 万元，长期借款 6 000 万元，留存收益 500 万元。普通股成本为 10.5%，长期借款年利率为 8%，有关投资服务机构的统计资料表明，该上市公司股票的系统性风险是整个股票市场风险的 1.5 倍。目前整个股票市场平均收益率为 8%，无风险报酬率为 5%。公司适用的所得税税率为 25%。

公司拟通过再筹资发展甲、乙两个投资项目。有关资料如下：

资料一：甲项目投资额为 1 200 万元，经测算，甲项目的资本收益率存在 −5%，12% 和 17%三种可能，三种情况出现的概率分别为 0.4，0.2 和 0.4。

资料二：乙项目投资额为 2 000 万元，经过逐次测试，得到以下数据：当设定折现率为 14%和 15%时，乙项目的净现值分别为 4.9468 万元和 −7.4202 万元。

资料三：乙项目所需资金有 A、B 两个筹资方案可供选择。A 方案：平价发行票面年利率为 12%、期限为 3 年的公司债券；B 方案：增发普通股，股东要求每年股利增长 2.1%。

资料四：假定该公司筹资过程中发生的筹资费可忽略不计，长期借款和公司债券均为年末付息，到期还本。

要求：

(1)指出该公司股票的 β 系数；

(2)计算该公司股票的必要收益率；

(3)计算甲项目的预期收益率；

(4)计算乙项目的内部收益率；

(5)以该公司股票的必要收益率为标准，判断是否应当投资于甲、乙项目；

(6)分别计算乙项目 A、B 两个筹资方案的资本成本；

(7)根据乙项目的内部收益率和筹资方案的资本成本，对 A、B 两方案的经济合理性进行分析；

(8)计算乙项目分别采用 A、B 两个筹资方案再筹资后，该公司的综合资本成本；

(9)根据再筹资后公司的综合资本成本，对乙项目的筹资方案做出决策。

2.甲公司现有生产线已满负荷运转，鉴于其产品在市场上供不应求，公司准备购置一条生产线，公司及生产线的相关资料如下：

资料一：甲公司生产线的购置有两个方案可供选择；

A 方案生产线的购买成本为 7 200 万元，预计使用 6 年，采用直线法计提折旧，预计净残值率为 10%，生产线投产时需要投入营运资金 1 200 万元，以满足日常经营活动需要，生产线运营期满时垫支的营运资金全部收回，生产线投入使用后，预计每年新增销售收入 11 880 万元，每年新增付现成本 8 800 万元，假定生产线购入后可立即投入使用。

B 方案生产线的购买成本为 200 万元，预计使用 8 年，当设定贴现率为 12%时净现值为 3228.94 万元。

资料二：甲公司适用的企业所得税税率为 25%，不考虑其他相关税金，公司要求的最低投资报酬率为 12%。

资料三：甲公司目前资本结构(按市场价值计算)为：总资本 40 000 万元，其中债务资本 16 000 万元(市场价值等于其账面价值，平均年利率为 8%)，普通股股本 24 000 万元(市价 6 元/股，4 000 万股)，公司今年的每股股利(DO)为 0.3 元，预计股利年增长率为 10%.且未来股利政策保持不变。

资料四：甲公司投资所需资金 7 200 万元需要从外部筹措，有两种方案可供选择；方案一为全部增发普通股，增发价格为 6 元/股。方案二为全部发行债券，债券年利率为 10%，按年支付利息，到期一次性归还本金。假设不考虑筹资过程中发生的筹资费用。甲公司预期的年息税前利润为 4 500 万元。

要求：

(1)根据资料一和资料二，计算 A 方案的下列指标：

①投资期现金净流量；②年折旧额；③生产线投入使用后第 1—5 年每年的营业现金净流量；④生产线投入使用后第 6 年的现金净流量；⑤净现值。

(2)分别计算 A、B 方案的年金净流量，据以判断甲公司应选择哪个方案，并说明理由。

(3)根据资料二，资料三和资料四：

①计算方案一和方案二的每股收益无差别点(以息税前利润表示)；②计算每股收益无差别点的每股收益；③运用每股收益分析法判断甲公司应选择哪一种筹资方案，并说明理由。

(4)假定甲公司按方案二进行筹资，根据资料二、资料三和资料四计算：①甲公司普通股的资本成本；②筹资后甲公司的加权平均资本成本。

3.某投资者准备从证券市场购买 A、B、C、D 四种股票组成投资组合。已知 A、B、C、D 四种股票的 β 系数分别为 0.7、1.2、1.6、2.1。现行国库券的收益率为 8%，市场平均股票的必要收益率为 15%，

要求：

(1)采用资本资产定价模型分别计算这四种股票的预期收益率。

(2)假设该投资者准备长期持有 A 股票。A 股票去年的每股股利为 4 元，预计年股利增长率为 6%，当前每股市价为 58 元。投资 A 股票是否合算？

(3)若该投资者按 5∶2∶3 的比例分别购买了 A、B、C 三种股票，计算该投资组合的系数和预期收益率。

(4)若该投资者按 3∶2∶5 的比例分别购买了 B、C、D 三种股票，计算该投资组合的 β 系数和预期收益率。

(5)根据上述(3)和(4)的结果,如果该投资者想降低风险,应选择哪一投资组合?

4.某公司年终利润分配前的股东权益项目资料如下:

股本一普通股(每股面值 2 元,300 万股)	600 万元
资本公积	180 万元
未分配利润	920 万元
所有者权益合计	1 700 万元

公司股票的每股现行市价为 25 元。要求:计算回答下述三个互不相关的问题:(1)计划按每 10 股送 1 股的方案发放股票股利,并按发放股票股利后的股数派发每股现金股利 0.2 元,股票股利的金额按现行市价计算。计算完成这一分配方案的股东权益各项目数额。(2)如若按 1 股换 2 股的比例进行股票分割,计算股东权益各项目数额,普通股股数。(3)假设利润分配不改变市净率(每股市价/每股净资产),公司按每 10 股送 1 股的方案发放股票股利,股票股利按现行市价计算,并按新股数发放现金股利,且希望普通股市价达每股 22 元,计算每股现金股利应是多少?

5.A 公司是一个钢铁企业,拟进入前景看好的汽车制造业。现找到一个投资机会,利用 B 公司的技术生产汽车零件,并将零件出售给 B 公司。B 公司是一个有代表性的汽车零件生产企业。预计该项目需固定资产投资 750 万元,可以持续五年。会计部门估计每年固定成本为(不含折旧)40 万元,变动成本是每件 180 元,固定资产折旧采用直线法,折旧年限为 5 年,净残值为 50 万元(均符合税法的规定)。营销部门估计各年销售量均为 40 000 件,B 公司可以接受 250 元/件的价格。生产部门估计需要 250 万元的流动资金投资。(假设项目建设期为零)

该公司要求的投资报酬率为 10%,所得税税率为 25%。

要求:(1)计算该项目的净现值,并依据计算结果对该项目的财务可行性进行评价;

(2)假如预计的固定成本和变动成本、固定资产残值、流动资金和单价只在±10%以内是准确的,这个项目最差情景下的净现值是多少?

(3)分别计算利润为零和净现值为零的年销售量。

6.某外商投资企业准备投资一生产线用于新产品生产,该生产线的成本为 110 000 元,该企业可以对其折旧方法做出选择,公司可以选用直线法或年数总和法,税法规定使用年限 5 年,残值为 20 000 元,所得税率为 40%,公司预计该项目尚有 6 年的使用年限,6 年后的净残值预计为 0,若该生产线投产后,每年预计可以给企业带来 10 000 件的新产品的销量,该产品单位边际贡献为 42 元(该企业变动成本均为付现成本),固定付现成本为 400 000 元。预计新项目投资的目标资本结构为资产负债率 60%,新筹集负债的税前资本成本为 9.02%;该公司过去没有投产过类似项目,但新项目与一家上市公司的经营项目类似,该上市公司的 β 值为 2,其资产负债率为 50%,目前证券市场的无风险收益率为 5%,证券市场的平均收益率为 10%。

要求:(1)通过计算判断公司应采用哪种折旧方法;

(2)根据所选用的折旧方法评价该项目是否可行;

(3)若公司能够对固定成本进行压缩,计算使得该项目可行的最高的固定付现成本。

7.某企业2018年年末的资产负债表(简表)如下:

单位:万元

项目	期末数	项目	期末数
流动资产合计	2 400	短期借款	460
长期投资净额	30	应付票据	180
固定资产合计	650	应付账款	250
无形资产及其他资产	120	预提费用	70
		流动负债合计	960
		长期负债合计	320
		股本	900
		资本公积	350
		留存收益	670
		股东权益合计	1 920
资产总计	3 200	负债及所有者权益总计	3 200

根据历史资料考察,销售收入与流动资产、固定资产、应付票据、应付账款和预提费用等项目成正比,企业2018年度销售收入为4 000万元,净利润为1 000万元,年末支付现金股利600万元,普通股股数300万股,无优先股。假设企业的固定经营成本在10 000万元的销售收入范围内保持100万元的水平不变。

要求:回答以下几个问题:

(1)预计2019年度销售收入为5 000万元,销售净利率与2018年相同,董事会提议将股利支付率提高到66%以稳定股价。如果可从外部融资200万元,你认为该提案是否可行?

(2)假设该公司一贯实行固定股利支付率政策,预计2019年度销售收入为5 000万元,销售净利率提高到30%,采用销售百分比法预测2019年外部融资额;

(3)假设该公司股票属于固定增长股票,股利固定增长率为5%,无风险报酬率为6%,β系数为2,股票市场的平均收益率为10.5%。计算该公司股票的必要收益率和该公司股票在2019年1月1日的价值;

(4)假设按(2)所需资本有两种筹集方式:全部通过增加借款取得,或者全部通过增发普通股取得。如果通过借款补充资本,新增借款的年利息率为6.5%,2018年年末借款利息为0.5万元;如果通过增发普通股补充资本,预计发行价格为10元/股,股利固定增长率为5%。假设公司的所得税率为25%,请计算两种新增资本各自的资本成本率和两种筹资方式的每股收益无差别点以及达到无差别点时各自的财务杠杆系数;(假设筹资费用可忽略不计)

(5)结合(4)假设预计追加筹资后的息税前利润为240万元,请为选择何种追加筹资方式做出决策并计算两种筹资方式此时各自的经营杠杆系数。

8.B公司是一家生产电子产品的制造类企业,采用直线法计提折旧,适用的企业所得税税率为25%。在公司最近一次经营战略分析会上,多数管理人员认为,现有设备效率不高，影响了企业市场竞争力。公司准备配置新设备扩大生产规模，推定结构转型，生产新一代电子产品。

(1)公司配置新设备后，预计每年营业收入扣除营业税金及附加后的差额为5 100万元，预计每年的相关费用如下：外购原材料、燃料和动力费为1 800万元，工资及福利费为1 600万元，其他费用为200万元，财务费用为零。市场上该设备的购买价为4 000万元，折旧年限为5年，预计净残值为零。新设备当年投产时需要追加流动资产资金投资2 000万元。

(2)公司为筹资项目投资所需资金，拟定向增发普通股300万股，每股发行价12元，筹资3 600万元，公司最近一年发放的股利为每股0.8元，固定股利增长率为5%：拟从银行贷款2 400万元，年利率为6%，期限为5年。假定不考虑筹资费用率的影响。

(3)假设基准折现率为9%。

要求：

(1)根据上述资料，计算下列指标：

①使用新设备每年折旧额和1～5年每年的经营成本；

②运营期1～5年每年息税前利润和总投资收益率；

③普通股资本成本、银行借款资本成本和新增筹资的边际资本成本；

④建设期净现金流量(NCF_0)，运营期所得税后净现金流量(NCF_{1-4}和NCF_5)及该项目净现值。

(2)运用净现值法进行项目投资决策并说明理由。

9.W公司为一家上市公司，为了适应外部环境变化，拟对当前的财务政策进行评估和调整，董事会召开了专门会议，要求财务部对财务状况和经营成果进行分析，相关资料如下：

资料一：公司有关的财务资料如表1、表2所示：

表1　财务状况有关资料

单位：万元

项目	2017年12月31日	2018年12月31日
股本(每股面值1元)	6 000	11 800
资本公积	6 000	8 200
留存收益	38 000	40 000
股东权益合计	50 000	60 000
负债合计	90 000	90 000
负债和股东权益合计	140 000	150 000

表 2　经营成果有关资料

单位：万元

项目	2016 年	2017 年	2018 年
营业收入	120 000	94 000	112 000
息税前利润	—	7 200	9 000
利息费用	—	3 600	3 600
税前利润	—	3 600	5 400
所得税	—	900	1 350
净利润	6 000	2 700	4 050
现金股利	1 200	1 200	1 200

说明："—"表示省略的数据。

资料二：该公司所在行业相关指标平均值：资产负债率为 40%，已获利息倍数为 3 倍。

资料三：2018 年 2 月 21 日，公司根据 2017 年度股东大会决议，除分配现金股利外，还实施了股票股利分配方案，以 2017 年年末总股本为基础，每 10 股送 3 股工商注册登记变更后公司总股本为 7 800 万股，公司 2018 年 7 月 1 日发行新股 4 000 万股。

资料四：为增加公司流动性，董事李平建议发行公司债券筹资 10 000 万元；董事赵峰建议改变之前的现金股利政策，公司以后不再发放现金股利。

要求：

(1)计算 W 公司 2018 年的资产负债率、权益乘数、已获利息倍数、总资产周转率和基本每股收益。

(2)计算 W 公司在 2017 年息税前利润为 7 200 万元时的财务杠杆系数。

(3)结合 W 公司目前偿债能力状况，分析李平提出的建议是否合理并说明理由。

(4)W 公司 2016、2017、2018 年执行的是哪一种现金股利政策？如果采纳赵峰的建议停发现金股利，对公司股价可能会产生什么影响？

10.乙公司是一家上市公司，该公司 2018 年末资产总计为 10 000 万元，其中负债合计 2 000 万元。该公司适用的所得税税率为 25%，相关资料如下：

资料一：预计乙公司净利润持续增长，股利也随之相应增长。相关资料如表 1 所示：

表 1　甲公司相关资料

2018 年末股票每股市价	8.75 元
2018 年股票的 β 系数	1.25
2018 年的无风险收益率	4%
2018 年市场组合的收益率	10%
预计股利年增长率	6.5%
预计 2019 年每股现金股利(D_1)	0.5 元

资料二：乙公司认为 2018 年的资本结构不合理，准备发行债券募集资金用于投资，并

利用自有资金回购相应价值的股票，优化资本结构，降低资本成本。假设发行债券不考虑发行费用，且债券的市场价值等于其面值，股票回购后该公司总资产的账面价值不变，经测算，不同资本结构下的债务利率和运用资本资产定价模型确定的权益资本成本如表 2 所示：

表 2　不同资本结构下的债务利率和权益资本成本

方案	负债（万元）	债务利率	税后债务资本成本	按资本资产定价模型确定的权益资本成本	以账面价值为权重确定的加权资本成本
原资本结构	2 000	(A)	4.5%	×	(C)
新资本结构	4 000	7%	(B)	13%	(D)

注：表中的×表示省略的数据。

(1)根据资料一，利用资本资产定价模型计算乙公司股东要求的必要收益率。

(2)根据资料一，利用股票估计模型计算乙公司 2018 年年末股票的内在价值。

(3)根据上述计算结果，判断投资者 2018 年末是否应该按当时的市场价格买入乙公司股票，并说明理由。

(4)确定表 2 中字母代表的数值(需要列示计算过程)。

(5)根据(4)的计算结果，判断这两种资本结构哪种比较优化，说明理由。

(6)预计 2019 年乙公司的息税前利润为 1 400 万元，假设 2019 年该公司选择负债 4 000万元的资本结构。若 2020 年的经营杠杆系数为 2，计算该公司 2020 年的财务杠杆系数和总杠杆系数。

(7)请简述经营杠杆、财务杠杆和总杠杆的各自含义及三者之间的关系。

11.丁伟是东方咨询公司的一名财务分析师，应邀评估华联商业集团建设新商场对公司股票价值的影响。丁伟根据公司情况做了以下估计：

(1)公司本年度净收益为 200 万元，每股支付现金股利 2 元，新建商场开业后，净收益第一年、第二年均增长 15%，第三年增长 8%，第四年及以后将保持这一净收益水平；

(2)该公司一直采用固定支付率的股利政策，并打算今后继续实行该政策；

(3)公司的 β 系数为 1，如果将新项目考虑进去，β 系数将提高到 1.5；

(4)无风险收益率(国库券)为 4%，市场要求的收益率为 8%；

(5)公司股票目前市价为 23.6 元。

丁伟打算利用股利贴现模型，同时考虑风险因素进行股票价值的评估。华联集团公司的一位董事提出，如果采用股利贴现模型，则股利越高，股价越高，所以公司应改变原有的股利政策提高股利支付率。

请你协助丁伟完成以下工作：

(1)参考固定股利增长贴现模型，分析这位董事的观点是否正确？

(2)分析股利增加对股票的每股账面价值有何影响？

(3)评估公司股票价值。

12.A 公司是一家饮料生产商，公司相关资料如下：

资料一：A 公司 2018 年相关财务数据如下表所示。假设 A 公司成本习性不变，现有债务利息水平不变。

表　A 公司 2018 年相关财务数据

单位:万元

资产负债类项目(2018 年 12 月 31 日)	金额
流动资产	40 000
非流动资产	60 000
流动负债	30 000
长期负债	30 000
所有者权益	40 000
收入成本类项目(2018 年度)	金额
营业收入	80 000
固定成本	25 000
变动成本	30 000
财务费用(利息费用)	2 000

资料二:A 公司计划 2019 年推出一款新型饮料,年初需要购置一条新生产线,并立即投入使用。该生产线购置价格为 50 000 万元,可使用 8 年,预计净残值为 2 000 万元,采用直线法计提折旧。该生产线投入使用时需要垫支营运资金 5 500 万元,在项目终结时收回。该生产线投产后 A 公司每年可增加营业收入 22 000 万元,增加付现成本 10 000 万元。会计上对于生产线折旧年限、折旧方法以及净残值等的处理与税法保持一致。假设 A 公司要求的最低报酬率为 10%。

资料三:为了满足购置新生产线的资金需求,A 公司设计了两个筹资方案,第一个方案是以借贷方式筹集资金 50 000 万元,年利率为 8%;第二个方案是发行普通股 10 000 万股,每股发行价 5 元,A 公司 2019 年年初普通股股数为 30 000 万股。

资料四:假设 A 公司不存在其他事项,A 公司适用的所得税税率为 25%。

要求:

(1)根据资料一,计算 A 公司的下列指标:①营运资金;②产权比率;③边际贡献率。

(2)根据资料一,以 2018 年为基期计算经营杠杆系数。

(3)根据资料二和资料四,计算新生产线项目的下列指标:①原始投资额;②第 1－7 年现金净流量(NCF_{1-7});③第 8 年现金净流量(NCF_8);④净现值(NPV)。

(4)根据要求(3)的计算结果,判断是否应该购置该生产线,并说明理由。

(5)根据资料一、资料三和资料四,计算两个筹资方案的每股收益无差别点(EBIT)。

(6)假设 A 公司采用第一个方案进行筹资,根据资料一、资料二和资料三,计算新生产线投产后 A 公司的息税前利润和财务杠杆系数。

13.甲公司是一家从事汽车零配件生产、销售的公司,在创业板上市。2018 年年报及相关资料显示,公司资产、负债总额分别为 10 亿元、6 亿元,负债的平均年利率 6%,发行在外普通股股数为 5 000 万股;公司适用的所得税税率为 25%。

近年来,受到顾客个性化发展趋势和“互联网＋”模式的深度影响,公司董事会于

2019 年初提出，要从公司战略高度加快构建“线上＋线下”营销渠道，重点推进线上营销渠道项目（以下简称“项目”）建设，以巩固公司的行业竞争地位。项目主要由信息系统开发、供应链及物流配送系统建设等组成，预计总投资为 2 亿元。2019 年 3 月，公司召开了由中、高层人员参加的“线上营销渠道项目与投融资”专题论证会。部分参会人员的发言要点如下：

（1）经营部经理：在项目财务决策中，为完整反映项目运营的预期效益，应将项目预期带来的销售收入全部作为增量收入处理。

（2）投资部经理：根据市场前景、项目经营等相关资料预测，项目预计内含报酬率高于公司现有的平均投资收益率，具有财务可行性。

（3）董事会秘书：项目所需的 2 亿元资金可通过非公开发行股票（定向增发）方式解决。定向增发计划的要点包括：①以现金认购方式向不超过 20 名特定投资者发行股份；②发行价格不低于定价基准日前 20 个交易日公司股票价格均价的 90%；③如果控股股东参与定向认购，其所认购股份应履行自发行结束之日起 12 个月内不得转让的义务。

（4）财务总监：董事会秘书所提出的项目融资方案可供选用，但公司融资应考虑资本成本、项目预期收益等多项因素影响。财务部门提供的有关资料显示：①如果项目举债融资，需向银行借款 2 亿元，新增债务年利率为 8%；②董事会为公司资产负债率预设的警戒线为 70%；③如果项目采用定向增发融资，需增发新股 2 500 万股，预计发行价为 8 元/股；④项目投产后预计年息税前利润为 0.95 亿元。

假定不考虑其他因素。

要求：

（1）根据资料（1）和（2），逐项判断经营部经理和投资部经理的观点是否存在不当之处；对存在不当之处的，分别说明理由。

（2）根据资料（3），逐项判断定向增发计划要点①至③项是否存在不当之处；对存在不当之处的，分别说明理由。

（3）根据资料（4）的①和②项，判断公司是否可以举债融资，并说明理由。

（4）根据资料（4），依据 EBIT－EPS 无差别点分析法原理，判断公司适宜采用何种融资方式，并说明理由。

14.A 公司拟借款用于投资购买价值为 800 万元的大型生产设备（不考虑其他相关税费），购入后立即投入使用，每年可为公司增加利润总额 160 万元。该设备预计可使用 5 年，预计净残值为零，按年限平均法计提折旧。

A 公司向银行取得新的长期借款后，公司普通股市价为 10 元/股，预计下年度每股股利由 1.8 元提高到 2.0 元，以后每年增长 1%。

假设适用的企业所得税税率为 25%，不考虑其他相关税费。

要求根据上述资料回答以下各题：

（1）若该设备投资项目的期望报酬率为 16%，标准差为 0.08，则该设备投资项目的标准离差率为多少？

（2）公司新增银行借款后的股票资本成本为多少。

（3）该设备投资项目的静态投资回收期为多少年。

(4)经测算，当贴现率为 20%时，该设备投资项目的净现值为 37.368 万元；当贴现率为 24%时，该设备投资项目的净现值为－31.288 万元，采用插值法计算该投资项目的内含报酬率为多少？

15.甲企业计划出售 40%的股票给某跨国公司——A 公司，这一事件立即引起了国际社会的广泛关注。为此，A 公司组成专门的投资评估小组进行可行性研究。经过数月的调查分析，投资评估小组最终否决了这一投资方案，结果使得这个轰动世界的投资方案胎死腹中。投资评估小组着重将甲企业与其同样著名的乙企业进行了比较分析(有关甲乙两企业的财务会计信息如资料 1、2、3 所示)。

要求：(1)计算分析甲乙两企业的偿债能力、营运能力、盈利能力以及市场评价情况(有关本期平均指标用年末数代替)；

(2)说明投资评估小组否决这一投资方案的理由。

资料 1：

甲乙两企业××年末资产负债表

甲企业(单位：百万美元)		乙企业(单位：百万美元)	
项目	金额	项目	金额
资产：		资产：	
现金	279	现金	2 938
应收账款	780	短期投资	515
短期租赁应收款	549	应收账款	2 085
存货	7 291	短期租赁应收款	14
流动资产小计	8 849	存货	3 277
厂房及设备	2 414	流动资产小计	8 829
长期租赁应收款	2 072	厂房及设备	5 530
其他资产	1 506	其他资产	1 425
资产总计	14 841	资产总计	15 784
负债及股东权益		负债及股东权益	
负债		负债	
短期应付债款	4 600	短期应付债款	5 466
客户预付款	2 087	客户预付款	667
流动负债小计	6 687	其他应付账款	143
长期应付票据	4 277	流动负债小计	6 276
		长期应付票据	1 415
总负债	10 964	总负债	7 691
股东权益		股东权益	
普通股(68 000 000 股)	68	普通股(180 000 000 股)	1 800
资本公积	257	资本公积	583
留存收益	3 552	留存收益	5 710
股东权益合计	3 877	股东权益合计	8 093
负债及股东权益合计	14 841	负债及股东权益合计	15 784

资料 2:甲乙两企业××年度利润表

甲企业(单位:百万美元)		乙企业(单位:百万美元)	
项目	金额	项目	金额
营业收入	18 448	营业收入	29 314
减:营业成本	15 750	减:营业成本	24 900
营业毛利	2 698	营业毛利	4 414
减:营业费用	1 789	减:营业费用	2 460
营业利润	909	营业利润	1 954
减:利息费用	485	其他业务利润	263
税前利润	424	减:利息费用	13
所得税费用	169	税前利润	2 204
净利润	255	所得税费用	637
普通股每股利润	3.75 美元	净利润	1 567
		普通股每股利润	8.71 美元

资料 3:当年 12 月 31 日甲乙两企业的每股市价分别为 18.98 美元和 83.83 美元。

答案与解析

1.答案与解析:

(1)该公司股票的 β 系数为 1.5

(2)

该公司股票的必要收益率=5%+1.5×(8%−5%)=9.5%

(3)

甲项目的预期收益率=(−5%)×0.4+12%×0.2+17%×0.4=7.2%

(4)

$$乙项目的内部收益率=14\%+\frac{4.9468-0}{4.9468-(-7.4202)}\times(15\%-14\%)=14.4\%$$

(5)判断是否应当投资于甲、乙项目:

因为,甲项目预期收益率 7.2%<该公司股票的必要收益率 9.5%

乙项目内部收益率 14.4%>该公司股票的必要收益率 9.5%

所以,不应当投资于甲项目,应当投资于乙项目

(6)A、B 两个筹资方案的资本成本:

A 筹资方案的资本成本=12%×(1−25%)=9%

B 筹资方案的资本成本=10.5%+2.1%=12.6%

(7)A、B 两个筹资方案的经济合理性分析

因为，A 筹资方案的资本成本 9%<乙项目内含报酬率 14.4%

B 筹资方案的资本成本 12.6%<乙项目内含报酬率 14.4%

所以，A、B 两个筹资方案在经济上都是合理的

(8)再筹资后该公司的综合资本成本：

$$\text{按 A 方案筹资后的综合资金成本}=10.5\%\times\frac{4\ 000}{12\ 000}+(8\%\times\frac{6\ 000}{12\ 000}+12\%\times\frac{2\ 000}{12\ 000})\times(1-25\%)=8\%$$

$$\text{按 B 方案筹资后的综合资金成本}=(10.5\%+2.1\%)\times\frac{4\ 000+2\ 000}{12\ 000}+8\%\times\frac{6\ 000}{12\ 000}\times(1-25\%)=9.3\%$$

(9)对乙项目的筹资方案做出决策：

因为，

按 A 方案筹资后综合资本成本(8%)<按 B 方案筹资后综合资本成本(9.3%)

所以，A 筹资方案优于 B 筹资方案。

2.答案与解析：

(1)

①

投资期现金净流量 $NCF_0=-(7\ 200+1\ 200)=-8\ 400$(万元)

②

$$\text{年折旧额}=\frac{7\ 200\times(1-10\%)}{6}=1\ 080\text{(万元)}$$

③

生产线投入使用后第 1－5 年每年的营业现金净流量 $NCF_{1-5}=(11\ 880-8\ 800)\times(1-25\%)+1\ 080\times25\%=2\ 580$(万元)

④

生产线投入使用后第 6 年的现金净流量 $NCF_6=2\ 580+1\ 200+7\ 200\times10\%=4\ 500$(万元)

⑤

$$\begin{aligned}\text{净现值}&=-8\ 400+2\ 580\times(P/A,12\%,5)+4\ 500\times(P/F,12\%,6)\\&=-8\ 400+2\ 580\times3.6048+4\ 500\times0.5066=3\ 180.08\text{(万元)}\end{aligned}$$

(2)

$$\text{A 方案的年金净流量}=\frac{3\ 180.08}{(P/A,12\%,6)}=\frac{3\ 180.08}{4.1114}=773.48\text{(万元)}$$

$$\text{B 方案的年金净流量}=\frac{3\ 228.94}{(P/A,12\%,8)}=\frac{3\ 228.94}{4.9676}=650\text{(万元)}$$

由于 A 方案的年金净流量大于 B 方案的年金净流量，因此乙公司应选择 A 方案。

(3)

①

$$\frac{(EBIT-16\ 000\times 8\%)\times(1-25\%)}{4\ 000+\frac{7\ 200}{6}}=\frac{(EBIT-16\ 000\times 8\%-7\ 200\times 10\%)\times(1-25\%)}{4\ 000}$$

$$EBIT=\frac{5\ 200\times 2\ 000-4\ 000\times 1\ 280}{52\ 000-4\ 000}=4\ 400(\text{万元})$$

②

$$\text{每股收益无差别点的每股收益}=\frac{(4400-16\ 000\times 8\%)\times(1-25\%)}{4\ 000+\frac{7\ 200}{6}}=0.45(\text{元})$$

③该公司预期息税前利润 4 500 万元大于每股收益无差别点的息税前利润，所以应该选择财务杠杆较大的方案二债券筹资。

(4)

①

$$\text{乙公司普通股的资本成本}=\frac{0.3\times(1+10\%)}{6}+10\%=15.5\%$$

②

$$\begin{aligned}\text{筹资后乙公司的加权平均资本成本}&=15.5\%\times\frac{24\ 000}{40\ 000+7\ 200}+8\%\times(1-25\%)\times\frac{16\ 000}{40\ 000+7\ 200}+10\%\times\\&\quad(1-25\%)\times\frac{7\ 200}{40\ 000+7\ 200}\\&=11.06\%\end{aligned}$$

3.答案与解析：

(1)预期报酬率分别为：

A 股票的预期报酬率 $=8\%+0.7\times(15\%-8\%)=12.9\%$

B 股票的预期报酬率 $=8\%+1.2\times(15\%-8\%)=16.4\%$

C 股票的预期报酬率 $=8\%+1.6\times(15\%-8\%)=19.2\%$

D 股票的预期报酬率 $=8\%+2.1\times(15\%-8\%)=22.7\%$

(2)

$$\text{A 股票价值}=\frac{4\times(1+6\%)}{12.9\%-6\%}=61.45(\text{元})$$

因为 A 股票的价值 61.45 元高于 A 股票的市价 58 元，所以 A 股票值得购买。

(3)

A、B、C 三种股票组合的 β 系数 $=0.7\times 5\div 10+1.2\times 2\div 10+1.6\times 3\div 10=1.07$

A、B、C 三种股票组合预期报酬率 $=8\%+1.07\times(15\%-8\%)=15.49\%$

(4)

B、C、D 这 3 种股票组合的 β 系数=1.2×3÷10+1.6×2÷10+2.1×5÷10=1.73

B、C、D 这 3 种股票组合预期报酬率=8%+1.73×(15%−8%)=20.11%

(5)该投资者为降低投资风险,应选择 A、B、C 投资组合。

4.答案与解析:

(1)

发放股票股利后的普通股数=300×(1+10%)=330(万股)

发放股票股利后的普通股股本=2×330=660(万元)

发放股票股利后的资本公积=180+(25−2)×30=870(万元)

现金股利=0.2×330=66(万元)

利润分配后的未分配利润=920−25×30−66=104(万元)

(2)

股票分割后的普通股数=300×2=600(万股)

股票分割后的普通股本=1×600=600(万元)

股票分割后的资本公积=180(万元)

股票分割后的未分配利润=920(万元)

(3)

分割前每股净资产$=\frac{1\ 700}{300}=5.67$(元)

分派前市净率$=\frac{25}{5.67}=4.41$(倍)

每股市价 22 元时的每股净资产$=\frac{22}{4.41}=4.99$(元)

每股市价 22 元时的全部净资产=4.99×330=1 646.7(万元)

每股市价 22 元时的每股现金股利$=\frac{1\ 700-1\ 646.7}{330}=0.16$(元)

5.答案与解析:

(1)

初始现金流量=−750−250=−1 000(万元)

固定资产年折旧$=\frac{750-50}{5}=140$(万元)

年营业收入=40 000×250=10 000 000=1 000(万元)

年付现成本=40 000×180+400 000=7 600 000=760(万元)

营业现金流量=1 000×(1−25%)−760×(1−25%)+140×25%=215(万元)

终结点回收额=250+50=300(万元)

项目净现值=215×(P/A,10%,5)+300×(P/F,10%,5)−1 000

=215×3.7908+300×0.6209−1 000=1.292(万元)

因为投资项目的净现值大于零,方案具有财务可行性。

(2)在最差情景下相关参数如下：

单价＝250×(1－10％)＝225(元/件)

单位变动成本＝180×(1＋10％)＝198(元/件)

固定成本＝400 000×(1＋10％)＝440 000(元)＝44(万元)

流动资金投资＝250×(1＋10％)＝275(万元)

残值＝500 000×(1－10％)＝450 000(元)＝45(万元)

初始现金流量＝－750－275＝－1 025(万元)

年营业收入＝40 000×225＝9 000 000＝900(万元)

年付现成本＝40 000×198＋440 000＝8 360 000＝836(万元)

营业现金流量＝900×(1－25％)－836×(1－25％)＋140×25％＝83(万元)

终结点回收额＝275＋45＝320(万元)

项目净现值＝83×(P/A,10％,5)＋320×(P/F,10％,5)－1 025

＝83×3.7908＋320×0.6209－1 025＝－511.6756(万元)

(3)

①

利润为零的销售量＝$\frac{400\ 000+1\ 400\ 000}{250-180}$＝25 714(件)

②净现值为零的销售量：

资本投资现值＝7 500 000＋2 500 000－(2 500 000＋500000)×0.6209

＝10 000 000－1 862 700＝8 137 300(元)

年营业现金净流量×(P/A,10％,5)＝8 137 300(元)

年营业现金净流量＝$\frac{8\ 137\ 300}{3.7908}$＝2 146 591.748(元)

Q×250×(1－25％)－Q×180×(1－25％)－400 000×(1－25％)＋1 400 000×25％＝2 146 591.748

52.5×Q＝2 096 591.748

Q＝39 935(件)

6.答案与解析：

(1)若按直线法计提折旧：

每年的折旧＝$\frac{110\ 000-20\ 000}{5}$＝18 000(元)

若按年数总和法计提折旧：

年	1	2	3	4	5
折旧	30 000	24 000	18 000	12 000	6 000

项目新筹集负债的税后资本成本＝9.02％×(1－40％)＝5.41％

替代上市公司的负债/权益＝$\frac{50\%}{1-50\%}$＝1

$$替代上市公司的\beta_{资产}=\frac{\beta_{权益}}{1+(1-所得税)\times\frac{负债}{权益}}$$

$$=\frac{2}{1+(1-40\%)\times 1}=1.25$$

$$甲公司的负债/权益=\frac{60\%}{1-60\%}=1.5$$

$$甲公司新项目的\beta_{权益}=\beta_{资产}\times[1+(1-所得税)\times\frac{负债}{权益}]$$

$$=1.25\times[1+(1-40\%)\times 1.5]=2.375$$

股票的资本成本＝5％＋2.375×(10％－5％)＝16.88％

加权平均资本成本＝5.41％×60％＋16.88％×40％＝10％

直线法提供的各年折旧抵税流入的现值＝18 000×40％(P/A,10％,5)＝27 293.76(元)

年数总和法提供的各年折旧抵税流入的现值＝30 000×40％×(P/F,10％,1)＋24 000×40％(P/F,10％,2)＋18 000×40％(P/F,10％,3)＋12 000×40％(P/F,10％,4)＋6 000×40％(P/F,10％,5)

＝10 909.2＋7 933.44＋5 409.36＋3 278.4＋1 490.16＝29 020.56(元)

由于年数总和法折旧税额减免的现值比直线法的大 1 726.8 元，所以该公司应采用年数总和法。

(2)

项目	现金流量	年限	系数	现值
投资	－110 000	0	1	－110 000
税后边际贡献	252 000	1－6	4.3553	1 097 535.6
税后的固定付现成本	－240 000	1－6	4.3553	－1 045 272
折旧抵税	略	1－5	略	29 020.56
残值净损失抵税	8 000	6	0.5645	4 516
净现值				－24 199.84

由于净现值小于零，所以该方案不可行。

(3)设每年的固定付现成本为 X，则：

项目	现金流量	年限	系数	现值
投资	－110 000	0	1	－110 000
税后边际贡献	252 000	1－6	4.3553	1 097 535.6
税后的固定成本	$-X\times(1-40\%)$	1－6	4.3553	$-X\times(1-40\%)\times 4.3553$
折旧抵税	略	1－5	略	29 020.56
残值净损失抵税	8 000	6	0.5645	4 516
净现值				0

$-110\ 000+1\ 097\ 535.6-X\times(1-40\%)\times4.3553+29\ 020.56+4\ 516=0$

$X=390\ 739.28$ 元

7.答案与解析：

(1)

$$2018\text{ 年的销售净利率}=\frac{1\ 000}{4\ 000}=25\%$$

$$2018\text{ 年的股利支付率}=\frac{600}{1\ 000}=60\%$$

$$\text{外部融资额}=\left(\frac{2\ 400+650}{4\ 000}+\frac{180+250+70}{4\ 000}\right)\times(5\ 000-4\ 000)-5\ 000\times25\%\times(1-66\%)=212.5\text{ 万元}$$

股利支付率提高后需要从外部融资 212.5 万元，大于企业的融资能力 200 万元，所以该提案不可行。

(2)

$$\text{外部融资额}=\left(\frac{2\ 400+650}{4\ 000}+\frac{180+250+70}{4\ 000}\right)\times(5\ 000-4\ 000)-5\ 000\times30\%\times(1-60\%)=37.5\text{ 万元}$$

(3)

$$\text{该公司股票的必要收益率}=6\%+2\times(10.5\%-6\%)=15\%$$

$$\text{该公司股票在 2018 年年末的每股股利}=\frac{600}{300}=2(\text{元})$$

$$\text{该公司股票在 2019 年 1 月 1 日的价值}=\frac{2\times(1+5\%)}{15\%-5\%}=21(\text{元})$$

(4)

$$\text{新增借款的资本成本率}=6.5\%\times(1-25\%)=4.875\%$$

$$\text{普通股的资本成本率}=\frac{2\times(1+5\%)}{10}+5\%=26\%$$

$$\frac{(EBIT-0.5)\times(1-25\%)}{300+3.75}=\frac{(EBIT-0.5-37.5\times6.5\%)\times(1-25\%)}{300}$$

求得：

$$EBIT=197.94(\text{万元})$$

$$\text{新增借款筹资在每股收益无差别点时的财务杠杆系数}=\frac{197.94}{197.94-0.5-37.5\times6.5\%}=1.02$$

$$\text{新增普通股筹资在每股收益无差别点时的财务杠杆系数}=\frac{197.94}{197.94-0.5}=1$$

(5)预计追加筹资后的息税前利润 240 万元大于每股收益无差别点时的息税前利润 197.94 万元，所以应该选择借款追加筹资。

普通股筹资的经营杠杆系数＝借款筹资的经营杠杆系数

$$=\frac{EBIT+a}{EBIT}=\frac{240+100}{240}=1.42$$

8.答案与解析：

(1)①

使用新设备每年折旧额$=\frac{4\ 000}{5}=800$(万元)

1～5 年每年的经营成本＝1 800＋1 600＋200＝3 600(万元)

②

运营期 1～5 年每年息税前利润＝5 100－3 600－800＝700(万元)

总投资收益率$=\frac{700}{4\ 000+2\ 000}=11.67\%$

③

普通股资本成本$=\frac{0.8\times(1+5\%)}{12}+5\%=12\%$

银行借款资本成本＝6%×(1－25%)＝4.5%

新增筹资的边际资本成本$=12\%\times\frac{3\ 600}{3\ 600+2\ 400}+4.5\%\times\frac{2\ 400}{3\ 600+2\ 400}=9\%$

④

NCF_0＝－4 000－2 000＝－6 000(万元)

NCF_{1-4}＝700×(1－25%)＋800＝1 325(万元)

NCF_5＝1 325＋2 000＝3 325(万元)

该项目净现值＝－6 000＋1 325×$(P/A,9\%,4)$＋3 325×$(P/F,9\%,5)$

＝－6 000＋1 325×3.2397＋3 325×0.6499＝453.52(万元)

(2)该项目净现值 453.52 万元＞0，所以该项目是可行的。

9.答案与解析：

(1)

2018 年资产负债率$=\frac{90\ 000}{150\ 000}=60\%$

2018 年权益乘数$=\frac{150\ 000}{60\ 000}=2.5$

2018 年已获利息倍数$=\frac{9\ 000}{3\ 600}=2.5$

2018 年总资产周转率$=\frac{112\ 000}{(140\ 000+150\ 000)\times\frac{1}{2}}=0.77$

2018 年基本每股收益$=\frac{4\ 050}{6\ 000+6\ 000\times\frac{3}{10}+4\ 000\times\frac{6}{12}}=0.41$(元/股)

(2)

$$财务杠杆系数=\frac{7\ 200}{7\ 200-3\ 600}=2$$

(3)不合理。资料二显示，行业平均资产负债率为40%，而W公司已达到60%，行业平均已获利息倍数为3倍，而W公司只有2.5倍，这反映了W公司的偿债能力较差，如果再发行公司债券，会进一步提高资产负债率，这会加大W公司的财务风险。

(4)从表2来看，W公司2016、2017和2018三年的现金股利相等，这表明W公司这三年执行的是固定股利政策。由于固定股利政策本身的信息含量，稳定的股利向市场传递着公司正常发展的信息，有利于树立公司的良好形象，增强投资者对公司的信心，稳定股票的价格，如果采纳赵峰的建议停发现金股利，可能会导致公司股价下跌。

10.答案与解析：

(1)

$$必要收益率=4\%+1.25\times(10\%-4\%)=11.5\%$$

(2)

$$内在价值=\frac{0.5}{11.5\%-6.5\%}=10元$$

(3)由于10元高于市价8.75元，所以投资者该购入该股票。

(4)

$$A=\frac{4.5\%}{1-25\%}=6\%$$

$$B=7\%\times(1-25\%)=5.25\%$$

$$C=4.5\%\times\frac{2\ 000}{10\ 000}+11.5\%\times\frac{8\ 000}{10\ 000}=10.1\%$$

$$D=5.25\%\times\frac{4\ 000}{10\ 000}+13\%\times\frac{6\ 000}{10\ 000}=9.9\%$$

(5)新资本结构比较优化，因为新资本结构下加权资本成本更低。

(6)

$$2019年税前利润=1\ 400-4\ 000\times7\%=1\ 120万元$$

$$2020年的财务杠杆系数=\frac{2019年息税前利润}{2019年税前利润}=\frac{1\ 400}{1\ 120}=1.25$$

$$2020年的总杠杆系数=2\times1.25=2.5$$

(7)关键词：

总杠杆系数=经营杠杆系数×财务杠杆系数

企业风险、经营风险、财务风险与三个杠杆间的关系

11.答案与解析：

(1)该董事的观点是错误的。在固定股利增长模型中“$P_0=\frac{D_1}{R-g}$”，当股利较高时，

在其他条件不变的情况下，价格的确也会较高。但是其他条件不是不变的。如果公司提高了股利支付率，再投资企业的资金减少，股利增长率 g 就会下降，股价不一定会上升，事实上，如果股东要求的收益率提高，股价也会下降。

(2)股利支付率的提高将使用于留存企业的资金减少，从而会降低股票每股账面价值。

(3)

$$K=4\%+(8\%-4\%)\times1.5=10\%$$

股票价值计算见下表：

年份	0	1	2	3	4—无穷	合计
每股股利(元)	2	2.3	2.65	2.86	2.86	
现值系数($i=10\%$)		0.9091	0.8264	0.7513		
股利现值(元/股)		2.09	2.19	2.15	6.43	
未来股价(元/股)				28.6		
未来股价现值(元/股)	21.49[$=28.6\times(P/F,10\%,3)$]					
股票价值	27.92					

在上述表格中，1—3 年股利每年都不相等，只能逐个计算；从第四年至无穷大，每年的股利均为 2.86，实际上是永续年金，可以用永续年金的现值公式计算。但必须注意，用永续年金的现值公式计算的现值处于第三年年末，故还应进一步转化到第 0 期。

$$\begin{aligned}股票价值&=2.3\times(P/F,10\%,1)+2.65\times(P/F,10\%,2)+2.86\times(P/F,10\%,3)+\\&\quad(2.86/10\%)\times(P/F,10\%,3)\\&=27.92\end{aligned}$$

或：

$$\begin{aligned}股票价值&=2.3\times(P/F,10\%,1)+2.65\times(P/F,10\%,2)+(2.86/10\%)\times(P/F,10\%,2)\\&=27.92\end{aligned}$$

公司股票的内在价值将高于其市价，这一分析表明：采用新项目，公司股价将会上升，它的 β 系数和风险溢价也会上升。

12.答案与解析：

(1)①

$$营运资金=流动资产-流动负债=40\,000-30\,000=10\,000$$

②

$$产权比率=\frac{30\,000+30\,000}{40\,000}=1.5$$

③

$$边际贡献率=1-变动成本率=1-\frac{30\,000}{80\,000}=62.5\%$$

(2)

$$EBIT = 80\ 000 - 25\ 000 - 30\ 000 = 25\ 000$$

$$DOL = \frac{EBIT + a}{EBIT} = \frac{25\ 000 + 25\ 000}{25\ 000} = 2$$

(3)①

原始投资额＝50 000＋5 500＝55 500

②

$$每年的折旧额 = \frac{50\ 000 - 2\ 000}{8} = 6\ 000$$

第 1－7 年现金净流量(NCF_{1-7})＝(22 000－10 000)×(1－25%)＋6 000×25%＝10 500

③

第 8 年现金净流量(NCF_8)＝10 500＋2 000＋5 500＝18 000

④

净现值(NPV)＝10 500×(P/A,10%,7)＋18 000(P/F,10%,8)－55 500＝4 015.2

(4)净现值大于零,所以应该购置该生产线。

(5)

$$(EBIT - 2\ 000)\frac{1 - 25\%}{30\ 000 + 10\ 000} = (EBIT - 2\ 000 - 50\ 000 \times 8\%)\frac{1 - 25\%}{30\ 000}$$

$$EBIT = 18\ 000$$

(6)

投产后的总收入＝80 000＋22 000＝102 000

成本＝25 000＋30 000＋10 000＋6 000＝71 000

息税前利润为＝102 000－71 000＝31 000

采用方案一的利息费用＝2 000＋50 000×8%＝6 000

$$财务杠杆系数 = \frac{31\ 000}{31\ 000 - 6\ 000} = 1.24$$

13.答案与解析:

(1)①经营部经理的观点存在不当之处。

理由:公司在预测新项目的预期销售收入时,必须考虑新项目对现有业务潜在产生的有利或不利影响。因此,不能将其销售收入全部作为增量收入处理。

②投资部经理的观点存在不当之处。

理由:如果用内含报酬率作为评价指标,应将项目预计内含报酬率同公司或项目的加权平均资本成本(或投资人要求的收益率)进行比较来判断项目的财务可行性。

(2)关于定向增发方案的要点:

要点①存在不当之处。

理由:定向增发的发行对象不得超过 10 名。

要点②无不当之处。

要点③存在不当之处。

理由：控股股东所认购之股份应履行自发行结束之日起36个月内不得转让的义务。

(3)可以举债融资。

理由：公司新增贷款2亿元后的资产负债率为$\frac{6+2}{10+2}\times100\%=66.67\%$，低于70%。

或：公司新增贷款后的预计资产负债率，低于董事会预设的资产负债率警戒线。

(4)公司适宜采用债务融资。

理由：依据EBIT－EPS无差别点分析法原理，使EPS相等的息税前利润测算方式如下：

$$\frac{(EBIT-6\times6\%)\times(1-25\%)}{5\ 000+2\ 500}=\frac{(EBIT-6\times6\%-2\times8\%)\times(1-25\%)}{5\ 000}$$

得到EBIT＝0.84(亿元)

项目投产后预计公司年息税前利润为0.95亿元，大于0.84亿元。

或：公司适宜采用债务融资。

如果采用举债融资：

则：

$$EPS_1=\frac{(9\ 500-60\ 000\times6\%-20\ 000\times8\%)\times(1-25\%)}{5\ 000}$$

如果采用定向增发融资：

则：

$$EPS_2=\frac{(9\ 500-60\ 000\times6\%)\times(1-25\%)}{5\ 000+2\ 500}$$

得到，$EPS_1\approx0.65$(元/股)，$EPS_2=0.59$(元/股)

可见举债融资后的每股收益更高。

14.答案与解析：

(1)

$$标准离差率=\frac{标准差}{期望报酬率}\times100\%=\frac{0.08}{16\%}\times1\ 000\%=50\%$$

(2)

$$股票的资本成本=\frac{2}{10}+1\%=21\%$$

(3)

$$年折旧额=\frac{800}{5}=160(万元)$$

每年经营期现金净流量＝160×(1－25%)＋160＝280(万元)

静态投资回收期$=\frac{800}{280}=2.86$(年)

(4)

$$\frac{内含报酬率-20\%}{24\%-20\%}=\frac{0-37.368}{-31.288-37.368}$$

解得：

内含报酬率＝22.18％

15.答案与解析：

(1)计算分析甲乙两企业的偿债能力、营运能力、盈利能力以及市场评价情况如下：

	甲企业	乙企业
一、偿债能力指标		
1.流动比率	1.3	1.4
2.速动比率	0.23	0.88
3.资产负债率	74％	49％
4.已获利息倍数	1.87	170.5
二、营运能力指标		
1.应收账款周转期	26天	26天
2.存货周转率	2.16	7.60
3.流动资产周转率	2.08	3.32
4.总资产周转率	1.24	1.86
三、盈利能力指标		
1.营业毛利率	14.6％	15.1％
2.总资产报酬率	6.1％	14％
3.净资产收益率	6.6％	19.4％
四、市场评价		
1.市盈率	5.06	9.63
2.市净率	0.33	1.86

(2)分析评价甲乙两企业的偿债能力、营运能力、盈利能力以及市场评价情况如下：

①偿债能力分析。甲乙企业相比，甲企业尽管流动比率与乙企业相似，但速动比率大大低于乙企业，表明企业短期偿债能力已出现困难。甲企业资产负债率高达74％，相当于乙企业的1.5倍，表明甲企业的长期偿债能力很弱。甲企业的已获利息倍数只有1.87，远不及乙企业的170.5，表明甲企业很可能将出现收不抵支的情况。由此可以得出结论：甲企业的偿债能力已经出现严重危机。

②营运能力分析。甲企业的应收账款周转期与乙企业相同，均只有 26 天，表明企业收账管理尚无异常。甲企业存货周转率不足乙企业的 1/3，表明甲企业可能存在销售困难、存货积压的情况。甲企业的流动资产周转率与总资产周转率明显低于乙企业，表明甲企业的营运能力不如乙企业。由此可见：甲企业的营运能力较低。

③盈利能力分析。甲企业的营业毛利率水平低于乙企业，两者相差不大。甲企业的总资产报酬率大大低于乙企业，可能是甲企业的费用与利息水平较高，大大影响了盈利能力。甲企业的净资产收益率（6.6%）约为乙企业（19.4%）的 1/3，说明甲企业的盈利能力很弱。分析结果表明：甲企业的盈利能力也处于较低水平。

④市场评价。甲企业的市盈率（5.06）约为乙企业（9.63）的一半，而甲企业的市价与账面价值比率几乎只有乙企业的 1/6，表明市场对甲企业的未来盈利与发展能力的预期很低。

通过以上计算分析可知，甲企业的偿债能力、营运能力、盈利能力与市场评价远不及乙企业，因此，投资评估小组否决了 A 公司向甲企业投资的方案。

模拟试题(A)

一、单项选择题(本类题共15小题,每小题1分,共15分。)

1.下列各项中,能够同时考虑资金的时间价值和投资风险因素的企业财务管理的目标是(　　)。

A.企业规模最大化　　B.利润最大化

C.每股收益最大化　　D.企业价值最大化

2.在下列各项资金时间价值系数中,与资本回收系数互为倒数关系的是(　　)。

A.$(P/F,i,n)$　　B.$(P/A,i,n)$　　C.$(F/P,i,n)$　　D.$(F/A,i,n)$

3.某公司拟发行面值为1 000元,不计复利,5年后一次还本付息,票面利率为10%的债券。已知发行时资本市场的年利率为12%,$(P/F,10\%,5)=0.6209$,$(P/F,12\%,5)=0.5674$.则该公司债券的发行价格为(　　)元。

A.851.10　　B.907.84　　C.931.35　　D.993.44

4.相对于发行股票而言,发行公司债券筹资的优点为(　　)。

A.筹资风险小　　B.限制条款少　　C.筹资额度大　　D.资本成本低

5.企业在选择筹资渠道时,下列各项中需要优先考虑的因素是(　　)。

A.资本成本　　B.企业类型　　C.融资期限　　D.　偿还方式

6.如果企业一定期间内的固定生产成本和固定财务费用均不为零,则由上述因素共同作用而导致的杠杆效应属于(　　)。

A.经营杠杆效应　　B.财务杠杆效应　　C.总杠杆效应　　D.风险杠杆效应

7.某投资项目的项目计算期为5年,净现值为10 000万元,行业基准折现率10%,5年期、折现率为10%的年金现值系数为3.791,则该项目的年等额净回收额约为(　　)万元。

A.2 000　　B.2 638　　C.37 910　　D.50 000

8.在证券投资中,通过随机选择足够数量的证券进行组合可以分散掉的风险是(　　)。

A.所有风险　　B.市场风险　　C.系统性风险　　D.非系统性风险

9.持有过量现金可能导致的不利后果是(　　)。

A.财务风险加大　　B.收益水平下降

C.偿债能力下降　　D.资产流动性下降

10.在下列股利政策中，股利与利润之间保持固定比例关系，体现风险投资与风险收益对等关系的是(　　)。

A.剩余政策　　B.固定股利政策

C.固定股利支付率政策　　D.低正常股利加额外股利政策

11.下列说法中，不正确的是(　　)。

A.如果企业的实际增长率等于内含增长率，则企业不增加负债

B.若外部融资销售增长比为负数，则说明不需要从外部融资

C.狭义的财务预测指估计企业未来的融资需求

D.平衡增长就是保持目前的财务结构和与此有关的财务风险，按照股东权益的增长比例增加借款，以此支持销售增长

12.下列说法中，不正确的是(　　)。

A.在任何情况下，都可以使用公司资本成本作为项目现金流量的折现率

B.评价投资项目最普遍的方法是净现值法和内含报酬率法

C.筹资决策的核心问题是资本结构

D.在管理营运资本方面，资本成本可以用来评估营运资本投资政策和营运资本筹资政策

13.下列关于应收账款收账政策的表述中，正确的是(　　)。

A.只要增加的收账费用大于减少的坏账损失与减少的机会成本之和，就应当采用新的收账政策

B.只要增加的收账费用小于减少的坏账损失与减少的应收账款占用资金之和，就应当采用新的收账政策

C.只要增加的收账费用小于减少的坏账损失与减少的存货占用资金的应计利息之和，就应当采用新的收账政策

D.只要增加的收账费用小于减少的坏账损失与减少的机会成本之和，就应当采用新的收账政策

14.某企业 2018 年营业务收入为 36 000 万元，流动资产平均余额为 4 000 万元，固定资产平均余额为 8 000 万元。假定没有其他资产，则该企业 2018 年的总资产周转率为(　　)次。

A.3.0　　B.3.4　　C.2.9　　D.3.2

15.在杜邦财务分析体系中，综合性最强的财务比率是(　　)。

A.净资产收益率　　B.资产净利率　　C.总资产周转率　　D.营业净利率

二、多项选择题(本类题共 10 题，每小题 2 分，共 20 分。)

1.在下列各项中，可以直接或间接利用普通年金终值系数计算出确切结果的项目有(　　)。

A.偿债基金　　B.预付年金终值　　C.永续年金现值　　D.永续年金终值

2.下列各因素中，与总杠杆系数成同向变动的有(   )。

A.利息费用　　B.销量　　C.单位售价　　D.固定经营成本

3.根据我国的法律，下列说法正确的有(   )。

A.企业对优先股不承担法定的还本义务

B.公司向发起人、国家授权投资的机构、法人发行的股票，可以为记名股票，也可以是无记名股票

C.股票可以记载股票的面额，也可以是无面值股票

D.股票发行价格不得低于票面金额

4.按照资本保全约束的要求，企业发放股利所需资金的来源包括(   )。

A.当期利润　　B.留存收益　　C.原始投资　　D.股本

5.商业信用筹资的优点主要表现为(   )。

A.筹资方便　　B.限制条件少　　C.成本低　　D.融资数额较大

6.在下列各项中，能够影响特定投资组合 β 系数的有(   )。

A.该组合中所有单项资产在组合中所占比重

B.该组合中所有单项资产各自的 β 系数

C.市场投资组合的无风险收益率

D.该组合的无风险收益率

7.在一定时期内，应收账款周转次数多、周转天数少表明(   )。

A.收账速度快　　B.信用管理政策宽松

C.应收账款流动性强　　D.应收账款管理效率高

8.在下列各种情况下，会给企业带来经营风险的有(   )。

A.企业举债过度　　B.原材料价格发生变动

C.企业产品更新换代周期过长　　D.企业产品的生产质量不稳定

9.运用存货模型确定最佳现金持有量时，持有现金的相关成本包括(   )。

A.持有成本　　B.转换成本　　C.短缺成本　　D.管理成本

10.在边际贡献大于固定成本的情况下，下列措施中有利于降低企业风险的有(   )。

A.增加产品销量　　B.提高产品单价

C.提高资产负债率　　D.节约固定成本支出

三、判断题(本类题共 10 分，每小题 1 分，共 10 分。)

1.最优资本结构是使企业筹资能力最强、财务风险最小的资本结构。(   )

2.在评价投资项目的财务可行性时，如果静态投资回收期或投资利润率的评价结论与净现值指标的评价结论发生矛盾，应当以净现值指标的结论为准。(   )

3.一般情况下，股票市场价格会随着市场利率的上升而下降，随着市场利率的下降而上升。(   )

4.企业营运资金余额越大，说明企业风险越小，收益率越高。(   )

5.企业发放股票股利会引起每股利润的下降，从而导致每股市价可能下跌，因而每位

股东所持股票的市场价值总额也将随之下降。(　　)

6.在股利支付程序中,除息日是指领取股利的权利与股票分离的日期,在除息日持有股票的股东有权参与当次股利的分配。(　　)

7.民营企业与政府之间的财务关系体现为一种投资与受资关系。(　　)

8.人们在进行财务决策时,之所以选择低风险的方案,是因为低风险会带来高收益,而高风险的方案则往往收益偏低。(　　)

9.企业在发行可转换债券时,可通过赎回条款来避免市场利率大幅下降后仍需支付较高利息的损失(　　)。

10.与发放现金股利相比,股票回购可以提高每股收益,使股价上升或将股价维持在一个合理的水平上。(　　)

四、计算分析题(本类题共 55 分。1—4 每小题 10 分,第 5 小题 15 分。)

1.已知:某公司 2018 年 12 月 31 日的长期负债及所有者权益总额为 18 000 万元,其中,发行在外的普通股 8 000 万股(每股面值 1 元),公司债券 2 000 万元(按面值发行,票面年利率为 8%,每年年末付息,三年后到期),资本公积 4 000 万元,其余均为留存收益。

2019 年 1 月 1 日,该公司拟投资一个新的建设项目需追加筹资 2 000 万元,现有 A、B 两个筹资方案可供选择。A 方案为:发行普通股,预计每股发行价格为 5 元。B 方案为:按面值发行票面年利率为 8% 的公司债券(每年年末付息)。假定该建设项目投产后,2019 年度公司可实现息税前利润 4 000 万元。公司适用的所得税税率为 25%。

要求:

(1)计算 A 方案的下列指标:①增发普通股的股份数;②2019 公司的全年债券利息。

(2)计算 B 方案下 2019 年公司的全年债券利息。

(3)①计算 A、B 两方案的每股利润无差别点;②为该公司做出筹资决策。

2.W 公司拟投资建设一条生产线,现有甲、乙两种投资方案可供选择,相关资料如表 1 所示:

表 1　甲、乙投资方案现金流量计算表

单位:万元

方案	项目计算期(年) 指标	建设期		运营期	
		0	1	2～5	6
甲	固定资产投资	600	0		
	无形资产投资	(A)	0		
	息税前利润			156	156
	折旧及摊销			112	112
	净残值				—
	净现金流量	−620	0	(B)	289

续表

方案	项目计算期(年) 指标	建设期		运营期	
		0	1	2～5	6
乙	固定资产投资	300	300		
	净现金流量	—	—	266	

说明:表中“2～5”年中的数字为等额数。“—”代表省略的数据。

假定基准折现率为8%,财务费用为零。公司适用的所得税税率为25%。

要求:

(1)确定表1内英文字母代表的数值;

(2)计算甲方案的总投资收益率(注:总投资收益率=息税前利润/原始投资额);

(3)若甲、乙两方案的净现值分别为264.40万元和237.97万元,且甲、乙两方案互斥,分别计算甲、乙两方案的年等额回收额,并依据计算结果进行决策。

3.A公司是一家上市公司,适用的企业所得税税率为25%,当年息税前利润为900万元,预计未来年度保持不变。为简化计算,假定净利润全部分配,债务资本的市场价值等于其账面价值,确定债务资本成本时不考虑筹资费用。证券市场平均收益率为12%,无风险收益率为4%,两种不同的债务水平下的税前利率和β系数如表2所示。公司价值和平均资本成本如表3所示。

表2　不同债务水平下的税前利率和β系数

债务账面价值(万元)	税前利率	β系数
1 000	6%	1.25
1500	8%	1.50

表3　公司价值和平均资本成本

债务市场价值(万元)	股票市场价值(万元)	公司总价值(万元)	税后债务资本成本	权益资本成本	平均资本成本
1 000	4 500	5 500	(A)	(B)	(C)
1 500	(D)	(E)	—	16%	13.09%

注:表3中的“—”表示省略的数据。

要求:

(1)确定表3中英文字母代表的数值(要列示计算过程)。

(2)依据公司价值分析法,确定上述两种债务水平的资本结构哪种更优,并说明理由。

4.某企业有A、B两个投资项目,计划投资额均为1 000万元,其收益(净现值)的概率分布如下表:

市场状况	概率	A项目净现值	B项目净现值
好	0.2	200	300
一般	0.6	100	100
差	0.2	50	−50

要求:(1)分别计算A、B两个项目净现值的期望值;

(2)分别计算A、B两个项目净现值的标准差;

(3)设风险价值系数为8%,分别计算A、B两个项目的风险收益率;

(4)若当前短期国债的利息率为3%,分别计算A、B两个项目的必要收益率;

(5)判断A、B两个投资项目的优劣。

5.丙公司拟进行一项固定资产投资,以扩充生产能力。现有X、Y、Z三个方案备选。相关资料如下:

资料一:丙公司现有长期资本10 000万元,其中,普通股股本为5 500万元,长期借款为4 000万元,留存收益为500万元,长期借款利率为8%。该公司股票的系统风险是整个股票市场风险的2倍。目前整个股票市场平均收益率为8%,无风险收益率为5%。假设该投资项目的风险与公司整体风险一致。该投资项目的筹资结构与公司资本结构相同。新增债务利率不变。

资料二:X方案需要投资固定资产500万元,不需要安装就可以使用,预计使用寿命为10年,期满无残值,采用直线法计算折旧,该项目投产后预计会使公司的存货和应收账款共增加20万元,应付账款增加5万元。假设不会增加其他流动资产和流动负债。在项目运营的10年中,预计每年为公司增加税前利润80万元。X方案的现金流量如表1所示。

表1　X方案的现金流量计算表

单位:万元

年份	0	1—9	10
一、初始现金流量			
固定资产投	(A)		
营运资金垫资	(B)		
初始现金净流量	*		
二、营业现金流量			
销售收入		*	*
付现成本		*	*
折旧		(C)	*
税前利润		80	*
所得税		*	*
净利润		(D)	*
营业现金净流量		(E)	(F)
三、终结现金流量			

续表

年份	0	1—9	10
固定资产净残值			*
回收营运资金			(G)
终结现金净流量			*
四、现金净流量合计	*	*	(H)

注:表内的"*"为省略的数值。

资料三:Y方案需要投资固定资产300万元,不需要安装就可以使用,预计使用寿命为8年。期满无残值,预计每年营业现金净流量为50万元,经测算,当折现率为6%时,该方案的净现值为10.49万元,当折现率为8%时,该方案的净现值为-12.67万元。

资料四:Z方案与X方案、Y方案的相关指标如表2所示。

表2 备选方案的相关指标

方案	X方案	Y方案	Z方案
原始投资额现值(万元)	*	300	420
期限(年)	10	8	8
净现值(万元)	197.27	*	180.50
获利指数	1.38	0.92	(J)
内含报酬率	17.06%	*	*
年等额净回收额(万元)	(I)	*	32.61

注:表内的"*"为省略的数值。

资料五:公司使用的所得税税率为25%。

相关资金时间价值系数如表3所示。

表3 相关资金时间价值系数表

期数(n)	8	9	10
$(P/F,9\%,n)$	0.5019	0.4604	0.4224
$(P/A,9\%,n)$	5.5348	5.9952	6.4170

注:i为项目的必要报酬率。

要求:

(1)根据资料一,利用资本资产定价模型计算丙公司普通股资本成本。

(2)根据资料一和资料五,计算丙公司的加权平均资本成本。

(3)根据资料二和资料五,确定表1中字母所代表的数值(需要列示计算过程)。

(4)根据以上计算的结果和资料三,完成下列要求。①计算Y方案的静态投资回收期和内含报酬率,②判断Y方案是否可行,并说明理由。

(5)根据资料四和资料五,确定表2中字母所代表的数值(需要列示计算过程)。

(6)利用年等额净回收额法,判断丙公司应当选择哪个投资方案,并说明理由。

答案与解析

一、单项选择题

1.答案:D

2.答案:B

解析:资本回收是指在给定的年限内等额回收初始投入资本或清偿所欠债务的价值指标。年资本回收额的计算是年金现值的逆运算,资本回收系数是年金现值系数的倒数。

3.答案:A

解析:

$$债券的发行价格=1\ 000\times(1+10\%\times5)\times(P/F,12\%,5)=851.1(元)$$

4.答案:D

解析:债券筹资的优点包括资本成本较低、保证控制权、可以发挥财务杠杆作用;债券筹资的缺点包括:筹资风险高、限制条件多、筹资额有限。

5.答案:A

解析:财务管理的目标是企业价值最大化,企业的加权资本成本最低时的企业价值是最大的,所以企业在选择筹资渠道时应当优先考虑资本成本。

6.答案:C

解析:如果固定生产成本不为零,则会产生经营杠杆效应,导致息税前利润变动率大于产销业务量的变动率;如果固定财务费用不为零,则会产生财务杠杆效应,导致企业每股利润的变动率大于息税前利润变动率;如果两种杠杆共同起作用,那么销售额稍有变动就会使每股收益发生更大的变动,产生总杠杆效应。

7.答案:B

解析:

$$项目的年等额净回收额=\frac{项目的净现值}{年金现值系数}=\frac{10\ 000}{3.791}\approx2\ 638$$

8.答案:D

解析:证券投资组合的风险包括非系统性风险和系统性风险。非系统性风险又叫可分散风险或公司特定风险,可以通过投资组合分散掉。当股票种类足够多时,几乎能把所有的非系统性风险分散掉。系统性风险又称不可分散风险或市场风险,不能通过证券组合分散掉。

9.答案:B

解析:现金属于非盈利资产,现金持有量过多,导致企业的收益水平降低。

10.答案:C

解析:采用固定股利支付率政策,要求公司每年按固定比例从净利润中支付股利。由于公司的盈利能力在年度间是经常波动的,因此每年的股利也应随着公司收益的变动而变动,保持股利与利润间的一定比例关系,体现风险投资与风险收益的对等。

11.答案:A

解析:内含增长率是企业在不对外融资的情况下所能达到的增长率。这里需要注意的是,不对外融资,并不排除负债的自然增长,所以选项A不正确。

12.答案:A

解析:本题考核项目折现率的确定问题。如果投资项目的风险与现有资产平均风险不同,公司资本成本不能作为项目现金流量的折现率。所以,选项A的说法不正确。

13.答案:D

解析:制定收账政策就是要在增加的收账费用和所减少的坏账损失以及减少的机会成本之间进行权衡。只要增加的收账费用小于减少的坏账损失与减少的机会成本之和,就应当采用新的收账政策。

14.答案:A

解析:

$$\text{总资产周转率}=\frac{\text{营业务收入}}{\text{平均资产总额}}=\frac{\text{营业务收入}}{\text{流动资产平均余额}+\text{固定资产平均余额}}$$

$$=\frac{36\ 000}{4\ 000+8\ 000}=3.0$$

15.答案:A

解析:

$$\text{在杜邦财务分析体系中净资产收益率}=\text{资产净利率}\times\text{权益乘数}$$

$$=\text{销售净利率}\times\text{总资产周转率}\times\text{权益乘数}$$

由此可知在杜邦财务分析体系中净资产收益率是一个综合性最强的财务比率,是杜邦系统的核心。

二、多项选择题

1.答案:AB

解析:

$$\text{偿债基金}=\text{年金终值}\times\text{偿债基金系数}=\frac{\text{年金终值}}{\text{年金终值系数}}$$

所以A正确;

$$\text{预付年金终值}=\text{普通年金终值}\times(1+i)=\text{年金}\times\text{普通年金终值系数}\times(1+i)$$

所以B正确。选项C的计算与普通年金终值系数无关,永续年金不存在终值。

2.答案:AD

解析:

$$总杠杆系数=\frac{单价\times销量-变动成本}{单价\times销量-变动成本-固定经营成本-利息费用-\frac{优先股股利}{1-所得税税率}}$$

可见变动成本、固定成本和利息费用越大，总杠杆系数越大；单价和销量越大，总杠杆系数越小。

3.答案：AD

解析：本题考核股票的概念和种类。我国《公司法》规定，公司向发起人、国家授权投资的机构、法人发行的股票，应为记名股票。对社会公众发行的股票，可以为记名股票，也可以是无记名股票，因此，选项 B 的表述不正确。我国《公司法》不承认无面值股票，规定股票应记载股票的面额，所以选项 C 不正确。

4.答案：AB

解析：资本保全约束要求企业发放的股利或投资分红不得来源于原始投资(或股本)，而只能来源于企业当期利润或留存收益。

5.答案：ABC

6.答案：AB

解析：投资组合的 β 系数受到单项资产的 β 系数和各种资产在投资组合中所占的比重两个因素的影响。

7.答案：ACD

解析：一般来说，应收账款周转率越高、周转天数越短表明应收账款管理效率越高。在一定时期内应收账款周转次数多、周转天数少表明：(1)企业收账迅速，信用销售管理严格；(2)应收账款流动性强，从而增强企业短期偿债能力；(3)可以减少收账费用和坏账损失，相对增加企业流动资产的投资收益；(4)通过比较应收账款周转天数及企业信用期限，可评价客户的信用程度，调整企业信用政策。

8.答案：BCD

解析：经营风险是指因生产经营方面的原因给企业盈利带来的不确定性。比如：由于原材料供应地的政治经济情况变动，运输路线改变，原材料价格变动，新材料、新设备的出现等因素带来的供应方面的风险；由于产品生产方向不对头，产品更新时期掌握不好，生产质量不合格，新产品、新技术开发试验不成功，生产组织不合理等因素带来的生产方面的风险；由于出现新的竞争对手，消费者爱好发生变化，销售决策失误，产品广告推销不力以及货款回收不及时等因素带来的销售方面的风险。财务风险又称筹资风险，是指由于举债而给企业财务成果带来的不确定性。企业举债过度会给企业带来财务风险，而不是带来经营风险。

9.答案：AB

解析：运用存货模型确定最佳现金持有量时，只考虑因持有一定量的现金而产生的持有成本及转换成本，而不予考虑管理费用和短缺成本。

10.答案：ABD

解析：衡量企业风险的指标是总杠杆系数，总杠杆系数=经营杠杆系数×财务杠杆系数，在边际贡献大于固定成本的情况下，A、B、D 均可以导致经营杠杆系数降低，总杠杆系数降低,从而降低企业风险;选项 C 会导致财务杠杆系数增加,总杠杆系数变大,从而提高企业风险。

三、判断题

1.答案:错

解析:资本结构是指企业各种资本的构成及其比例关系。所谓最优资本结构是指在一定条件下使企业加权平均资本成本最低、企业价值最大的资本结构。

2.答案:对

解析:项目投资决策的评价指标包括主要指标、次要指标和辅助指标。净现值、内部收益率、净现值率和获利指数属于主要指标;静态投资回收期为次要指标;投资利润率为辅助指标。当静态投资回收期或投资报酬率的评价结论与净现值等主要指标的评价结论发生矛盾时,应当以主要指标的结论为准。

3.答案:对

解析:(1)利率升高时,投资者自然会选择安全又有较高收益的银行储蓄,从而大量资金从证券市场中转移出来,造成证券供大于求,价格下跌;反之,利率下调时,证券会供不应求,其价格必然上涨;(2)利率上升时,企业资本成本增加,利润减少,从而企业派发的股利将减少甚至发不出股利,这会使股票投资的风险增大,收益减少,从而引起股价下跌;反之,当利率下降时,企业的利润增加,派发给股东的股利将增加,从而吸引投资者进行股票投资,引起股价上涨。

4.答案:错

解析:营运资金又称营运资本,是指流动资产减去流动负债后的差额。企业营运资金越大,风险越小,但收益率也越低;相反,营运资金越小,风险越大,但收益率也越高。

5.答案:错

解析:发放股票股利会因普通股股数的增加而引起每股利润的下降,每股市价有可能因此而下跌。但发放股票股利后股东所持股份比例并未改变,因此,每位股东所持有股票的市价价值总额仍能保持不变。

6.答案:错

解析:除息日是指领取股利的权利与股票分离的日期,在除息日之前购买股票的股东才能领取本次股利。

7.答案:错

解析:民营企业与政府之间的财务关系体现为一种强制和无偿的分配关系。

8.答案:错

解析:高收益往往伴有高风险,低收益方案其风险程度往往也较低,究竟选择何种方案,不仅要权衡期望收益与风险,而且还要视决策者对风险的态度而定。对风险比较反感的人可能会选择期望收益较低同时风险也较低的方案,喜欢冒险的人则可能选择风险虽高但同时收益也高的方案。

9.答案:对

解析:设置赎回条款最主要的功能是强制债券持有者积极行使转股权,因此又被称为加速条款。同时也能使发债公司避免在市场利率下降后,继续向债券持有人支付较高债券利率所蒙受的损失。

10.答案:对

解析:股票回购可减少流通在外的股票数量,相应提高每股收益,降低市盈率,从而推动股价上升或将股价维持在一个合理水平上。

四、计算分析题

1.答案与解析:

(1)A 方案:

①

$$2019\text{ 增发普通股股份数}=\frac{2\ 000}{5}=400(\text{万股})$$

②

$$2019\text{ 年全年债券利息}=2\ 000\times8\%=160(\text{万元})$$

(2)B 方案:

$$2019\text{ 年全年债券利息}=(2\ 000+2\ 000)\times8\%=320(\text{万元})$$

(3)①计算每股利润无差别点:

依题意,列以下方程式:

$$\frac{(\overline{EBIT}-160)\times(1-25\%)}{8\ 000+400}=\frac{(\overline{EBIT}-320)\times(1-25\%)}{8\ 000}$$

解之得:

$$\text{每股利润无差别点}\overline{EBIT}=3\ 520(\text{万元})$$

②筹资决策:

因为,预计的息税前利润 4 000 万元>每股利润无差别点 3 520 万元

所以,应当发行公司债券筹集所需资金。

2.答案与解析:

(1)

$$A=20$$
$$B=156\times(1-25\%)+112=229$$

(2)

$$\text{总投资收益率}=\frac{156}{620}\times100\%=25.16\%$$

(3)

$$\text{甲方案的年等额净回收额}=\frac{264.40}{(P/A,8\%,6)}=\frac{264.40}{4.6229}=57.19(\text{万元})$$

$$\text{乙方案的年等额回收额}=\frac{237.97}{(P/A,8\%,5)}=\frac{237.97}{3.9927}=59.60(\text{万元})$$

因为乙方案的年等额回收额大于甲方案的年等额净回收额，所以，选择乙方案是最优方案。

3.答案与解析：

(1)

公司价值和平均资本成本

债务市场价值(万元)	股票市场价值(万元)	公司总价值(万元)	税后债务资本成本	权益资本成本	平均资本成本
1 000	4 500	5 500	A=4.5%	B=14%	C=12.27%
1 500	D=3 656.25	E=5 156.25	*	16%	13.09%

$A=6\%\times(1-25\%)=4.5\%$

$B=4\%+1.25\times(12\%-4\%)=14\%$

$$C=4.5\%\times\frac{1\,000}{5\,500}+14\%\times\frac{4\,500}{5\,500}=12.27\%$$

$$D=\frac{(900-1\,500\times8\%)\times(1-25\%)}{16\%}=3\,656.25(\text{万元})$$

$E=1\,500+3\,656.25=5\,156.25(\text{万元})$

(2)债务市场价值为1 000万元时的资本结构更优。理由是债务市场价值为1 000万元时，公司总价值最大，平均资本成本最低。

4.答案与解析：

(1)A项目：

$200\times0.2+100\times0.6+50\times0.2=110(\text{万元})$

B项目：

$300\times0.2+100\times0.6+(-50)\times0.2=110(\text{万元})$

(2)A项目标准差：

$$\sqrt{(200-110)^2\times0.2+(100-110)^2\times0.6+(50-110)^2\times0.2}=48.99$$

B项目标准差：

$$\sqrt{(300-110)^2\times0.2+(100-110)^2\times0.6+(-50-110)^2\times0.2}=111.36$$

(3)

$$\text{A项目的标准离差率}=\frac{48.99}{110}=44.54\%$$

$$B项目的标准离差率=\frac{111.36}{110}=101.24\%$$

A 项目的风险收益率=8%×44.54%=3.56%

B 项目的风险收益率=8%×101.24%=8.10%

(4)

A 项目的必要收益率=3%+3.56%=6.56%

B 项目的必要收益率=3%+8.10%=11.10%

(5)判断 A、B 两个投资项目的优劣。

由于 A、B 两个项目投资额相同,期望收益(净现值)亦相同,而 A 项目风险相对较小(其标准离差小于 B 项目),故 A 项目优于 B 项目。

5.答案与解析:

(1)

丙公司普通股资本成本=5%+2×(8%−5%)=11%

(2)

$$丙公司的加权平均资本成本=11\%\times\frac{500+5\ 500}{10\ 000}+8\%\times(1-25\%)\times\frac{4\ 000}{10\ 000}=9\%$$

(3)A=−500　　B=−(20−5)=−15　　$C=\frac{500}{10}=50$

D=80×(1−25%)=60　　E=60+50=110　　F=110

G=15　　H=110+15=125

(4)①静态投资回收期$=\frac{300}{50}=6$(年)

因为内含报酬率是净现值为 0 时的折现率。

经测算,当折现率为 6%时,该方案的净现值为 10.49 万元,当折现率为 8%时,该方案的净现值为−12.67 万元。

故根据内插法:

$$\frac{内含报酬率-6\%}{8\%-6\%}=\frac{0-10.49}{-12.67-10.49}$$

解得内含报酬率=6.91%

②Y 方案的内含报酬率小于丙公司的加权平均资本成本,故 Y 方案不可行。

(5)

$$I=\frac{197.27}{6.4170}=30.74(万元)$$

$$J=\frac{180.50+420}{420}=1.43$$

(6)丙公司应当选择 Z 投资方案,因为 Y 方案不可行,而 Z 投资方案的年等额净回收额(32.61)大于 X 方案的年等额净回收额(30.74)。

模拟试题(B)

一、单项选择题(本类题共15小题,每小题1分,共15分。)

1.以"企业价值最大化"作为财务管理目标的优点不包括(　　)。

A.有利于社会资源的合理配置

B.有助于精确估算非上市公司价值

C.反映了对企业资产保值增值的要求

D.有利于克服管理上的片面性和短期行为

2.根据资金时间价值理论,在普通年金现值系数的基础上,期数减1、系数加1的计算结果,应当等于(　　)

A.递延年金现值系数　　B.后付年金现值系数

C.预付年金现值系数　　D.永续年金现值系数

3.投资者对某项资产合理要求的最低收益率,称为(　　)。

A.实际收益率　　B.必要收益率　　C.预期收益率　　D.无风险收益率

4.某公司拟于5年后一次还清所欠债务100 000元,假定银行利息率为10%,5年10%的年金终值系数为6.1051,5年10%的年金现值系数为3.7908,则应从现在起每年末等额存入银行的偿债基金为(　　)。

A.16 379.75　　B.26 379.66　　C.379 080　　D.610 510

5.甲公司产品的单位变动成本为20元,单位销售价格为50元,上年的销售量为10万件,固定成本为30万元,利息费用为40万元,优先股股利为75万元,所得税税率为25%。根据这些资料计算出的下列指标中不正确的是(　　)。

A.边际贡献为300万元　　B.息税前利润为270万元

C.经营杠杆系数为1.11　　D.财务杠杆系数为1.17

6.已知某完整工业投资项目预计投产第一年的流动资产需用数100万元,流动负债可用数为40万元;投产第二年的流动资产需用数为190万元,流动负债可用数为100万元。则投产第二年新增的流动资金额应为(　　)万元。

A.150　　B.90　　C.60　　D.30

7.下列各项中,不属于速动资产的是(　　)。

A.应收账款　　B.预付账款　　C.应收票据　　D.货币资金

8.企业评价客户等级，决定给予或拒绝客户信用的依据是(　　)。

A.信用标准　　B.收账政策　　C.信用条件　　D.信用政策

9.某企业全年必要现金支付额 2 000 万元，除银行同意在 10 月份贷款 500 万元外，其他稳定可靠的现金流入为 500 万元，企业应收账款总额为 2 000 万元，则应收账款收现保证率为(　　)。

A.25%　　B.50%　　C.75%　　D.100%

10.假定某企业的权益资金与负债资金的比例为 60∶40，据此可断定该企业(　　)。

A.只存在经营风险　　B.经营风险大于财务风险

C.经营风险小于财务风险　　D.同时存在经营风险和财务风险

11.已知某企业目标资本结构中长期债务的比重为 40%，债务资金的增加额在 0～20 000元范围内，其年利息率维持 10%不变，则该企业与此相关的筹资总额分界点为(　　)元。

A.8 000　　B.10 000　　C.50 000　　D.200 000

12.如果上市公司以其应付票据作为股利支付给股东，则这种股利的方式称为(　　)。

A.现金股利　　B.股票股利　　C.财产股利　　D.负债股利

13.某公司本年流通在外普通股股数为 2 000 万股，取得净利润 200 万元，年初累计未分配利润 600 万元，法律规定必须提取 10%的公积金，则按照法律规定，该公司每股现金股利最高为(　　)元。

A.0.4　　B.0.09　　C.0.1　　D.0.39

14.某种股票为固定成长股票，股利年增长率 6%，今年刚分配的股利为 8 元，无风险收益率为 10%，市场上所有股票的平均收益率为 16%，该股票 β 系数为 1.3，则该股票的内在价值为(　　)元。

A.65.53　　B.68.96　　C.55.63　　D.71.86

15.在下列各项中，能够增加普通股股票发行在外股数，但不改变公司资本结构的行为是(　　)。

A.支付现金股利　　B.增发普通股　　C.股票分割　　D.股票回购

二、多项选择题(本类题共 10 小题，每小题 2 分，共 20 分)

1.公司的下列行为中，可能损害债权人利益的有(　　)。

A.提高股利支付率　　B.加大为其他企业提供的担保

C.加大高风险投资比例　　D.提高资产负债率

2.下列各项中，能够衡量风险的指标有(　　)。

A.方差　　B.标准差　　C.期望值　　D.标准离差率

3.下列各项中，其数值等于预付年金终值系数的有(　　)。

A.$(P/A,i,n)(1+i)$　　B.$(P/A,i,n-1)+1$

C.$(F/A,i,n)(1+i)$　　D.$(F/A,i,n+1)-1$

4.在计算个别资本成本时,需要考虑所得税抵减作用的筹资方式有(　　)。

A.银行借款　　B.长期债券　　C.优先股　　D.普通股

5.根据现有资本结构理论,下列各项中,属于影响资本结构决策因素的有(　　)。

A.企业资产结构　　B.企业财务状况

C.企业产品销售状况　　D.企业技术人员学历结构

6.如果某投资项目完全具备财务可行性,且其净现值指标大于零,则可以断定该项目的相关评价指标同时满足以下关系:(　　)。

A.获利指数大于1

B.会计收益率大于等于零

C.内部收益率大于基准折现率

D.包括建设期的静态投资回收期大于项目计算期的一半

7.除了销售百分比法以外,财务预测的方法还有(　　)。

A.回归分析技术　　B.内含增长率模型

C.使用计算机进行财务预测　　D.可持续增长率模型

8.下列各项中,与净资产收益率密切相关的有(　　)。

A.销售净利率　　B.总资产周转率　　C.总资产增长率　　D.权益乘数

9.关于股票或股票组合的β系数,下列说法中不正确的有(　　)。

A.如果某股票的β系数=0.5,表明它的风险是市场组合风险的0.5倍

B.β系数可以为负数

C.投资组合的β系数一定会比组合中任一单个证券的β系数低

D.某一股票的β值的大小反映了这种股票收益的变动与整个股票市场收益变动之间的相关关系

10.下列关于可转换债券筹资的叙述中,正确的是(　　)。

A.与普通股相比,筹资成本高

B.存在股价大幅上涨风险

C.存在股价低迷风险

D.利率比纯债券利率低,筹资成本也比纯债券低

三、判断题(本类题共10小题,每小题1分,共10分。)

1.在风险分散过程中,随着资产组合中资产数目的增加,分散风险的效应会越来越明显。(　　)

2.随着折现率的提高,未来某一款项的现值将逐渐增加。(　　)

3.认股权证本身是一种认购普通股的期权,它有普通股的红利收入,但没有普通股相应的投票权。(　　)

4.证券组合风险的大小,等于组合中各个证券风险的加权平均数。(　　)

5.在除息日之前,股利权利从属于股票;从除息日开始,新购入股票的投资者不能分享本次已宣告发放的股利。(　　)

6.现金的浮游量是指企业账户上没有显示的现金。(　　)

7.在项目投资决策中,净现金流量是指经营期内每年现金流入量与同年现金流出量之间的差额所形成的序列指标。(　　)

8.权益乘数的高低取决于企业的资本结构;资产负债率越高,权益乘数越高,财务风险越大。(　　)

9.市盈率是评价上市公司盈利能力的指标,它反映投资者愿意对公司每股净利润支付的价格。(　　)

10.可持续增长率是指不发行新股或回购股份,保持目前或目标经营效率(权益乘数和留存比例不变)和财务政策(销售净利率和资产周转率不变)条件下,销售所能实现的最大增长率。(　　)

四、计算分析题(本类题共 55 分。1—4 每小题 10 分,第 5 小题 15 分。)

1.已知:现行国库券的利率为 5%,证券市场组合平均收益率为 15%,市场上 A、B、C、D 四种股票的 β 系数分别为 0.91、1.17、1.8 和 0.52;B、C、D 股票的必要收益率分别为 16.7%、23%和 10.2%。

要求:

(1)采用资本资产定价模型计算 A 股票的必要收益率。

(2)计算 B 股票价值,为拟投资该股票的投资者做出是否投资的决策,并说明理由。假定 B 股票当前每股市价为 15 元,最近一期发放的每股股利为 2.2 元,预计年股利增长率为 4%。

(3)计算 A、B、C 投资组合的 β 系数和必要收益率。假定投资者购买 A、B、C 三种股票的比例为 1∶3∶6。

(4)已知按 3∶5∶2 的比例购买 A、B、D 三种股票,所形成的 A、B、D 投资组合的 β 系数为 0.96,该组合的必要收益率为 14.6%;如果不考虑风险大小,请在 A、B、C 和 A、B、D 两种投资组合中做出投资决策,并说明理由。

2.已知:某公司发行票面金额为 1 000 元、票面利率为 8%的 3 年期债券,该债券每年计息一次,到期归还本金,当时的市场利率为 10%。

要求:

(1)计算该债券的内在价值。

(2)假定投资者甲以 940 元的市场价格购入该债券,准备一直持有至期满,若不考虑各种税费的影响,计算到期收益率。

(3)假定该债券约定每季度付息一次,投资者乙以 940 元的市场价格购入该债券,持有 9 个月收到利息 60 元,然后以 965 元将该债券卖出。计算持有期年均收益率。

3.已知:某企业拟进行一项单纯固定资产投资,现有 A、B 两个互斥方案可供选择,相关资料如下表所示:

单位：万元

方案	项目计算期(年) 指标	建设期		运营期	
		0	1	2—11	12
A	固定资产投资	—	—		
	新增息税前利润(每年相等)			—	—
	新增的折旧			100	100
	新增的营业税金及附加			1.5	—
	现金净流量	—1 000	0	200	—
B	固定资产投资	500	500		
	现金净流量	—		200	200

说明：表中“2—11”年一列中的数据为每年数，连续 10 年相等；用“—”表示省略的数据。

要求：

(1)确定或计算 A 方案的下列数据：

①固定资产投资金额；②运营期每年新增净利润；③不包括建设期的静态投资回收期。

(2)请判断能否利用净现值法做出最终投资决策。

(3)如果 A、B 两方案的净现值分别为 180.92 万元和 273.42 万元，请按照一定方法做出最终决策，并说明理由。

4.某公司今年年底的所有者权益总额为 9 000 万元，普通股 6 000 万股。目前的资本结构为长期负债占 55%，所有者权益占 45%，没有需要付息的流动负债。该公司的所得税率为 25%。预计继续增加长期债务不会改变目前的 11%的平均利率水平。

董事会在讨论明年资金安排时提出：

(1)计划年度分配现金股利 0.05 元/股；

(2)为新的投资项目筹集 4 000 万元的资金；

(3)计划年度维持目前的资本结构，并且不增发新股，不举借短期借款。

要求：测算实现董事会上述要求所需要的息税前利润。

5.已知：甲公司 2015 年初所有者权益总额为 1 500 万元，该年的资本保值增值率(年末所有者权益总额/年初所有者权益总额)为 125%。2018 年年初负债总额为 4 000 万元，所有者权益是负债的 1.5 倍，该年的资本积累率为 150%，年末资产负债率为 0.25，负债的年均利率为 10%，全年固定成本总额为 975 万元，净利润为 1 005 万元，适用的企业所得税税率为 25%.

要求：根据上述资料，计算甲公司的下列指标：

(1)2015 年年末的所有者权益总额。

(2)2018 年年初的所有者权益总额。

(3)2018 年年初的资产负债率。

(4)2018 年年末的所有者权益总额和负债总额。

(5)2018 年年末的产权比率。

(6)2018 年的所有者权益平均余额和负债平均余额。

(7)2018 年的息税前利润。

(8)2018 年总资产报酬率。

(9)2018 年已获利息倍数。

(10)2019 年经营杠杆系数、财务杠杆系数和总杠杆系数。

(11)2015 年年末～2018 年年末的三年资本平均增长率。

答案与解析

一、单项选择题

1.答案:B

2.答案:C

解析:n 期预付年金现值与 n 期普通年金现值的期间相同,但由于其付款时间不同,n 期预付年金现值比 n 期普通年金现值少折现一期。“预付年金现值系数”是在普通年金现值系数的基础上,期数减 1,系数加 1 所得的结果。

3.答案:B

解析:必要收益率也称最低必要报酬率或最低要求的收益率,表示投资者对某资产合理要求的最低收益率。

4.答案:A

解析:本题属于已知终值求年金,故答案为:

$$\frac{100\ 000}{6.1051}=16\ 379.75(\text{元})$$

5.答案:D

解析:

边际贡献＝10×(50－20)＝300(万元)

息税前利润＝边际贡献－固定成本＝300－30＝270(万元)

$$\text{经营杠杆系数}=\frac{\text{边际贡献}}{\text{息税前利润}}=\frac{300}{270}=1.11$$

$$\text{财务杠杆系数}=\frac{270}{270-40-\dfrac{75}{1-25\%}}=2.08$$

6.答案:D

解析:

第一年流动资金投资额＝第一年的流动资产需用数－第一年流动负债可用数

$=100-40=60$(万元)

第二年流动资金需用数=第二年的流动资产需用数-第二年流动负债可用数

$=190-100=90$(万元)

第二年流动资金投资额=第二年流动资金需用数-第一年流动资金投资额

$=90-60=30$(万元)

7.答案:B

解析:所谓速动资产,是指流动资产减去变现能力较差且不稳定的存货、预付账款、一年内到期的非流动资产和其他流动资产等之后的余额。

8.答案:A

9.答案:B

解析:

$$\frac{2\ 000-500-500}{2\ 000}\times 100\%=50\%$$

10.答案:D

解析:根据权益资金和负债资金的比例可以看出企业存在负债,所以存在财务风险;只要企业经营,就存在经营风险。但是无法根据权益资金和负债资金的比例判断出财务风险和经营风险谁大谁小。

11.答案:C

解析:

$$\frac{20\ 000}{40\%}=50\ 000$$

12.答案:D

13.答案:D

解析:本题考核股利的计算。

最高可分配股利额$=200\times(1-10\%)+600=780$(万元)

最高每股现金股利$=\frac{780}{2\ 000}=0.39$(元)

14.答案:D

解析:本题考核股票价值的计算,

必要收益率$=10\%+1.3\times(16\%-10\%)=17.8\%$

内在价值$=\frac{8\times(1+6\%)}{17.8\%-6\%}=71.86$

15.答案:C

解析:支付现金股利不能增加发行在外的普通股股数;增发普通股能增加发行在外的普通股股数,但是也会改变公司资本结构;股票分割会增加发行在外的普通股股数,而且不会改变公司资本结构;股票回购会减少发行在外的普通股股数。

二、多项选择题

1.答案:ABCD

解析:本题考查的是债权人的利益要求与协调。为了自身利益,股东可能通过以下方式伤害债权人的利益:(1)投资于比债权人预期风险更高的新项目;(2)为提高公司利润,不征得债权人同意而指使管理当局发行新债,致使旧债券价值下降,使旧债权人蒙受损失。因此选项 B、C 正确。提高股利支付率将减少企业利润留存,如果有资本需求,就很可能增加外部负债,从而可能损害债权人利益,因此选项 A 正确。提高资产负债率,提高了负债比重,增加了财务风险,也可能会损害债权人利益,因此选项 D 正确。

2.答案:ABD

3.答案:CD

4.答案:AB

解析:由于负债筹资的利息具有抵税作用,所以,在计算负债筹资的个别资本成本时须考虑所得税因素。

5.答案:ABC

6.答案:AC

7.答案:AC

解析:财务预测的基本方法通常使用销售百分比法,为了改进财务预测的质量,有时需要使用更精确的方法:使用回归分析技术和使用计算机进行财务预测,所以选项 A、C 是答案;而利用内含增长率、可持续增长率模型预测的是销售增长率,不是融资需求,所以,选项 B、D 不是答案。

8.答案:ABD

解析:

净资产收益率=销售净利率×总资产周转率×权益乘数

9.答案:AC

解析:本题考核 β 系数。选项 A 的正确说法应是:如果某股票的 β 系数=0.5,表明它的系统风险是市场组合系统风险的 0.5 倍。证券 i 的 β 系数=证券 i 与市场组合的协方差/市场组合的方差,由于"证券 i 与市场组合的协方差"可能为负数,所以,选项 B 的说法正确。由于投资组合的 β 系数等于单项资产的 β 系数的加权平均数,所以,选项 C 的说法不正确。

10.答案:BC

解析:本题考核可转换债券的成本及风险,可转换债券的筹资成本高于债券,低于普通股。选项 A 错误;利率比纯债券利率低,但是筹资成本比纯债券高。选项 D 错误。

三、判断题

1.答案:错

解析:一般来讲,随着资产组合中资产个数的增加,资产组合的风险会逐渐降低,但资产的个数增加到一定程度时,资产组合的风险程度将趋于平稳,这时组合风险的降低将非常缓慢直到不再降低。

2.答案:错

解析:在折现期间不变的情况下,折现率越高,折现系数则越小,因此,未来某一款项的现值越小。

3.答案:错

解析:认股权证本身是一种认购普通股的期权,它没有普通股的红利收入,也没有普通股相应的投票权。

4.答案:错

解析:只有在证券之间的相关系数为1时,组合的风险才等于组合中各个证券风险的加权平均数;如果相关系数小于1,那么证券组合的风险就小于组合中各个证券风险的加权平均数。

5.答案:对

解析:在除息日,股票的所有权和领取股息的权利分离,股利权利不再从属于股票,所以在这一天购入公司股票的投资者不能享有已宣布发放的股利。

6.答案:错

解析:现金的浮游量是指企业账户上的现金余额与银行账户上所示的企业存款余额之间的差额。

7.答案:错

解析:净现金流量是指在项目计算期内每年现金流入量与同年现金流出量之间的差额所形成的序列指标。

8.答案:对

解析:权益乘数$=\frac{1}{1-\text{资产负债率}}$,所以,权益乘数的高低取决于企业的资本结构;资产负债率越高,权益乘数越高,财务风险越大。

9.答案:对

解析:市盈率是上市公司普通股每股市价相当于每股收益的倍数,它是评价上市公司盈利能力的指标,反映投资者愿意对公司每股净利润支付的价格。

10.答案:错

解析:可持续增长率是指不发行新股或回购股份,保持目前或目标经营效率(销售净利率和资产周转率不变)和财务政策(权益乘数和留存比例不变)条件下,销售所能实现的最大增长率。题目中将经营效率与财务政策的内容颠倒了。

四、计算分析题

1.答案与解析:

(1)

$$A股票必要收益率=5\%+0.91\times(15\%-5\%)=14.1\%$$

(2)

$$B股票价值=\frac{2.2\times(1+4\%)}{16.7\%-4\%}=18.02(元)$$

因为股票的价值 18.02 高于股票的市价 15，所以可以投资 B 股票。

(3)

$$投资组合中A股票的投资比例=\frac{1}{1+3+6}=10\%$$

$$投资组合中B股票的投资比例=\frac{3}{1+3+6}=30\%$$

$$投资组合中C股票的投资比例=\frac{6}{1+3+6}=60\%$$

$$投资组合的\beta系数=0.91\times10\%+1.17\times30\%+1.8\times60\%=1.52$$

$$投资组合的必要收益率=5\%+1.52\times(15\%-5\%)=20.2\%$$

(4)本题中资本资产定价模型成立，所以预期收益率等于按照资本资产定价模型计算的必要收益率，即 A、B、C 投资组合的预期收益率大于 A、B、D 投资组合的预期收益率，所以如果不考虑风险大小，应选择 A、B、C 投资组合。

2.答案与解析：

(1)

$$该债券内在价值=1\ 000\times8\%\times(P/A,10\%,3)+1\ 000\times(P/F,10\%,3)=950.25(元)$$

(2)设到期收益率为 k，则

$$940=1\ 000\times8\%\times(P/A,k,3)+1\ 000\times(P/F,k,3)$$

当 $k=12\%$ 时：

$$1\ 000\times8\%\times(P/A,k,3)+1\ 000\times(P/F,k,3)=903.94(元)$$

利用内插法可得：

$$\frac{940-903.94}{950.25-903.94}=\frac{k-12\%}{10\%-12\%}$$

解得：

$$k=10.44\%$$

(3)

$$持有期年均收益率=\frac{60+965-940}{940}\times\frac{12}{9}\times100\%=12.05\%$$

3.答案与解析：

(1)①

$$固定资产投资金额=1\ 000(万元)$$

②

运营期每年新增净利润＝净现金流量－新增折旧＝200－100＝100(万元)

③

不包括建设期的静态投资不收期$=\frac{1\ 000}{200}=5$(年)

(2)可以通过净现值法来进行投资决策，净现值法适用于原始投资相同且项目计算期相等的多方案比较决策，本题中A方案的原始投资额是1 000万元，B方案的原始投资额也是1 000万元，所以可以使用净现值法进行决策。

(3)本题可以使用净现值法进行决策，因为B方案的净现值273.42万元大于A方案的净现值180.92万元，因此应该选择B方案。

4.答案与解析：

因为权益资金的数额是9 000万元，占总资金的比重是45％，所以总资金$=\frac{9\ 000}{45\%}=$ 20 000万元，所以负债资金＝20 000×55％＝11 000万元；

新增4 000万元，其中权益资金为4 000×45％＝1 800万元，即计划期新增加的留存收益；负债资金为4 000×55％＝2 200万元，即计划期增加的长期负债。已知计划期新增加的留存收益＝1 800万元，股利＝每股股利×股数＝0.05×6 000＝300万元，所以净利润＝1 800＋300＝2 100万元。

税前利润$=\frac{2100}{1-25\%}=2\ 800$(万元)

息税前利润＝税前利润＋利息＝2 800＋利息

负债资金＝11 000＋2 200＝13 200(万元)

所以

息税前利润＝税前利润＋利息＝2 800＋利息＝2 800＋13 200×11％

所以，

(1)

发放现金股利所需税后利润＝0.05×6 000＝300(万元)

(2)

投资项目所需税后利润＝4 000×45％＝1 800(万元)

(3)

计划年度税后利润＝300＋1 800＝2 100(万元)

(4)

税前利润$=\frac{2\ 100}{1-25\%}=2\ 800$(万元)

(5)

计划年度借款利息=(原长期借款+新增借款)×利率

$$=(\frac{9\ 000}{45\%}\times 55\%+4\ 000\times 55\%)\times 11\%=1\ 452(\text{万元})$$

息税前利润=2 800+1 452=4 252(万元)

5.答案与解析：

(1)

2015年年末的所有者权益总额=1 500×125%=1 875(万元)

(2)

2018年年初的所有者权益总额=4 000×1.5=6 000(万元)

(3)

$$2018\text{年年初的资产负债率}=\frac{4\ 000}{4\ 000+6\ 000}\times 100\%=40\%$$

(4)

2018年年末的所有者权益总额=6 000×(1+150%)=15 000(万元)

$$2018\text{年年末的负债总额}=\frac{0.25\times 15\ 000}{1-0.25}=5\ 000(\text{万元})$$

(5)

$$2018\text{年年末的产权比率}=\frac{5\ 000}{15\ 000}\approx 0.33$$

(6)

$$2018\text{年所有者权益平均余额}=\frac{6\ 000+15\ 000}{2}=10\ 500(\text{万元})$$

$$2018\text{年负债平均余额}=\frac{4\ 000+5\ 000}{2}=4\ 500(\text{万元})$$

(7)

$$2018\text{年息税前利润}=\frac{1\ 005}{1-25\%}+4\ 500\times 10\%=1\ 790(\text{万元})$$

(8)

$$2018\text{年总资产报酬率}=\frac{1\ 790}{10\ 500+4\ 500}\times 100\%=12\%$$

(9)

$$2018\text{年已获利息倍数}=\frac{1\ 790}{4\ 500\times 10\%}\approx 3.98$$

(10)

$$2019\text{年经营杠杆系数}=\frac{1\ 790+975}{1\ 790}=1.54$$

$$2019\text{年财务杠杆系数}=\frac{1\ 790}{1\ 790-450}=1.34$$

$$2019\text{年总杠杆系数}=1.54\times 1.34=2.06$$

(11)

$$\text{资本三年平均增长率}=\left(\sqrt[3]{\frac{15\ 000}{1\ 875}}-1\right)\times 100\%=100\%$$